दमा
कारण और बचाव

दमा
कारण और बचाव

डॉ. अनिल चतुर्वेदी

सत्साहित्य प्रकाशन, दिल्ली

प्रकाशक : सत्साहित्य प्रकाशन,
694 (पहली मंजिल), चावड़ी बाजार, दिल्ली–110006
 / संस्करण : प्रथम, 2023 / पेपरबैक मूल्य : तीन सौ रुपए
ISBN 978-93-92573-43-9

DAMA : KARAN AUR BACHAV
by Dr. Anil Chaturvedi
Published by **SATSAHITYA PRAKASHAN**
694 (First Floor), Chawri Bazar, Delhi-110006

अनुक्रम

1

प्रस्तावना

साँस फूलने की कष्टप्रद बीमारी का नाम 'दमा' (अस्थमा) है। यह श्वसन नलिकाओं में पैदा हो चुकी पुरानी शोथ का परिणाम होती है। दमा रोग को लेकर आम लोगों के बीच पुराने समय से ही एक धारणा बनी हुई है कि दमा दम के साथ ही जाता है। लेकिन यह धारणा पूरी तरह से सत्य नहीं है। यद्यपि अभी तक दुनिया भर में कहीं भी ऐसी कोई दवा नहीं बन पाई और न कोई उपचार खोजा जा सका है, जो इस रोग को जड़ से मिटा सके; फिर भी विदेशों में ही नहीं, बल्कि हमारे देश में भी अनेक लोग ऐसे हुए हैं, जिन्होंने 'दमा' नामक इस कष्टप्रद रोग से लड़ते हुए भी सफलता के उच्च शिखर को प्राप्त किया।

इस संबंध में महान् फ्रांसीसी वैज्ञानिक आर.टी.एच. लेनेक, जिन्होंने चिकित्सा जगत् को स्टेथेस्कोप जैसा महत्त्वपूर्ण यंत्र दिया, से लेकर अमेरिका के महान् राष्ट्रपति लिंकन और अपने देश के प्रथम राष्ट्रपति डॉ. राजेंद्र प्रसाद तक का उदाहरण लिया जा सकता है। ये तीनों महान् व्यक्ति दमा के पुराने रोगी रहे थे, फिर भी उनमें से एक ने विज्ञान के क्षेत्र में और आखिरी दो ने राजनीति के क्षेत्र में अपना विशिष्ट स्थान बनाया। इन लोगों ने अपने इस रोग को अपने ऊपर बिल्कुल हावी नहीं होने दिया।

दमा रोग से जूझकर नीलगगन की ऊँचाइयाँ छूने वालों की लिस्ट बहुत लंबी है। इस लिस्ट में कांग्रेस की वर्तमान अध्यक्ष श्रीमती सोनिया गांधी से लेकर अनेक महान् खिलाड़ियों, लेखकों, कलाकारों तक के नाम शामिल हैं। श्रीमती सोनिया गांधी पिछले कोई 25-26 सालों से दमा रोग से पीड़ित हैं। बावजूद इसके उन्होंने अपनी इस बीमारी को कभी भी अपने ऊपर हावी नहीं होने दिया तथा अनेक मुसीबतों को लाँघकर क्षितिज की ऊँचाइयों को छूने में कामयाबी पाई है।

इसी तरह हमारे देश के प्रसिद्ध धावक श्रीराम से लेकर फिल्म जगत् की अनेक मशहूर हस्तियाँ जैसे कि राज कपूर, अशोक कुमार, फिल्म जगत् में बिग 'बी' के नाम से मशहूर अमिताभ बच्चन तक, इस दमा नामक रोग से लड़ते हुए सफलता के शिखर तक पहुँचने में सफल हुए हैं।

उड़न परी के नाम से विख्यात पी.टी. उषा का नाम भला किसने नहीं सुना होगा। पी.टी. उषा ने एशियाई खेलों में गोल्ड मेडल जीत कर अपनी एक विशेष पहचान बनाई थी। पी.टी. उषा बचपन से ही दमा रोग की मरीज रही है। यह तो हुई कुछ भारतीयों की बात। इनके अलावा भी अनेक विश्व प्रसिद्ध खिलाड़ी ऐसे हुए हैं, जिन्होंने दमा की परेशानी को अपने ऊपर हावी नहीं होने दिया तथा विभिन्न खेल स्पर्धाओं में अपनी विशिष्ट पहचान स्थापित की।

अमरीकी बेसबॉल के दिग्गज बॉव गिब्सन, अमेरिका में बॉस्केट बॉल के स्टार कहे जाने वाले डोमनीक विलिकिंस और ओलंपिक की दौड़ प्रतियोगिता में स्वर्ण पदक पाने वाले जैकी जॉयनकर से भी भला कौन परिचित नहीं होगा। यद्यपि इन सभी ने अलग-अलग खेलों में अपनी विशिष्ट पहचान स्थापित की, लेकिन इन सभी महान् खिलाड़ियों में एक समानता भी रही, कि ये सभी लाइलाज कहे जाने वाले 'दमा' नामक रोग से पीड़ित रहे हैं। इस रोग के बारे में आमतौर पर यही माना जाता है कि यह रोग जिसे एक बार पकड़ लेता है, उसे जीवन भर नहीं छोड़ता। इन महान् खिलाड़ियों ने भी अपनी सूझ-बूझ एवं सही उपचार के सहारे इस बात को गलत साबित करने में कोई कसर नहीं छोड़ी।

पश्चिम की एक जानी-मानी लेखिका होग्स हेड ने तीन दशक पहले 'अस्थमा ऐंड एक्सरसाइज' नामक एक पुस्तक लिखी थी। इस पुस्तक ने पश्चिम में काफी लोकप्रियता हासिल की। अपनी इस पुस्तक में होग्स ने विश्व के अनेक ख्याति प्राप्त खिलाड़ियों से लेकर उन महान् व्यक्तियों का बड़े विस्तार से वर्णन किया है, जो दमा (अस्थमा) रोग से पीड़ित रहे, फिर भी दमा रोग उनके कार्य क्षेत्र में कोई रुकावट खड़ी नहीं कर पाया।

अपनी पुस्तक में मैडम हेग्स ने 1984 के ओलंपिक खेलों में तैराकी के लिए तीन स्वर्ण पदक जीतने वाली नैन्सी, छह स्वर्ण पदक जीतने वाली जर्मनी की क्रिस्टोन ओटो और अपने जमाने की विश्व की सबसे तेज धाविका तथा ओलंपिक में स्वर्ण पदक पाने वाली मल्लिका जैकी जायरन कर्सी से लेकर अमेरिका के कारिन स्मिथ तक का खास जिक्र किया है। कारिन स्मिथ ने लगातार चार ओलंपिक खेलों में भाला फेंकने की स्पर्धा में चार स्वर्ण पदक प्राप्त किए हैं।

अपनी पुस्तक में उन्होंने इनके अलावा अमेरिका के विख्यात खेल लेखक गेशल्ड एस. कोजंस से लेकर उन लोगों का भी खास उल्लेख किया है, जो अस्थमा नामक लाइलाज रोग से जूझते हुए महान् लोगों की सूची में अपने को शामिल कर पाए। स्वयं होग्स भी लंबे समय तक अस्थमा से पीड़ित रही हैं।

मैडम हेग्स का कहना है, ''इन सभी लोगों ने अपनी मेहनत और लगन से खेलों में तो खास स्थान बनाया ही साथ ही अपनी सूझ-बूझ एवं अपने रोग पर नियंत्रण रखने की उपयुक्त कला सीखकर उसे भी हरा दिया। इस प्रकार इन महान् लोगों ने एक साथ दो-दो क्षेत्रों में विशेष उपलब्धियाँ हासिल करके लोगों के लिए उदाहरण पेश किया है।''

वर्तमान में भी हमारे पास अनेक ऐसे खिलाड़ियों के उदाहरण हैं, जो दमा से पीड़ित होने के बावजूद विश्व स्पर्धाओं में हिस्सा लेते रहे हैं तथा विश्व रिकॉर्ड बनाने की होड़ में शामिल हैं।

इस पुस्तक की दूसरी सबसे खास बात यह है कि इसमें दमा को नियंत्रित रखने वाले सूत्र भी बताए गए हैं। मैडम हेग्स स्वयं भी एक समय दमा की भयंकर मरीज थीं। अनेक बार उन्हें भी दमा के इतने तीव्र दौरे पड़ते रहते थे, जिनके कारण वे खाँसते और हाँफते हुए बेहोश तक हो जाया करती थीं।

मैडम हेग्स ने अपने दमा रोग से छुटकारा पाने के लिए अनेक तरह के उपाय आजमाए थे, लेकिन कोई भी चिकित्सक या उपलब्ध उपचार इस संबंध में उनकी कोई भी मदद नहीं कर सका था। मैडम हेग्स ने पूर्व के देशों खासकर भारत, चीन, तिब्बत आदि की उन श्वसन संबंधी यौगिक क्रियाओं के बारे में सुन रखा था, जिनकी मदद से वहाँ के योगी अपनी श्वसन क्रिया पर गजब का नियंत्रण स्थापित कर लेते थे। हेग्स इन क्रियाओं से काफी प्रभावित हुईं। अतः अंत में हेग्स ने स्वयं ही दमा का कारगर उपचार खोजने का प्रयास शुरू कर दिया। इस संबंध में उन्हें अमेरिका के जॉन हॉपकिंस यूनिवर्सिटी के प्रसिद्ध फिजियोथैरेपिस्ट सैटी सेमवर्ग से काफी मदद मिली।

सैडी सेमवर्ग भी कई वर्षों से कसरतों का फेफड़ों पर पड़ने वाले प्रभाव का अध्ययन कर रहे थे तथा उन्होंने दमा रोग को नियंत्रित रखने के लिए क़सरतों पर आधारित विशेष उपचार प्रक्रिया भी विकसित कर ली थी। मैडम हेग्स ने उनसे एक्सरसाइज आधारित उस उपचार को सीखकर और उसके अभ्यास से अपने लाइलाज रोग पर काफी हद तक काबू रखना सीख लिया था।

इस उपचार प्रणाली को अपनाने के बाद हेग्स में नया बदलाव आता गया।

बाद में उन्होंने अपने द्वारा प्रयोग में लाए गए उस उपचार को एक पुस्तक का रूप देकर दमा से पीड़ित अन्य लोगों में नया उत्साह पैदा करने का प्रयास किया। 'दमा और एक्सरसाइज' उनकी उसी लोकप्रिय पुस्तक का नाम है।

अमेरिका के जॉन हॉपकिंस यूनिवर्सिटी में कई दशकों से दमा रोग पर अनुसंधान का विशेष कार्य चल रहा है। इस शोध कार्य में लगे शोधकर्ताओं का अपने अध्ययन के आधार पर कहना है कि दमे के दौरान फेफड़ों पर आवरण के रूप में छाई रहने वाली मांसपेशियाँ तंग होकर ऐंठने लग जाती हैं। इससे रोगी द्वारा गहरी साँस लेने पर भी वह आधी-अधूरी ही खुल पाती हैं या फिर बिल्कुल भी नहीं खुल पातीं। इसके कारण रोगी को साँस लेने में खासी दिक्कत आने लगती है; लेकिन उन शोधकर्ताओं का मानना है कि नियमित रूप से कुछ यौगिक क्रियाओं एवं श्वसन क्रिया पर आधारित अभ्यास करके फेफड़ों में ऐसी स्थिति पैदा होने से रोकी जा सकती है तथा साँस की परेशानी से काफी हद तक बचा जा सकता है।

विभिन्न अध्ययनों से भी अब यह बात साबित हो चुकी है कि ऐसी यौगिक क्रियाओं एवं एयरोबिक्स आधारित कसरतों का फेफड़ों की श्वसन नलिकाओं से संबंधित मांसपेशियों पर गहरा प्रभाव पड़ता है और ये धीरे-धीरे खुलने लग जाती हैं। इस संबंध में पश्चिम के एक अन्य जाने-माने स्वास्थ्य विशेषज्ञ डॉ. प्राकोसस हेस का तो यहाँ तक कहना है कि साधारण सी लगने वाली इन क्रियाओं के नियमित अभ्यास से दमा रोगियों के फेफड़ों की कार्य क्षमता धीरे-धीरे पुनः लौटने लगती है और उनका लाइलाज समझे जाने वाला रोग काफी हद तक नियंत्रण में आ जाता है।

ध्यान रहे, दमा के दौरान मुख्य खराबी श्वसन नलिकाओं से संबंधित इन्हीं मांसपेशियों में पैदा होती है। दौरे के दौरान मांसपेशियाँ संकुचित होकर ऐंठने लग जाती हैं और रोगी के लिए साँस लेना और छोड़ना दोनों मुश्किल हो जाते हैं।

अतः अब एक बात तो निश्चत रूप से कही जा सकती है कि चाहे दमा रोग भी मधुमेह और गठिया की ही तरह लाइलाज समझे जाने वाले रोगों में शुमार होता हो तथा उस पर प्रभावी नियंत्रण बनाए रखने के लिए रोगी को जीवन भर दवाओं के भरोसे ही निर्भर क्यों न रहना पड़ता हो; पर इसके उपचार में स्वयं रोगी की भूमिका भी काफी महत्त्वपूर्ण साबित होती है।

अगर दमा का रोगी समझदार है तो अपने विवेक से अपनी जीवनशैली, खान-पान एवं अपने रहन-सहन में उपयुक्त बदलाव करके तथा सही रूप में उपयुक्त दवाओं एवं नियमित रूप से प्राणायाम और योग द्वारा रोग पर काबू पा सकते हैं।

□

2

दमा रोग का सामान्य परिचय

साँस लेने में कष्ट या तकलीफ होना 'दमा रोग' के नाम से जाना जाता है। इसे ही 'अस्थमा' (Asthma) कहा जाता है। 'दमा' दरअसल में यूनानी भाषा का शब्द है, जिसका अर्थ ही 'साँस फूलना' होता है। आयुर्वेदिक प्रणाली में इसे 'कष्टसाध्य श्वासोच्छ्वास' कहा जाता है। पाणिनि के व्याकरण के अनुसार इस शब्द का अर्थ भी 'श्वास लेने और छोड़ने में कष्ट' के रूप में ही प्रयुक्त होता है।

प्राय: साँस लेने यानी श्वासोच्छ्वास के दौरान दो प्रकार की क्रियाओं का क्रम चलता रहता है। एक साँस लेने की क्रिया, जिसमें ऑक्सीजन मिश्रित हवा फेफड़ों में प्रवेश करती है और दूसरी साँस को बाहर छोड़ने की क्रिया, जिसमें कार्बन डाइऑक्साइड मिश्रित हवा फेफड़ों से बाहर फेंकी जाती है। दमा रोग की स्थिति में श्वासोच्छ्वास की यह प्रक्रिया ही व्यक्ति के लिए कष्टप्रद बनती चली जाती है।

साँस लेने की इस क्रिया में नाक, मुँह, कंठ नलिका से लेकर फेकड़े और उदरपटल तक अनेक अवयव भाग लेते हैं। इन समस्त अंगों के समुच्चय को 'श्वसन तंत्र' कहा जाता है।

सामान्यत: जब हम साँस भरते हैं तो बाहर की हवा को फेफड़ों तक ले जाने वाली हमारी श्वासनली और श्वसन नलिकाओं की मांसपेशियाँ शिथिल पड़ कर उन्हें थोड़ा सा फैला देती हैं। इससे हम सहजता से साँस भर पाते हैं। पर जब हम साँस को बाहर निकालते हैं, उस समय श्वासनली और श्वसन नलिकाओं के स्नायु थोड़े से संकुचित हो जाते हैं। इसी से साँस लेने के मुकाबले साँस को बाहर छोड़ने में व्यक्ति को ज्यादा जोर लगाना पड़ता है। दमा रोग की स्थिति में भी ऐसा ही देखा जाता है। इस दशा में संकुचन की यह स्थिति स्थायी रूप में बनी रहने लगती है।

दमा रोग की स्थिति में हमारे श्वसन मार्ग की मांसपेशियों में कुछ कारणों से संकुचन पैदा हो जाने से ऐंठन आने लगती हैं। इससे वह मार्ग अंदर से सँकरा होता जाता है तथा उसमें वायु प्रवाह के लिए कम जगह बच पाती है। फलस्वरूप व्यक्ति के लिए श्वसन क्रिया कष्टप्रद बनती चली जाती है। प्राय: दमा नामक इस रोग की शुरुआत ऐसे ही होती है। दमा के दौरान श्वसन नलिका की अंदरूनी सतह पर ऑर्थराइटिस की तरह ही प्रदाह की दशा बनी रहने लगती है।

दमा रोग का प्रसार

ईसा पूर्व आठ सौ साल पहले लिखी गई चरक और सुश्रुत की संहिताओं तक में दमा रोग का वर्णन हुआ है। इसके अलावा चौथी शताब्दी के सुप्रसिद्ध यूनानी वैद्य हिप्पोक्रेटस ने भी इस रोग का उल्लेख किया है, लेकिन उस जमाने में दमा का यह रोग कम ही देखने को मिलता था। केवल एक-दो दशक पहले तक भी इस रोग से पीड़ित बहुत कम लोग ही देखे जाते थे। साथ ही इस रोग को बुढ़ापे का रोग माना जाता था; क्योंकि साँस फूलने की शिकायत करने वाले अधिकांश लोग वृद्ध ही हुआ करते थे।

लेकिन विगत 4-5 दशकों से इस रोग की तस्वीर एकदम बदल गई है। अध्ययनों से पता चला है कि एक दशक पहले तक हमारे देश के शहरी क्षेत्रों में 2 फीसदी से भी कम लोग दमा से पीड़ित देखे जाते थे, किंतु अब इनकी संख्या बढ़कर 8 फीसदी से भी ऊपर पहुँच चुकी है। अब तो ऐसा देखने में आ रहा है कि धीरे-धीरे श्वसन संस्थान संबंधी यह रोग एक आम रोग का रूप लेता जा रहा है। इस संबंध में पश्चिम के एक नामचीन चिकित्सक का तो यहाँ तक कहना है कि निकट भविष्य में यह रोग बीमारी नंबर एक की जगह ले सकता है।

एक अनुमान के अनुसार इस समय दुनिया भर में 12 से 16 फीसदी के करीब जनसंख्या किसी-न-किसी रूप में साँस संबंधी इस रोग से पीड़ित हो चुकी है। कुछ अध्ययनों से तो यहाँ तक पता चला है कि पश्चिम के कई मेट्रो शहरों में तो 6 से 12 साल के बीच के 35 फीसदी तक बच्चे दमा की तकलीफ झेलने को मजबूर हो चुके हैं।

हमारे देश के विभिन्न शहरों में भी दमा से पीड़ित ऐसे बच्चों की संख्या 10 फीसदी से ऊपर जा पहुँची है। कई शहरों में तो स्कूल जाने वाला हरेक आठवाँ बच्चा ही दमा का मरीज बन चुका है। हमारे देश में दमा के सबसे ज्यादा रोगी मुंबई में देखे गए हैं। कोलकाता और दिल्ली दूसरे और तीसरे नंबर पर आते हैं।

साँस संबंधी यह एक ऐसी बीमारी है, जिसने अब बाल-वृद्ध, स्त्री-पुरुष, गरीब-अमीर और शहरी-ग्रामीण सभी को अपनी गिरफ्त में लेना शुरू कर दिया है। छह मास तक के शिशुओं और 60 साल से ऊपर के वृद्धों का तो एक बहुत बड़ा वर्ग ही इस रोग से पीड़ित देखा जाता है। इस आयु वर्ग में आधे से भी ज्यादा लोग साँस फूलने की शिकायत करते मिल जाते हैं।

ऐसा विश्वास है कि पर्यावरण में बढ़ते हुए प्रदूषण ने साँस संबंधी इन रोगियों की संख्या में एकाएक बहुत तेजी से बढ़ोतरी की है, क्योंकि ऐसा देखने में आ रहा है कि जिन शहरों में वायु प्रदूषण खतरनाक हद तक पहुँचा है, वहाँ के निवासियों में ही दमा के रोगियों की संख्या में तेजी से ही बढ़ी। ऐसे क्षेत्रों में 40 फीसदी तक लोग दमा से पीड़ित देखे गए हैं।

साँस फूलने के रूप

साँस फूलने अर्थात् दमा जैसी अवस्था कई अन्य कारणों से भी होते देखी गई है। कुछ लोगों को तीव्र संक्रामक रोगों के दौरान जैसे कि फेफड़ों के वायु प्रकोष्ठों की तीव्र सूजन (एक्युट ब्रोंकाइटिस), फेफड़ों की शोथ (निमोनिया), फेफड़ों के वायुकोष्ठकों की दीर्घकालीन संक्रमण जन्य सूजन (इंफोक्टिड कोनिक ब्रोंकाइटिस) जैसे फेफड़ों का क्षय रोग (लंग्स ट्यूबरक्लोसिस) आदि के दौरान साँस लेने में मुश्किल होने लगती है। इसी तरह कुछ लोगों में एलर्जी कारक पदार्थों के फेफड़ों में चले जाने और उस वजह से उनके श्वसन मार्ग की सूक्ष्म नलिकाओं एवं वायुकोष्ठकों की पेशियों में संकुचन पैदा हो जाने से साँस लेने में मुश्किल होने लगती है। दमा रोग के लिए मुख्यतः इन्हीं एलर्जिक कारकों को सबसे बड़ा कारण माना जाता है। इस प्रकार के दमा रोग को ही 'ब्रोंकियल अस्थमा' अर्थात् 'एलर्जिक अस्थमा' कहा जाता है। साँस फूलने की यही बीमारी दिनों-दिन फैलती जा रही है।

पलमोनरी इओसिनोफिलिया भी साँस फूलने का एक अन्य प्रमुख कारण है। इसी तरह कुछ लोगों में हृदय रोग की दशा, जैसे कि कॉर्डिक फेल्योर और हृदय भित्ती में तरल पदार्थ के भर जाने, जिसे इंडोकॉर्डियोसाइटिस के नाम से जाना जाता है या फिर फेफड़ों में तरल पदार्थ के संचित होते चले जाने से भी साँस फूलने की स्थिति पैदा होने लगती है। फेफड़ों में जख्म या छेद हो जाने से हवा के फेफड़ों की झिल्ली में भर जाने, फेफड़ों में कैंसर जन्य गाँठ के बन जाने या रसौलियों के उत्पन्न हो जाने, एनीमिया की दशा (शरीर में हीमोग्लोबिन

की कमी हो जाने), जहरीली गैस के फेंफड़ों में भर जाने (ऐसी जहरीली गैसें खून के हीमोग्लोबिन कण से संयुक्त होकर उसे निष्क्रिय बना देती हैं), श्वसन संस्थान में किसी बाहरी वस्तु के प्रविष्ट कर जाने से भी साँस लेने में दमा जैसी तकलीफ शुरू होते देखी गई है।

इनके अतिरिक्त किसी दवा या रसायन के प्रभाव से शरीर में प्रतिक्रिया के लक्षण (रिएक्शन) उत्पन्न हो जाने, तंबाकू वाली चीजों का निरंतर सेवन या धूम्रपान की पुरानी आदत से भी अनेक लोगों की साँस फूलने लग जाती है, क्योंकि इस दशा में भी श्वसन नलिकाओं की दीवारें ज्यादा मोटी होने लग जाती हैं। शिरा मार्ग से व्यक्ति के शरीर में आवश्यकता से अधिक मात्रा में ग्लूकोज, नमक का घोल या ऐसे ही अन्य तरल को शीघ्रता से चढ़ा देने, गुर्दों की बीमारी आदि अवस्थाओं में भी साँस फूलने की ऐसी परिस्थितियाँ बनते देखी गई है।

इनके अलावा बहुत से लोग जो श्रमहीन, आरामतलब जीवन जीने के आदी होते हैं, पर जब उन्हें किसी वक्त थोड़े से श्रम युक्त कार्य करने पड़ते हैं, तो उनकी साँस फूलने लग जाती है। इसे व्यायामजन्य दमा (एक्सरसाइज अस्थमा) कहा जाता है। आजकल ऐसे लोगों की संख्या भी दिनों-दिन बढ़ती जा रही है; क्योंकि आरामतलब जीवन जीते रहने से उनके शरीर की मांसपेशियाँ खासकर फेफड़ों से संबंधित मांसपेशियाँ कमजोर पड़ती जाती हैं तथा फेफड़ों के वायुकोष्ठक निष्क्रिय होते जाते हैं। इससे उनके फेफड़ों की कार्यक्षमता धीरे-धीरे घटती चली जाती है।

श्रमहीन जीवन जीने की दशा में शरीर की कोशिकाओं को आवश्यक कार्यों को निपटाने के लिए कम मात्रा में ऑक्सीजन की जरूरत पड़ने लगती है। फलतः उनके फेफड़ों में भी कम मात्रा में ऑक्सीजन भरने लगती है। इससे वे कमजोर पड़ते जाते हैं। इन लोगों को जब किन्हीं आकस्मिक क्षणों में अधिक श्रम वाला कार्य, जैसे कि तेजी से पैदल चलना या दौड़ना, सीढ़ियाँ चढ़ना, वजन उठाकर चलना आदि के लिए विवश होना पड़ता है, तो उनके शरीर की ऑक्सीजन की आवश्यकता एकाएक काफी बढ़ जाती है; परंतु इस दौरान उनके फेफड़े पर्याप्त मात्रा में ऑक्सीजन प्रदान करने में असमर्थ रहते हैं। इसी कारण उन लोगों में साँस फूलने जैसे लक्षण उत्पन्न होने लग जाते हैं। लेकिन उनके ये लक्षण दमा रोग से काफी भिन्नता रखते हैं।

दमा का अभिप्राय

सामान्यतः दमा रोग से अभिप्राय फेफड़ों के दमा यानी ब्रोंकियल अस्थमा (Bronchial Asthma) के साथ ही लगाया जाता है। इस रोग में व्यक्ति की श्वसन मार्ग की नलिकाओं की आंतरिक सतह (मांसपेशियों वाली सतह) में कुछ कारणों से स्थायी रूप में सूजन सी बनी रहने लगती है। इससे श्वसन मार्ग अंदर से सँकरा हो जाता है तथा उसमें वायु के आवागमन में रुकावट आने लगती है। इससे उस व्यक्ति की साँस फूलने लग जाती है।

श्वसन मार्ग की ऐसी सूजन के लिए कई तरह के कारण जिम्मेदार पाए गए हैं, पर उनमें एलर्जी पैदा करने वाले कारक सबसे प्रमुख होते हैं। इन कारकों को 'एलर्जेंस' (Allergens) कहा जाता है। ऐसा माना जाता है कि इन एलर्जेंस के प्रति उनकी श्वसन नलिकाओं की अंदरूनी सतह में तीव्र संवेदनशीलता की दशा उत्पन्न हो जाती है तथा उनमें हमेशा सूजन (Chronic Inflammation) बनी रहने लगती है। ऐसे संवेदनशील व्यक्ति जब किन्हीं विशेष परिस्थितियों में पुनः उन्हीं एलर्जी कारक पदार्थों के संपर्क में आ जाते हैं तो उनके श्वसन मार्ग की आंतरिक सतह पर फिर से वैसी ही तीव्र प्रतिक्रिया शुरू हो जाती है तथा उसमें एकाएक तीव्र सूजन जन्य ऐंठन आने लगती है। नजीजन वह व्यक्ति अपनी छाती में भारीपन या खिंचाव सा महसूस करने लगता है। उसे साँस लेने एवं छोड़ने में कठिनाई आने लगती है।

ऐसा माना जाता है कि श्वसन मार्ग में एलर्जेंस पदार्थों के पहुँचते ही उसकी आंतरिक सतह में तीव्र प्रतिक्रियाओं का दौर शुरू हो जाता है। इस दौरान श्वसन मार्ग की आंतरिक सतह से हिस्टामिन जैसे कई रसायनों का तेजी से रिसाव होने लगता है। यह रसायन धीरे-धीरे उनके श्वसन तंत्र की श्लेष्मिक सतह में सूजन पैदा करके पेशियों में संकुचन (ऐंठन) पैदा कर डालते हैं तथा उसमें म्यूकस स्राव (कफ) का संचय करने लगते हैं। इससे उन लोगों की श्वसन नलिकाओं की आंतरिक चौड़ाई एकाएक काफी घट जाती है। इससे उन्हें साँस लेने एवं छोड़ने में मुश्किल तो आने लगती है। साथ ही नाक बंद, छाती में कसाव सा महसूस होने लगता है। दमा रोग की शुरुआत आमतौर पर इसी रूप में होते देखी जाती है।

इसके साथ ही कई बार उन्हें एकाएक खाँसी का दौर भी शुरू होते देखा जाता है तथा छींक तक आने लग जाती है। अधिक गंभीर स्थिति में साँस को बाहर छोड़ते समय उनके फेफड़ों से सीटी बजने जैसी आवाज (Wheezing Sound) सुनाई देती है।

दरअसल दमा रोग की यह स्थिति एक लंबी प्रक्रिया का परिणाम होती है। ऐसे बहुत से लोग जन्मजात रूप से ही किन्हीं पदार्थों के प्रति तीव्र संवेदनशील होते हैं। ऐसे संवेदनशील लोग जब बार-बार प्रक्रिया दरशाने वाले एलर्जेंस के संपर्क में आते रहते हैं तो उनमें विशेष रासायनिक प्रक्रियाओं का दौर शुरू हो जाता है तथा दमा से लेकर कई प्रकार के चमड़ी रोग तक प्रकट होने लग जाते हैं।

ऐसे एलर्जिक कारक पदार्थ प्राय: धूल, मिट्टी, धुआँ, तीव्र गंध युक्त हवा, ठंडी वायु और खाद्य पदार्थों में छिपे रहते हैं। संवेदनशील व्यक्ति जब इन पदार्थों के संपर्क में आते हैं तो वह एलर्जेंस उनके शरीर में प्रवेश कर जाते हैं। दमा के प्रति संवेदशील व्यक्तियों में ऐसे एलर्जेंस प्राय: हवा के माध्यम से श्वसन मार्ग द्वारा प्रवेश करते हैं।

एलर्जी कारक पदार्थ (Allergens) क्या है?

समस्त प्राणियों के शरीर की एक खास विशेषता है कि वे अपने शरीर के अंदर किसी बाहरी पदार्थ को आसानी से आत्मसात् नहीं कर पाते। किसी भी अनावश्यक बाहरी पदार्थ के शरीर में प्रविष्ट होते ही शरीर उसे बाहर खदेड़ने के प्रयास में जुट जाता है। दरअसल सभी प्राणियों के शरीर को बाहरी पदार्थों के नुकसान से बचाने वाला एक विशेष तंत्र होता है, जिसे 'प्रतिरक्षक तंत्र' यानी इम्यून सिस्टम (Immune System) के नाम से जाना जाता है। शरीर को हर तरह से सुरक्षा प्रदान करने का कार्य इसी तंत्र के जिम्मे रहता है। शरीर पर रोग कारक जीवाणुओं, विषाणुओं, फफूँद आदि के आक्रमण को यही तंत्र असफल कर देता है।

इस प्रतिरक्षक प्रणाली में शरीर को बाहर से घेरे रखने वाली त्वचा से लेकर श्वसन मार्ग, आहार तंत्र, जनन-मूत्र संस्थान तक सभी अंगों के ऊपर चढ़ी रहने वाली श्लेष्मिक झिल्ली (म्यूकस मेंबेन) और उसमें मौजूद रहने वाली कई विशेष किस्म की कोशिकाएँ तक आती हैं। इनके अतिरिक्त खून में पाई जाने वाली कुछ विशेष प्रकार की श्वेत रुधिर कणिकाएँ एवं कई तरह के प्रोटीन कण भी इस प्रतिरक्षक प्रणाली के भाग होते हैं।

आमतौर पर बाहरी पदार्थों के प्रति शरीर में चलने वाली प्रतिरक्षक प्रणाली की किसी भी प्रतिक्रिया का हमें पता तक नहीं चल पाता, लेकिन जब शरीर बार-बार उन्हीं नुकसान पहुँचाने वाले पदार्थों के संपर्क में आता रहता है। तब शरीर की जैव रासायनिक क्रिया कुछ ज्यादा ही गड़बड़ाने लग जाती है।

एलर्जी कारक पदार्थों के बार-बार संपर्क में आते रहने से भी प्राय: ऐसा ही होता है। जब एलर्जी कारक बार-बार प्रतिरक्षक प्रणाली के संपर्क में आकर उसे उकसाते रहते हैं तो उनसे उसमें एक प्रकार की चिढ़ सी पैदा होने लगती है। प्रतिरक्षक प्रणाली का यह चिड़चिड़ापन ही आगे चलकर दमा से लेकर एक्जिमा, रूसी, ऑर्थराइटिस तक अनेक रोगों का कारण बनने लगता है।

दमा रोग की शुरुआत करने वाले एलर्जी कारक प्राय: साँस के माध्यम से श्वसन मार्ग में प्रवेश करते हैं। यद्यपि कई बार ये खाने-पीने की चीजों के साथ या फिर दवा आदि के रूप में भी शरीर में प्रवेश करते देखे जाते हैं। शरीर में पहुँचने के बाद जब ये एलर्जी कारक श्वसन मार्ग की पेशियों खासकर फेफड़ों की सूक्ष्म नलिकाओं एवं वायुकोष्ठकों के संपर्क में आते हैं, तो वहाँ अनेक प्रकार की जैव रासायनिक प्रक्रियाओं की शुरुआत कर देते हैं। इन प्रतिक्रियाओं के कारण वहाँ हिस्टामिन जैसे रसायनों का रिसाव एकाएक बढ़ जाता है। यह रसायन श्वसन मार्ग से संबंधित मांसपेशियों में संकुचन पैदा करके उसे अंदर से सँकरा बना देते हैं तथा वहाँ म्यूकस का संचय करने लगते हैं। इनके परिणामस्वरूप व्यक्ति में दमा के दौरे की शुरुआत हो जाती है।

दमे के दौरे की शुरुआत करने वाले ऐसे एलर्जी कारक प्राय: सूक्ष्म प्रोटीन कणों के रूप में रहते हैं जो घर में पाए जाने वाले फर्नीचर, परदे, सोफों, गद्दों, गलीचों, किताबों, फाइलों एवं आर्द्रता वाले कमरों के कोनों में जमीं धूल-मिट्टी या उनमें पल रहे विभिन्न किस्म के जीवाणु, विषाणु, फफूँद आदि से लेकर घास-फूस और पुष्पों से झड़े पराग कण, कुत्ता, बिल्ली, कबूतर, घोड़े, गधे, बकरी आदि जानवरों की चमड़ी से झड़े सूक्ष्म कण, पंख एवं फर और भेड़ की ऊन तक कुछ भी हो सकते हैं।

इनके अलावा अनेक बार दमे के लिए घरों में आमतौर पर पाए जाने वाले कॉकरोच, दीमक, खटमल, लाल चींटी जैसे जीव-जंतु भी जिम्मेदार होते हैं। सेंट, परफ्यूम से उठती तीव्र महक भी अनेक संवेदनशील लोगों में दमे की शुरुआत करते देखी गई है। कुछ लोगों में सिगरेट, बीड़ी के जलने से उत्पन्न हुआ धुआँ, वाहनों में पेट्रोल के जलने से उत्पन्न हुआ धुआँ, उद्योगों से निकलने वाला धुआँ भी एलर्जिक कारक बनते देखा गया है।

कुछ लोगों में दमे के दौरे की शुरुआत खाना खाने के बाद भी होते देखी गई है। इन लोगों में आमाशय में पैदा होने वाले गेस्ट्रिक अम्ल के वापिस अन्न नलिका में आ जाने से वहाँ एक विशेष प्रकार की प्रतिक्रिया शुरू हो जाती है,

जिसे 'रीफ्लैक्स इसोफेजाइटिस' कहा जाता है। इसके कारण उन लोगों के गले में तीव्र खरास के साथ खाँसी का दौर शुरू हो जाता है, जो धीरे-धीरे दमा का रूप ले लेता है। इसके अलावा कुछ लोगों में दमे के दौरे की शुरुआत मानसिक परेशानी और तनाव की अवस्था से भी होते देखी गई है।

दमा रोग के प्रमुख लक्षण

ज्यादातर मरीजों में दमा रोग की शुरुआत अचानक ही होती है। इसमें सबसे पहले रोगी को अपनी छाती में कसाव या खिंचाव सा महसूस होने लगता है। ऐसा श्वसन नलिकाओं की पेशियों में ऐंठन आ जाने के कारण होता है। छाती में कसाव महसूस होने के पश्चात् रोगी की साँस फूलने लगती है और वह धीरे-धीरे हाँफना शुरू कर देता है।

कुछ रोगियों को दमे की शुरुआत में एकाएक खाँसी का दौर शुरू होते देखा जाता है। ऐसी खाँसी के साथ कुछ लोगों को झागदार सफेद रंग का कफ भी आने लगता है। दमा के इन रोगियों को अपनी नाक भी एकाएक बंद होती प्रतीत होने लगती है।

इसके अलावा दौरे की तीव्रता बढ़ते जाने के साथ-साथ साँस लेते एवं छोड़ते समय उनके फेफड़ों से एक सीटी सदृश आवाज भी निकलने लग जाती है। इसे 'वीजिंग साउंड' कहा जाता है। इस आवाज को दमे का एक अन्य मुख्य लक्षण माना जाता है।

लेकिन दमा के रोगियों में एक बात विशेष रूप से देखने को मिलती है कि उनमें दमा के दौरे की शुरुआत अलग-अलग रूपों व कारणों से हो सकती है। जैसे कुछ लोगों में इसकी शुरुआत घर की डस्टिंग करने के बाद या तीव्र गंध के संपर्क में आने के बाद अचानक होती है। कुछ लोगों में तेज धूलदार आँधी के दौरान धूल-मिट्टी के नाक में घुस जाने या धूल-मिट्टी वाले वातावरण में रहने के बाद होते देखी जाती है। कुछ दूसरे लोगों में इसकी शुरुआत ठंडी हवा के बार-बार संपर्क में आने से सर्दी-जुकाम हो जाने अथवा गले का संक्रमण हो जाने के बाद देखी जाती है। कुछ अन्य लोगों में दमा के दौरे की शुरुआत मानसिक तनाव की स्थिति बन जाने के पश्चात् होते देखी जाती है।

श्वसन संस्थान

नाक से फेफड़ों तक वायु के आवागमन का मार्ग 'श्वसन मार्ग' या 'श्वसन

तंत्र' कहलाता है। यह एक जटिल तंत्र है। नाक से जो श्वास नली शुरू होती है वह फेफड़ों में पहुँचकर सूक्ष्म-से-सूक्ष्मतर होती चली जाती है। श्वास नली नासिका से आगे जाकर दो शाखाओं में विभक्त हो जाती है। इनमें से एक-एक शाखा अलग-अलग फेफड़ों में प्रवेश करने के बाद पुनः अनेक शाखा-प्रशाखाओं में बँटती रहती है। इन लघु नलिकाओं को श्वसन नलिकाएँ कहते हैं। ये भी आगे चलकर क्रमशः और विभाजित होकर बहुत ही बारीक एवं सूक्ष्म रूप ले लेती हैं। अंत में ये सूक्ष्म नलिकाएँ केवल तंतु ऊतकों से बनी रह जाती हैं। श्वसन क्रिया का सबसे महत्त्वपूर्ण कार्य फेफड़ों की इन्हीं सूक्ष्म कोषों में जाकर संपन्न होता है।

श्वसन संस्थान की संरचना

दरअसल में हमारा 'श्वसन तंत्र' (Respiratory System) नाक, कंठनली, श्वास नलिका, श्वसन नलिकाएँ, फेफड़ों के वायुकोष्ठक और उदरपटल आदि अवयवों का एक समुच्चय होता है। नाक या मुँह से खींची गई हवा सबसे पहले कंठनली (लेरिंकस) के माध्यम से श्वासनली (ट्रैकिया) में पहुँचती है और वहाँ से श्वसन नलिकाओं के माध्यम से वायुकोष्ठकों तक पहुँचती रहती हैं।

यह श्वासनली 10 से 12 से.मी. के करीब लंबी और 2.5 से. मी. व्यास के पाइप के रूप में रहती है। यह कंठनली के निचले हिस्से से शुरू होकर नीचे छाती तक जाती है तथा वहाँ दो श्वसन नलिकाओं में बँट जाती है। इस श्वासनली की रचना 15 से 20 कड़ियों के मेल से होती है। श्वासनली की यह कड़ियाँ अंग्रेजी के 'C' अक्षर के आकार में रहती हैं।

श्वासनली से निकली दोनों शाखाओं को श्वसन नलिकाएँ (ब्रोंकस टयूब्स) कहा जाता है। नीचे उतरकर यह श्वसन नलिकाएँ दाहिने और बाएँ फेफड़ों में प्रवेश कर जाती है। फेफड़ों में पहुँचकर ये श्वसन नलिकाएँ वृक्ष की शाखा-प्रशाखाओं के रूप में बँटती रहती हैं। श्वसन नलिकाओं की इन सूक्ष्म और अति सूक्ष्म संरचनाओं को 'लघु श्वसन नलिकाएँ' (ब्रोंकियोल्स या ब्रोंकी) कहा जाता है। यह सूक्ष्म और अति सूक्ष्म श्वसन नलिकाएँ भी आगे वायुकोष्ठकों (एल्वीओल्स) के रूप में बँटकर अंगूर के गुच्छों (एल्वीओआई) जैसा रूप ले लेती हैं।

श्वसन क्रिया के माध्यम से खींची गई हवा इन्हीं वायुकोष्ठकों में पहुँचती रहती है तथा इन्हीं में श्वसन क्रिया का कार्य संपन्न होता है। दरअसल इन वायुकोष्ठकों की दीवारें बहुत महीन और पतली होती हैं। इनकी महीन दीवारों में सूक्ष्म केश वाहिनियों (कैपिलरीज) का जाल फैला रहता है। इन केश वाहिनियों

की दीवारों से रक्त के कण तो बाहर नहीं निकल पाते पर उनमें से ऑक्सीजन और कार्बन डाइऑक्साइड जैसी गैसें आसानी से आती-जाती रहती हैं। इनमें से ऑक्सीजन रक्त वाहिनियों में पहुँचकर खून की लाल रुधिर कणिकाओं के हीमोग्लोबिन से संयुक्त होती रहती है, जबकि कार्बन डाइऑक्साइड खून से निकलकर फेफड़ों में आकर और श्वास नलिका के द्वारा बाहर निकालती रहती है।

हमारे फेफड़े

हमारे शरीर में मटमैले रंग के, अंदर से खोखले, मुलायम एवं शंकु के आकार के दो फेफड़े होते हैं। फेफड़े ऊपर से कुछ-कुछ चमकीले और स्पर्श में लचीले प्रतीत होते हैं। दबाने से यह स्पंज जैसे लगते हैं। यह वक्षगुहा (छाती) में हृदय के दोनों ओर दाईं और बाईं ओर स्थित रहते हैं। फेफड़ों पर दो परतों का एक आवरण चढ़ा रहता है, जिसके मध्य में एक तैलीय द्रव्य सा भरा रहता है। फेफड़ों की ऊपर की सतह पर चीरों (फिसर) जैसी रचनाएँ बनी होती हैं, जो उन्हें कई हिस्सों में बाँटे रखती हैं। इन हिस्सों को खंड यानी लोब्स कहा जाता है। दाहिने फेफड़े में तीन खंड (Lobes) और बाएँ फेफड़े में दो खंड होते हैं।

एक सामान्य वयस्क पुरुष के फेफड़ों का भार 1100 ग्राम के आसपास और महिला के फेफड़ों का भार 900 ग्राम के आसपास होता है। अगर फेफड़ों को चौड़ाई में फैला दिया जाए तो उनका पृष्ठीय क्षेत्रफल 60 से 80 वर्ग मीटर तक फैल सकता है। दाहिने फेफड़े का आकार बाएँ फेफड़े की अपेक्षा कुछ बड़ा होता है। इसका वजन भी बाएँ फेफड़े के मुकाबले 5 फीसदी के करीब ज्यादा रहता है।

उम्र के अनुसार फेफड़ों के रंग में अंतर आता रहता है। जैसे कि गर्भस्थ शिशु के फेफड़ों का रंग गहरा लाल होता है। नवजात शिशु में फेफड़ों का रंग गुलाबी हो जाता है। प्रौढ़ावस्था में पहुँचकर मनुष्य के फेफड़ों का रंग नीलापन लिये भूरा सा होने लगता है।

फेफड़ों के नीचे छाती और उदर के खाली हिस्से को बाँटने वाली गुंबद के आकार का एक चपटा स्नायु पटल होता है, जिसे 'उदरपटल' यानी डायफ्राम कहा जाता है। यह एक पतली फाइबर्स टिश्यू (Fibrous Tissue) से बनी परत होती है। श्वसन क्रिया में इसकी बहुत महत्त्वपूर्ण भूमिका होती है। डायफ्राम के ऊपरी हिस्से में दिल, फेफड़े जैसे अंग और नीचे के हिस्से में जिगर, जठर, आँतें, मूत्राशय, गर्भाशय आदि अंग स्थित रहते हैं।

छाती के दोनों ओर 12-12 पसलियाँ होती हैं। यह छाती के मध्य परस्पर

जुड़कर एक मजबूत पिंजरा बना लेती हैं। यह पिंजरा फेफड़ों और हृदय के लिए एक मजबूत सुरक्षा कवच का काम करता है। ये पसलियाँ छाती से गोलाकर रूप में मुड़कर पीछे की ओर रीढ़ की हड्डी के साथ जुड़ी रहती हैं। छाती की हड्डियाँ (स्टर्नम) के साथ छाती के पास वाली सात पसलियाँ जोड़ियों के रूप में जुड़ी रहती हैं। इसके बाद तीन पसलियाँ (ऊपरी पसलियाँ) ऊपरी पसलियों के साथ जुड़ी रहती हैं, जिन्हें रिब्स कहा जाता है। जबकि दोनों ओर की अंतिम पसलियाँ छाती के आगे न जुड़कर स्वतंत्र रूप में तैरती रहतीं हैं। इसीलिए इन्हें तैरने वाली पसलियाँ कहा जाता है। पसलियों से बना यह ढाँचा काफी लचकदार होता है और कुछ हद तक मुड़ सकता है। इन पसिलयों से जुड़ी हुई मांसपेशियाँ इंटरनल, इंटरकोस्टल स्नायु कहलाती हैं।

फेफड़ों की आंतरिक संरचना

हमारे फेफड़े अंदर से मधुमक्खी के छत्ते की तरह 35,000 लाख के करीब सूक्ष्म वायुकोष्ठकों (Alveoli) के बने होते हैं। इन्हीं वायुकोष्ठकों में श्वसन नलिकाओं की सूक्ष्म शाखाएँ वायु लेकर पहुँचती हैं। दोनों फेफड़े श्वास नलिका (Trachea) की दो शाखाओं, जिन्हें श्वसनी या श्वसन नलिकाएँ (Bronchus) कहा जाता है, से जुड़ी रहती हैं। फेफड़ों के अंदर पहुँचकर ये श्वसन नलिकाएँ अनेक छोटी-छोटी नलिकाओं में बँट जाती हैं। इन्हें सूक्ष्म श्वसन नलिकाएँ (Bronchioles) कहा जाता है। ऐसी प्रत्येक श्वसन नलिका आगे बढ़ती हुई और सूक्ष्म नलिकाओं में बँटती चली जाती है और अंत में अंगूर के गुच्छों का रूप ले लेती है। ये गुच्छे अंदर से खोखले वायुकोष्ठकों (Alveolar Sac) के रूप में होते हैं। फेफड़ों की इन सबसे छोटी इकाइयों को वायुकोष्ठक (Alveoll) कहा जाता है।

हृदय के दाहिने निलय से निकलने वाली धमनी फेफड़े में अशुद्ध रक्त पहुँचाती है। इसे फुफ्फुसीय धमनी (Pulmonary Artory) कहा जाता है। फेफड़ों में पहुँचकर यह धमनी ही शाखाओं में बँटकर केशवाहिनियों (Capillaries) का रूप ले लेती है। बाद में ये केशवाहिनियाँ पुनः संयुक्त होकर सूक्ष्म शिराओं से मुख्य शिरा का रूप लेती हैं। रक्त शिरा जो फेफड़ों से हृदय के बाएँ अलिंद में शुद्ध रक्त ले जाने का कार्य करती है, उसे फुफ्फुसीय शिरा कहा जाता है।

ऐसा देखा गया है कि फेफड़ों के वायुकोष्ठकों की संख्या में जन्म से लेकर आठ वर्ष तक वृद्धि होती रहती है। इसके बाद वायुकोष्ठकों की संख्या आजीवन

स्थिर बनी रहती है, लेकिन इन वायुकोष्ठकों पर शारीरिक सक्रियता एवं हमारी जीवनशैली का गहरा प्रभाव पड़ता है। ये निष्क्रिय और आरामतलब जीवन से कमजोर व नष्ट होते जाते हैं, किंतु श्रम और शारीरिक कसरतों एवं प्राकृतिक जीवनशैली अपनाने से ये आजीवन सक्रिय और स्वस्थ बने रहते हैं।

फेफड़ों के कार्य

हमारे फेफड़ों के प्रमुख कार्य निम्न प्रकार हैं—

- हमारे फेफड़ों का सबसे प्रमुख कार्य वायुमंडल से शुद्ध ऑक्सीजन युक्त हवा ग्रहण कर शरीर के अंदर पहुँचाना और शरीर में विभिन्न चयापचय क्रियाओं के फलस्वरूप उत्पन्न होने वाली गैर-जरूरी कार्बन डाइऑक्साइड गैस सहित कई अन्य अनावश्यक पदार्थों जैसे कि अल्कोहल, अमोनिया, जलवाष्प आदि को संग्रह करके उन्हें शरीर से बाहर निकालना होता है।

दरअसल श्वसन क्रिया के माध्यम से फेफड़ों में पहुँचने वाली ऑक्सीजन धीरे-धीरे खून में घुलकर सारे शरीर में भ्रमण करके प्रत्येक कोशिका तक पहुँचती रहती है। कोशिकाओं के अंदर पहुँचकर यह उनमें संपन्न होने वाली अनेक चयापचय क्रियाओं को पूर्णतः संपन्न करने में मदद करती है।

यह ऑक्सीजन हमारे जीवन के लिए बेहद जरूरी होती है। ऑक्सीजन की आपूर्ति में बाधा आते ही दम घुटने लगता है तथा कुछ सेकेंड के भीतर ही जीवन संकट में पड़ जाता है। ऑक्सीजन की मदद से संपन्न होने वाली चयापचय क्रियाओं पर ही हमारे शरीर का विकास, स्वास्थ्य और सक्रियता सभी कुछ निर्भर रहता है।

अपनी संपूर्ण गर्भावस्था के दौरान भ्रूण अपने खान-पान से लेकर श्वसन तक के मामले में अपनी माँ पर ही पूरी तरह से आश्रित रहता है। माँ के ऊतकों की तरह ही शिशु भी अपनी समस्त जरूरतें उसके खून से ही पूरी करता रहता है। वह अपनी जरूरत के मुताबिक ऑक्सीजन भी माँ के खून से प्राप्त करता रहता है। इसीलिए माँ के किसी भी श्वसन संबंधी रोग की दशा में गर्भस्थ शिशु पर भी सीधा प्रभाव पड़ता है।

जैसे ही कोई शिशु प्रसवोपरांत जन्म लेकर माँ के शरीर से बाहर आता है, वैसे ही उसके फेफड़े पहली बार खुलते हैं और स्वतंत्र रूप में अपना काम शुरू करते हैं। रोने से शिशु के फेफड़े पहली बार सक्रिय होते हैं। इसीलिए जन्मोपरांत शिशु के रोने को विशेष महत्त्व दिया जाता है। रोने के माध्यम से ही उसके फेफड़े

पहली बार खुलते हैं और उनमें बाहर की हवा प्रवेश कर पाती है। रोने से उनके फेफड़ों में निर्वात की दशा पैदा होती है तथा उनके वायुकोष्ठकों तक में हवा पहुँच पाती है। ऐसा देखा गया है कि जन्मोपरांत जो शिशु रोने में विलंब करते हैं, उनके जीने का अनुपात भी उतना ही घटता जाता है। ऐसे शिशुओं में आगे चलकर साँस संबंधी रोग भी ज्यादा देखे जाते हैं।

- इसके अलावा हमारे फेफड़े शरीर के तापमान को स्थिर रखने में भी मदद करते हैं। शरीर का तापमान बढ़ते ही श्वसन क्रिया एकाएक तीव्र हो जाती है तथा शरीर में पैदा हुई अतिरिक्त गरमी को हवा के साथ निकालने लगती है।

जब हमारी साँस तेजी से चलती है, तब हमारा हृदय भी तेजी से धड़कने लगता है। तेजी से धड़कता हृदय शरीर में रक्त के संचार को एकाएक बढ़ा देता है। इससे शरीर के बाहरी अंगों पर पसीना आने की गति अचानक बढ़ जाती है। पसीना निकल जाने से भी शरीर का तापमान और अधिक बढ़ने से रुक जाता है।

- अगर कोई बाहरी वस्तु साँस के द्वारा अंदर चली जाती है तो खाँसी या छींक के द्वारा फेफड़े उसे बाहर निकाल फेंकते हैं।

श्वसन क्रिया

एक वयस्क स्वस्थ व्यक्ति एक मिनट में 16 से 18 बार तक साँस लेता और छोड़ता रहता है, लेकिन श्वसन क्रिया की यह दर सारी उम्र एक समान बिल्कुल नहीं रहती है। जन्म के समय एक नवजात शिशु प्रति मिनट औसतन 40 से 44 बार साँस लेता और छोड़ता रहता है। तीन महीने के बाद श्वसन दर में गिरावट आने लगती है। जब वह एक साल का हो जाता है तब वह प्रति मिनट 30 बार तक साँस लेना और छोड़ना शुरू कर देता है। 2 से 5 वर्ष की उम्र तक के बालक एक मिनट में आमतौर पर 20 से 24 बार तक साँस लेना शुरू कर देते हैं।

किशोरावस्था के बाद इसमें और भी गिरावट आने लगती है। इस दौरान वह 14 से 18 बार तक साँस भरते और छोड़ते हैं। वयस्क होने तक यही गति चलती रहती है, पर उसके बाद श्वसन दर पुनः अनियमित होने लगती है। एक वयस्क स्वस्थ पुरुष एक मिनट में आमतौर पर 14 से 18 बार तब साँस लेता देखा जाता है।

दरअसल धीमी व गहरी साँस स्वस्थ शरीर की निशानी मानी जाती है। इससे व्यक्ति के शरीर में संपन्न होने वाली चयापचय क्रियाओं का ठीक-ठीक पता चलता रहता है। जब साँस तीव्र गति से चलती है तो इसका अर्थ होता है

कि शरीर में अधिक ऑक्सीजन की आवश्यकता है, लेकिन जब साँस धीमी गति से चलती है तो इसका अर्थ होता है कि शरीर को ऑक्सीजन की जरूरत कम है या शरीर शांत अवस्था में है; किंतु जब किसी व्यक्ति की साँस फूलने लगती है तो इसका अर्थ होता है कि उसके शरीर में जरूरत के मुताबिक ऑक्सीजन नहीं पहुँच पा रही है। दमा रोग में भी ऐसा ही देखा जाता है।

हमारी श्वसन क्रिया फेफड़ों एवं उदरपटल के संकुचन एवं प्रसार पर निर्भर रहती है। उदरपटल जब संकुचित होकर नीचे की ओर झुकता है तब उसका ऊपर वाला शंकु आकार जैसा हिस्सा समतल रूप धारण करके नीचे की ओर खिंच आता है। इससे छाती के नीचे वाले भाग में खाली स्थान बन जाता है। इसके अलावा इसी समय पसलियों के बीच बाहर वाले स्नायु भी संकुचित हो जाते हैं। इसी वजह से स्टर्नम और पसलियाँ खिंचकर आगे की ओर आ जाती हैं। इस प्रकार छाती के तीन तरफ सामने, बगल में और पीछे की ओर रिक्त स्थान पैदा हो जाता है। इससे फेफड़े भी उसी आकार में फैल जाते हैं और उनके अंदर एकाएक जगह बढ़ जाने से हवा का दबाव गिर जाता है। इसके फलस्वरूप श्वसन नलिका में वायुमंडल से पहुँची ऑक्सीजन मिश्रित हवा का दबाव अधिक हो जाता है, और वह हवा तेजी से श्वसन नलिका से आगे जाकर फेफड़ों में प्रविष्ट कर जाती है।

फेफड़ों में हवा भरने से वे छाती में नीचे से उदरपटल से दबकर इतने ऊपर की ओर उठ जाते हैं जितने कि वे पहले थे। इसके थोड़ी देर पश्चात् विपरीत क्रिया शुरू हो जाती है। इस समय पसलियों के बीच के भीतरी स्नायु संकुचित होने लगते हैं और बाहर के स्नायु शिथिल पड़ते जाते हैं। इस कारण बाहर आगे की ओर स्थित स्टर्नम एवं पसलियाँ नीचे और भीतर की तरफ खिंचने लग जाती हैं। ऐसा होने पर फूला हुआ सीना संकुचित होकर छोटा होने लगता है। परिणामस्वरूप छाती के सामने, बगल और पीछे बना खाली स्थान कम होने लगता है। इससे फेफड़े दबकर संकुचित होने लगते हैं तथा उनमें भरी हवा का दबाव बढ़ता जाता है। इससे उनके अंदर संचित हुई कार्बन डाइऑक्साइड युक्त अशुद्ध हवा श्वसन मार्ग से बाहर निकल जाती है।

इस प्रकार छाती के फैलने के साथ फेफड़े भी फैलते हैं और वायुमंडल की हवा श्वसन मार्ग के द्वारा उनके अंदर पहुँच जाती है। इसे श्वासोच्छ्वास क्रिया कहा जाता है। इसके विपरीत जब छाती में संकुचन पैदा होने लगता है तो उस समय फेफड़े भी संकुचित होते जाते हैं। इससे फेफड़ों की अशुद्ध हवा बाहर निकल जाती है। इसे उच्छ्वास की क्रिया कहा जाता है।

शरीर में ऑक्सीजन की उपयोगिता

समस्त प्राणियों को स्वस्थ्य, सक्रिय और जिंदा रहने के लिए संतुलित भोजन के अलावा एक और चीज की जरूरत पड़ती है जिसे 'प्राण वायु' यानी 'ऑक्सीजन' कहा जाता है। यह 'ऑक्सीजन' उन्हें वायुमंडल से सहज ही उपलब्ध होती रहती है। प्राणी पानी और भोजन के बिना तो सप्ताह भर से लेकर महीनों तक जिंदा रह सकते हैं, किंतु ऑक्सीजन के बिना कुछ मिनट तक भी जिंदा रह पाना उनके लिए मुश्किल हो जाता है। ऑक्सीजन की आपूर्ति बाधित होते ही उनका जीवन खतरे में पड़ने लगता है।

चूँकि इस ऑक्सीजन को ग्रहण करने के लिए किसी तरह के प्रयास की जरूरत नहीं पड़ती। यह श्वसन क्रिया के द्वारा स्वत: ही शरीर में पहुँच कर अपनी भूमिका निभाती रहती है। इसीलिए जीवन भर हम इसके महत्त्व को नहीं जान पाते और इसके प्रति लापरवाह ही बने रहते हैं। शायद हममें से ज्यादातर लोगों को तो यह भी मालूम नहीं होगा कि हम एक मिनट में कितनी बार साँस भरते और छोड़ते हैं।

ऐसा माना जाता है कि हमारी पृथ्वी पर जीवन की शुरुआत इसी ऑक्सीजन के साथ शुरू हो पाई थी। कोई 60 अरब साल पहले जब हमारी पृथ्वी का जन्म हुआ था, तब यह एक आग का गोला मात्र थी। उस समय पृथ्वी पर ना तो कोई हवा, पानी ही था और न ही किसी प्रकार का जीवन, लेकिन जैसे-जैसे पृथ्वी की तपस ठंडी पड़ती गई, इस पर वायुमंडल निर्मित होने लगा। उस पर हवा, पानी बनने का सिलसिला शुरू हो गया। तब से पृथ्वी जीवंत होने लगी।

हमारा शरीर कोई बीस खरब कोशिकाओं से मिलकर बना होता है। शरीर की इन सभी कोशिकाओं को जिंदा रहने और अपने कार्यों को जारी रखने के लिए निरंतर पोषक तत्त्वों एवं उष्मा की जरूरत रहती है। पोषक तत्त्वों की आपूर्ति खून के माध्यम से होती रहती है, जबकि उष्मा उत्पन्न करने के लिए ऑक्सीजन की आवश्यकता पड़ती है।

शरीर की समस्त कोशिकाएँ ऊष्मा उत्पादन के लिए कार्बोहाइड्रेट, चरबी और प्रोटीन को उपयोग में लाती हैं। इन सभी की चयापचय क्रियाओं के फलस्वरूप शरीर में ऊष्मा का निरंतर उत्पादन होता रहता है, जबकि श्वसन क्रिया से प्राप्त किया गया ऑक्सीजन उनकी चयापचय क्रियाओं को पूर्णत: संपन्न करने में मदद करता है। ऑक्सीजन की आपूर्ति में थोड़ी सी बाधा आते ही यह चयापचय क्रियाएँ गड़बड़ाने लग जाती हैं। इससे धीरे-धीरे उनसे संबंधित अंगों

के कार्य में खलल पड़ने लगता है तथा व्यक्ति का स्वास्थ्य और जीवन खतरे में पड़ जाता है।

ऐसा देखा गया है कि अगर यह चयापचय क्रियाएँ लंबे समय तक बिगड़ी रहें तो उन कोशिकाओं की रचना एवं कार्य तक में विकृति आने लग जाती है। इसके फलस्वरूप उनसे संबंधित अंग कमजोर पड़ने लगते हैं। मधुमेह नामक रोग ऐसी ही चयापचय क्रिया के बिगड़ने का परिणाम होता है। मधुमेह में ग्लूकोज की चयापचय क्रिया बिगड़ने लगती है।

ऑक्सीजन के अभाव में शरीर के कुछ खास अंगों की कोशिकाएँ तो कुछ मिनटों में ही निष्क्रिय होकर नष्ट हो जाती हैं। हमारे मस्तिष्क और हृदय की मांसपेशियाँ कुछ इसी प्रकार की होती हैं। मस्तिष्क की कोशिकाओं में अगर 2-3 मिनट के लिए भी ऑक्सीजन की आपूर्ति रुक जाए तो उससे उनमें अपरिवर्तनीय क्षति शुरू हो जाती है तथा उसका असर व्यक्ति पर ताउम्र बना रहता है। मस्तिष्कीय पक्षाघात (ब्रेन स्ट्रोक्स) एक ऐसा ही रोग है, जिसमें व्यक्ति के जीवित रहने के आसार बहुत कम रहते हैं। अगर वह बच भी जाए तो शरीर के किसी-न-किसी अंग पर लकवा का असर बना रह जाता है।

इसी प्रकार हृदय का दौरा भी मांसपेशियों में रक्त संचार के एकाएक रुक जाने का परिणाम होता है। इससे संबंधित ऊतकों को जीवित रहने कि लिए पर्याप्त मात्रा में ऑक्सीजन नहीं मिल पाती और उनकी कोशिकाएँ तेजी से नष्ट होती चली जाती हैं। हार्ट अटैक आज के समय मौत का सबसे प्रमुख कारण बना हुआ है।

ऑक्सीजन अल्पता जन्य दमा एक अन्य रोग है, जिसमें रोगी के शरीर में ऑक्सीजन की आपूर्ति तो पूर्णत: नहीं रुकती, लेकिन पर्याप्त मात्रा में ऑक्सीजन उसके शरीर में नहीं पहुँच पाती। इस रोग में मुख्य खराबी फेफड़ों और श्वसन मार्ग में रहती है। इस रोग में व्यक्ति के शरीर की कोशिकाएँ तो नष्ट नहीं होतीं, परंतु उसके अनेक चयापचय क्रियाओं पर अवश्य असर होते देखा जाता है।

लोग जी रहे हैं, उथले साँस के साथ

हमारे फेफड़ों की कुल ऑक्सीजन ग्रहणशीलता यानी श्वसन क्षमता (Ventilation) 5 से 6 लीटर प्रति मिनट के करीब होती है। हम 14 से 16 बार प्रति मिनट साँस लेते रहते हैं और प्रत्येक साँस के साथ औसतन 400 से 450 मि. ली. हवा भरते रहते हैं। लेकिन फेफड़ों की यह क्षमता उम्र, लिंग, प्रशिक्षण या जीवनशैली के अनुसार घटती-बढ़ती रहती है।

निष्क्रिय जीवन जीने, उथले साँस भरते रहने और ज्यादा मात्रा में खाते-पीते रहने से भी यह क्षमता घटती जाती है। कुछ साँस संबंधी रोगों के दौरान भी फेफड़ों की यह क्षमता घटती चली जाती है, किंतु इसके विपरीत पर्याप्त परिश्रम करते रहने, ठीक तरह से साँस लेते रहने और प्राणायाम और योग का अभ्यास करते रहने से इनकी कार्य क्षमता में वृद्धि की जा सकती है। ऐसा देखा गया है कि बहुत से एथलीट्स, तैराक अपनी ऑक्सीजन ग्रहणशीलता को 6 से 7 घन लीटर तक बढ़ा लेते हैं। इससे वह लंबे समय तक साँस रोक कर दौड़ पाते हैं या पानी में गहरा गोता लगा सकते हैं।

हाल के अध्ययनों से पता चला है कि ज्यादातर लोगों की एरोबिक क्षमता उम्र बढ़ने के साथ घटती जाती है। पुरुषों में ऑक्सीजन ग्रहणशीलता की यह क्षमता 20 साल की उम्र के बाद और महिलाओं में यह क्षमता 30 साल के बाद घटनी शुरू हो जाती है। 60 साल की उम्र तक पहुँचते-पहुँचते तो इसमें 50 से 60 फीसदी तक की कमी आ जाती है। ऑक्सीजन ग्रहणशीलता की यह गिरावट तो शारीरिक और मानसिक रूप से स्वस्थ कहे जाने वाले लोगों में ही देखी जाती है, जबकि जो लोग निष्क्रिय जीवन जीने के आदी होते हैं अथवा जो लोग मोटापे आदि से पीड़ित हैं। उनमें तो यह गिरावट और भी तीव्र गति के साथ और उम्र से काफी पहले ही शुरू हो जाती है।

ऑक्सीजन का उष्मा उत्पादक चयापचय क्रियाओं के साथ सीधा संबंध रहता है। इसीलिए ऑक्सीजन के अभाव में यह समस्त क्रियाएँ प्रभावित होने लगती हैं। उम्र बढ़ने के साथ इन चयापयच क्रियाओं की दर भी इसीलिए घटती चली जाती है। मधुमेह जैसे रोग भी चयापचय की दर घट जाने के कारण पैदा होते हैं।

विगत कुछ दशकों से हम विभिन्न कारणों से कम मात्रा में ऑक्सीजन ग्रहण करने लगे हैं। हमारी इस प्रवृत्ति का सीधा असर हमारे मानसिक तथा शारीरिक स्वास्थ्य पर पड़ने लगा है। कम ऑसीजन ग्रहण करने से हमारी पेशियाँ कमजोर पड़ने लगी हैं, शारीरिक स्वास्थ्य में गिरावट आने लगी है और साँस फूलने की शिकायत बढ़ने लगी है।

हम जिस वायुमंडल में साँस भर रहे हैं। वह वायुमंडल ही अब धीरे-धीरे प्रदूषित होता जा रहा है। हमारे इस वायुमंडल में ऑक्सीजन, कार्बन डाइऑक्साइड और नाइट्रोजन जैसी गैसों के अलावा अब काफी मात्रा में धूल, मिट्टी, सीसा और कार्बन कणों के साथ हजारों तरह के विषाक्त रसायन भी जमा होने लगे हैं। अध्ययनों से तो यहाँ तक पता चला है कि हमारे वायुमंडल में विगत कुछ दशकों

से ऑक्सीजन की मात्रा घटने लगी है और उसकी जगह कार्बन डाइऑक्साइड के साथ अन्य कई गैसों की मात्रा धीरे-धीरे बढ़ने लगी है।

पेट्रोल के जलने से जो धुआँ पैदा होता है। उसमें काफी मात्रा में सीसा रहता है। ऐसे वायुमंडल में साँस भरते रहने से ऑक्सीजन के साथ ही कई तरह की जहरीली गैसें भी हमारे श्वसन संस्थान में पहुँचने लगी हैं। ये गैसें शरीर में पहुँचकर विभिन्न तरह से अपना असर डालती हैं; पर इनका सबसे पहला और बुरा प्रभाव फेफड़ों के ऊपर ही होता है। ये रक्त में ऑक्सीजन के घुलने की दर को घटा देती हैं, जिसके परिणामस्वरूप रक्त के माध्यम से ऊतकों को कम मात्रा में ऑक्सीजन पहुँचने लग जाती है। इसका असर बाद में शरीर की विभिन्न चयापचय क्रियाओं पर देखने को मिलता है।

आज हमारी जीवनशैली में भी जबरदस्त बदलाव आया है। हम जरूरत से ज्यादा खाने लगे हैं, लेकिन हम मेहनत भरे काम करने बिल्कुल ही छोड़ दिए हैं। साँस भी हम सहजता से न लेकर उथले-उथले ही भरने लगे हैं। ऐसे निष्क्रिय जीवन से हमारे फेफड़ों के ज्यादातर वायुकोष्ठक बंद ही बने रहते हैं। इससे हमारे फेफड़े अपनी ऑक्सीजन ग्रहण क्षमता को तेजी से गँवाते जाते हैं। नतीजतन शरीर को बहुत कम मात्रा में ही ऑक्सीजन प्राप्त हो पा रही है। बाद में ऑक्सीजन का यह अभाव कई तरह की साँस संबंधी क्रियाओं से लेकर चयापचय क्रियाओं तक को प्रभावित करने लगता है। इसके कारण दमा तक होने की आशंका बढ़ती जाती है।

दमे की स्थिति में फेफड़ों में बदलाव

हमारे श्वसन तंत्र की श्वासनली 15-20 अंग्रेजी के 'C' आकार की कड़ियों से निर्मित होती है। इनकी बाहरी परत संधिकोषों के तंतुओं से निर्मित होती है, जबकि इन कड़ियों का आगे वाला दो-तिहाई हिस्सा कार्टिलेज ऊतकों से बना होता है। इसीलिए इन श्वसन नलिकायों का आकार नली के रूप में स्थिरता से टिका रहता है तथा इनमें से होकर अंदर-बाहर गमन कर रही हवा के आवागमन में कोई व्यवधान नहीं पड़ता। इस श्वासनली के पीछे के एक-तिहाई हिस्से में मांसल तंतुओं की एक खड़ी पट्टी चढ़ी रहती है। इससे श्वासनली के पीछे स्थित अन्न नलिका में ग्रास निगलते समय श्वासनली के इस पीछे वाले भाग के साथ घर्षण नहीं होता और भोजन का ग्रास आसानी से अन्य नलिका से उतर कर आमाशय तक चला जाता है।

श्वासनली की अंदरूनी सतह पर श्लेष्मिक झिल्ली का अस्तर चढ़ा रहता है, जिसमें म्यूकस पैदा करने वाली ग्रंथियाँ स्थित रहती हैं। इसकी अंदर की सतह बाल वाले स्तंभकोषों (सिलिकेट सेल्स) से बनी होती है, जिसके कारण अगर श्वसन मार्ग में अधिक मात्रा में श्लेष्मा संचित होने लगे तो बाल सदृश्य वे रचनाएँ उसे धकेलकर ऊपर की ओर गले में बलगम के रूप में उगल देती हैं।

श्वसन क्रिया के दौरान दो तरह की क्रियाओं का दौर निरतंर चलता रहता है। एक साँस अंदर लेने की क्रिया (इंसपिरेशन), जिसमें बाहरी वायुमंडल से ऑक्सीजन मिश्रित शुद्ध हवा श्वसन मार्ग से अंदर ली जाती है और दूसरी साँस को बाहर छोड़ने की क्रिया (एक्सपिरेशन) जिसमें कार्बन डाइऑक्साइड मिश्रित अशुद्ध हवा, पानी के वाष्प और अन्य दूसरे व्यर्थ पदार्थ बाहर फेंके जाते हैं।

सामान्यत: जब हम साँस भरते हैं, तब श्वासनली और श्वसन नलिकाओं के स्नायु चौड़े होकर फैल जाते हैं, लेकिन साँस को बाहर छोड़ते समय वे पेशियाँ थोड़ी सी संकुचित हो जाती हैं। दमा, खासकर ब्रोंकियल अस्थमा के आक्रमण के दौरान तो यह अत्यधिक रूप में संकुचित हो जाती हैं। इस अवस्था में ऐंठन (कंजेशन) और सूजन आ जाने के कारण उनकी अंदरूनी परत सूज कर सिकुड़ जाती है।

इस अवस्था में उस पर गाढ़ा म्यूकस स्राव भी काफी मात्रा में एकत्रित हो जाने से उनका आंतरिक व्यास आधे से भी कम रह जाता है। इसीलिए इस अवस्था में श्वासोच्छवास की क्रिया कष्टप्रद बनती चली जाती है।

आमतौर पर दमा रोग के दौरान निम्न तीन तरह की स्थितियाँ देखने को मिलती हैं—

- श्वसान नलिकाओं की मांसपेशियों में ऐंठन युक्त खिंचाव **(ब्रोंकोस्पास्मोडिक कॉन्ट्रेक्शन)** पैदा होने लग जाना।
- श्वसन नलिका की दीवारों में सूजन (एडिमेटिस स्वेलिंग ऑफ ब्रोंकिओल्स म्यूकोसा) की दशा पैदा हो जाना।
- श्वसन मार्ग की श्लेष्मिक झिल्ली में श्लेष्मिक स्राव (बलगम) का एकाएक संचित होते चले जाना।

इन तीनों स्थितियों में ही श्वसन मार्ग सँकरा हो जाता है तथा उसमें हवा के आवागमन में अवरोध पैदा होने लगता है। ऐसे में रोगी को साँस लेने के साथ-साथ उसे छोड़ने में भी ज्यादा जोर लगाना पड़ता है। इससे शरीर और खून में ऑक्सीजन की मात्रा घटने लगती है तथा धीरे-धीरे फेफड़ों एवं खून में कार्बन डाइऑक्साइड

की मात्रा बढ़ती जाती है। ऐसी दशा में शरीर ज्यादा मात्रा में ऑक्सीजन पाने के लिए अपनी श्वसन गति को बढ़ाने का प्रयास करने लगता है। नतीजतन व्यक्ति में दमा रोग जैसी स्थिति बनती चली जाती है।

इस दौरान जब रोगी अपने फेफड़ों में भरी वायु को जोर लगाकर बाहर फेंकने का प्रयास करता है। तब हवा उसके शोधयुक्त ब्रोंकिओल्स एवं श्लेष्मिक स्राव से टकराने के कारण एक सीटी सदृश्य आवाज (Wheezingsound) पैदा करने लगती है।

हमारे श्वसन तंत्र की ज्यादातर मांसपेशियाँ अनैच्छिक (Involuntary) प्रकार की होती हैं। इसीलिए इन पेशियों की गति पर हमारा कोई नियंत्रण नहीं रहता। श्वसन नलिका, उदरपटल, पसलियों के बीच की पेशियों की गति पर नियंत्रण बनाए रखने के लिए हमारे मस्तिष्क की लंबामज्जा (मेडूआ आंवलागेंटा) नामक अंग में एक विशेष 'श्वसन क्रिया नियंत्रक केंद्रक' होता है। यही हमारी श्वसन गति एवं फेफड़ों की गति को प्रभावित करता रहता है।

शरीर में ऑक्सीजन की मात्रा घटने या बढ़ने पर इस श्वसन केंद्रक के ज्ञान तंतु शीघ्र उत्तेजित हो जाते हैं तथा वे कई तरह के स्नायु तंत्रिका संप्रेरक रासायनों (न्यूरोट्रांसमीटर्स) का रिसाव पर उदरपटल एवं पसलियों के बीच की मांसपेशियों की गति को धीमा या तीव्र कर श्वसन गति को बदलते रहते हैं। इस तरह श्वसन तंत्र की पूरी प्रक्रिया स्वामित्व तंत्रिका तंत्र (ऑटोनोमस नर्वस सिस्टम) के अधीन रहती है।

ऑटोनोमस नर्वस सिस्टम से दो तरह की शाखाएँ, सिम्पेथेटिक और पैरा सिम्पेथेटिक निकलकर अनेक शारीरिक गतिविधियों को नियंत्रित करती है। दरअसल यह तंत्र परिस्थितियों के अनुसार विशेष न्यूरोट्रांसमीटर्स के रिसाव को बढ़ाकर या घटाकर श्वसन क्रिया को प्रभावित करता रहता है। ऐसा देखा गया है कि इस तंत्र की सिम्पेथेटिक नर्वस शाखा से एड्रीनेलीन जैसे न्यूरोट्रांमीटर्स ज्यादा मात्रा में रिसने लगते हैं। इसके फलस्वरूप उनसे संबंधित मांसपेशियों में उत्तेजना पैदा होने लगती है और उनसे संबंधित अंग ज्यादा सक्रिय हो जाते हैं। फेफड़ों से संबंधित मांसपेशियाँ भी इससे प्रभावित होकर ज्यादा मात्रा में हवा ग्रहण करने के लिए तेजी से फैलने और सिकुड़ने लगती हैं। इसके विपरीत पैरा सिम्पेथेटिक शाखा के प्रभाव से एसिटाइल कोलिन जैसे न्यूरोट्रांसमीटर्स का रिसाव बढ़ता है। इसके प्रभाव से पेशियों में शिथिलता और ढीलापन पनपने लगता है। फलस्वरूप मांसपेशियों की गति मंद पड़ने लगती है। इसका प्रभाव हृदय और फेफड़ों पर

अलग तरह से पड़ता है। इसके कारण हृदय की गति मंद पड़ती है तथा श्वसन नलिकाओं में संकुचन तक आने लगता है।

विभिन्न एलर्जिक प्रतिक्रियाओं के दौरान शारीरिक ऊतकों में हिस्टामिन जैसे रसायन पैदा हो जाने से साँस नली में सूजन आने लगती है, श्लेष्मिक स्राव बढ़ता जाता है तथा श्वसन नलिकाओं में संकुचन आने से ही दमा के दौरे की शुरुआत होती है।

क्या होता है दमा के दौरे के दौरान

दमा यानी अस्थमा का मतलब है व्यक्ति के श्वसन संस्थान की महत्त्वपूर्ण रचनाओं जैसे कि वायुकोष्ठकों (एल्वीओलाई) और सूक्ष्म श्वसन नलिकाओं (ब्रोंकियोल्स) से संबंधित मांसपेशियों में एकाएक संकुचन उत्पन्न हो जाना। इससे रोगी अपनी छाती में अजीव सा भारीपन महसूस करने लगता है। ऐसी स्थिति में रोगी को अपने फेफड़ों में भरी कार्बन डाइऑक्साइड प्रधान हवा को नाक के माध्यम से बाहर फेंकने में तकलीफ होने लगती है।

अगर किसी व्यक्ति में रोग की यह स्थिति कुछ समय तक ऐसे ही बनी रहती है तो इससे उसके फेफड़ों के साथ-साथ खून में भी कार्बन डाइऑक्साइड की मात्रा बढ़ने लग जाती है। इससे जब कार्बन डाइऑक्साइड प्रधान यह खून रक्त परिसंचरण के माध्यम से मस्तिष्कीय धमनियों के द्वारा मस्तिष्क तक पहुँचने लगता है, तब मस्तिष्क में इसकी तीव्र प्रतिक्रिया शुरू होने लग जाती है।

दरअसल जब कार्बन डाइऑक्साइड युक्त खून मस्तिष्क में पहुँचता है तो मस्तिष्क स्थित कुछ खास कोशिकाएँ जैसे मेड्यूला आँवलागेट की कोशिकाएँ उससे शीघ्र प्रभावित होने लग जाती हैं। इस केंद्रक की कोशिकाएँ ऑक्सीजन अल्पता के प्रति बेहद संवेदनशील होती हैं। इनमें जैसे ही कम मात्रा में ऑक्सीजन पहुँचने लगती है, यह सुस्त पड़कर अपने अंदर थकावट महसूस करने लगती हैं; लेकिन इस समस्या से बचने के लिए हमारे मस्तिष्क में एक विशेष प्रणाली मौजूद रहती है। मस्तिष्क स्थित यह प्रणाली श्वसन गति पर नियंत्रण रखती है। ऑक्सीजन अल्पता की दशा में यह प्रणाली फेफड़ों को प्रेरित करके उन्हें तेजी से गति करने को मजबूर कर देती है। इससे फेफड़े तेजी से फैलने और सिकुड़ने लग जाते हैं। नतीजतन अधिक मात्रा में वायुमंडल से ऑक्सीजन युक्त हवा फेफड़ों में पहुँचने लग जाती है।

यह मुख्य वजह है कि श्वसन नलिकाओं और वायुकोष्ठकों में ऐंठन अथवा

शोथ पैदा हो जाने पर फेफड़ों की गति (श्वसन दर) सामान्य के मुकाबले दो से चार गुना तक बढ़ जाती है। इस स्थिति में फेफड़े तेजी से गति करके अपने वायुकोष्ठकों में भरी हवा को जबरन बाहर निकालकर उन्हें ऑक्सीजन से भरने का प्रयास करने लगते हैं, लेकिन दमा जैसी अवस्था में ऐसा प्रयास निरर्थक ही साबित होता है, क्योंकि इस रोग में श्वसन मार्ग में उत्पन्न हुई बाधा पर्याप्त मात्रा में ऑक्सीजन फेफड़ों तक नहीं पहुँचने देती।

वास्तव में श्वसन नलिकाओं के अंदरूनी आवरण में स्थित विशेष प्रकार की कोशिकाओं, जिन्हें गोबलैट सेल्स कहा जाता है, से निरंतर एक श्लेष्मिक स्राव (म्यूकस) सा रिसता रहता है। यह श्लेष्मिक स्राव एक तरफ फेफड़ों में बाहरी कणों को नहीं पहुँचने देता तो दूसरी तरफ श्वसन नलिकाओं के ऊपर बाहरी पदार्थों, जैसे कि धूल, मिट्टी, रोग कारक जीवाणु, विषाणु और पुष्पों के पराग कण आदि को चिपका लेता है। इससे एलर्जेंस को अपना प्रभाव दिखाने का अवसर मिल जाता है। इतना ही नहीं, दमा रोग के दौरान इस श्लेष्मिक स्राव का रिसाव भी अधिक मात्रा में होने लग जाता है।

दमा के दौरे के समय वह स्राव सूक्ष्म श्वसन नलिकाओं एवं फेफड़ों के वायुकोष्ठकों में संचित होकर वायु के आवागमन मार्ग को अवरुद्ध कर डालता है। इसी वजह से दमा के दौरे के समय रोगी जोर लगाकर वायुकोष्ठकों में भरी हवा को बाहर निकालने का प्रयास करता है। लेकिन उसके ऐसे प्रयास से हवा तो बाहर नहीं निकलती, उल्टी वह श्लेष्मिक स्राव से टकराकर घरघराने जैसी आवाज उत्पन्न करने लगती है। यह घरघराने की आवाज इतनी तीव्र हो सकती है कि उसे 20-25 फीट की दूरी से भी सुना जा सकता है। तेजी से साँस चलना और उसके साथ घरघराहट की आवाज निकलना दमा के सबसे प्रमुख लक्षण माने जाते हैं।

श्वसन नलिकाओं और वायुकोष्ठकों में ऐंठन और शोथ पैदा करने वाले ऐसे पदार्थों को एलर्जेंस कहा जाता है। दमा का कारण बनने वाले ऐसे कुछ विशेष पदार्थ हैं—घास-फूस, खरपतवार, पेड़-पौधों के पुष्पों से हवा में मिले पराग कण, जानवरों के बाल, फर और फर से झड़े टुकड़े, धूल-मिट्टी, तंबाकू या अन्य पदार्थों के सड़ने से उत्पन्न हुई तीव्र गंध, रंग-रोगन, रसायनों एवं दवाओं की तीव्र गंध, फर्नीचर, सोफों आदि में मौजूद रहने वाले कई तरह के सूक्ष्म कीट-पतंग जैसे कि कॉकरोच, लाल चींटी, ततैया और कुछ विशेष खाद्य पदार्थ।

दमा के 87 फीसदी से अधिक मामलों के पीछे मुख्यत: यही एलर्जिक कारण जिम्मेदार होते हैं, लेकिन उम्र बढ़ने के साथ-साथ इन एलर्जिक कारणों की दर

घटती जाती है तथा कुछ अन्य कारण इनकी जगह लेते जाते हैं। पश्चिम के एक जाने-माने दमा रोग विशेषज्ञ डॉ. विलियम जाएरिंग का इस संबंध में कहना है कि 40 साल की उम्र के बाद इन एलर्जिक कारकों से दमा होने की संभावना घटकर 50 फीसदी के लगभग ही रह जाती है; जबकि दमा के शेष 50 फीसदी मामलों के पीछे किसी-न-किसी प्रकार की फेफड़ों की खराबी जैसे कि एम्पीसीमिया (फेफड़ों के ऊतकों में हवा का स्थायी रूप में भरे रहना), फेफड़ों का क्षय या कोई अन्य संक्रामक रोग, श्वसन संस्थान पर धूम्रपान का दुष्प्रभाव पड़ जाना या फिर किसी अन्य अंग से संबंधित रोग इसके लिए जिम्मेदार बन सकते हैं।

□

3

दमा रोग के लक्षण

शुरू में दमा के लक्षण लंबे समय तक चले यह कोई जरूरी नहीं। यह कुछ दिन, सप्ताह या महीनों के अंतराल से आते-जाते रहते हैं या फिर किन्हीं विशेष परिस्थितियों जैसे शारीरिक श्रम तनाव के दौरान ही कुछ समय के लिए प्रकट हो सकते हैं।

आमतौर पर दमा के दौरे की तीन अवस्थाएँ (Stages) होती हैं। दौरे की प्रथम अवस्था साधारण दौरे (Attack) के रूप में होती है, जिसमें रोगी को किसी विशेष मौसम या अवस्था में साँस लेने और छोड़ने में ही थोड़ी बहुत परेशानी महसूस होती है या फिर उसे बे-वजह खाँसी रहने लगती है। दमा के ऐसे रोगी अपना काम-काज काफी हद तक स्वयं करते रहते हैं तथा ठीक से चल-फिर और खा-पी सकते हैं।

दमा के दौरे की दूसरी अवस्था में रोग का आक्रमण काफी तीव्र होता है। इस अवस्था में रोगी को साँस लेने में काफी जोर लगाना पड़ता है तथा उस कार्य के लिए अपनी छाती की मांसपेशियों के अतिरिक्त गरदन की मांसपेशियों तक की सहायता लेनी पड़ती है। इस अवस्था में रोगी अपना सामान्य काम-काज जारी नहीं रख पाता। रोगी में दौरे की यह अवस्था कुछ मिनटों से लेकर कुछ घंटों तक बनी रह सकती है।

दमा के दौरे की तीसरी अवस्था अधिक गंभीर होती है। इसमें रोगी को दमा का दौरा कुछ घंटों से लेकर कई दिनों तक झेलना पड़ सकता है। दमा के इस रूप को स्टेट्स अस्थमेटिकस (Status Asthmaticus) कहा जाता है। इस अवस्था में रोगी अपना सामान्य काम-काज जारी नहीं रख पाता। दौरे की इस हालत में वह न तो ठीक से खा-पी सकता है और न ही सो पाता है। इस अवस्था में रोग का आक्रमण रह-रह कर निरंतर चलता रहता है।

दमा के सामान्य लक्षण

दमा के सामान्य लक्षणों में साँस लेने में तकलीफ रहना, एकाएक खाँसी की शुरुआत हो जाना, खाँसी के साथ स्वच्छ व झागदार कफ आते रहना, साँस को बाहर छोड़ते समय छाती से सीटी बजने जैसी आवाज आने लगना, नाक बंद हो जाने का आभास होना आदि देखने को मिलता है। इनके अलावा दमा के कुछ पुराने रोगियों में नाक निरंतर बहते रहना या साइनोसाइटिस जैसे लक्षण, नाक में मांस बढ़ जाने या नाक के बीच की हड्डी का टेढ़ा हो जाने का आभास होते रहना भी देखे जा हैं।

दमा के दौरे की शुरुआत में प्राय: निम्न लक्षण देखने को मिलते हैं—

- साँस में तकलीफ रहना।
- मरीज की छाती से साँस निकलते समय घुरघुर की आवाज आती रहना।
- मरीज को बे-वजह रुक-रुककर खाँसी का आक्रमण होते रहना।
- मरीज द्वारा गला खराब रहने की शिकायत करते रहना।
- गले से निरंतर कफ गिरते रहना।
- मरीज सदैव जुकाम के बने रहने या छींके आते रहने की शिकायत करने लगे।

साँस में तकलीफ रहना

साँस में तकलीफ रहना दमा के दौरे का सबसे पहला और प्रमुख लक्षण माना जाता है। लेकिन इसमें एक खास बात यह देखने को मिलती है कि दमा के ये रोगी (ब्रोंकियल अस्थमा) साँस में तकलीफ की शिकायत किसी खास मौसम में ही करते हैं।

दमा के ज्यादातर मरीज जाड़े का मौसम प्रारंभ होने पर साँस में तकलीफ की शिकायत करने लगते हैं, जबकि दमा के कुछ रोगियों को गरमी के मौसम में खास कर मई-जून की शुरुआत में ही साँस लेने में ज्यादा परेशानी होती है।

दमा के कुछ अन्य रोगी प्रारंभ में तो किसी खास मौसम में ही साँस की तकलीफ बतलाते हैं। लेकिन उनमें भी कुछ समय बाद साल के बारहों महीने साँस की तकलीफ बनी रहने लगती है। दमा के ऐसे बहुत से रोगी रात को अच्छे-भले सोने के लिए जाते हैं, पर सोते-सोते अचानक मध्य रात्रि के बाद विशेषकर बारह-एक बजे से प्रात: चार-पाँच बजे के बीच उन्हें साँस लेने में मुश्किल होने लगती है, जो शीघ्र ही दमा के दौरे का रूप ले लेती है। इससे वह रोगी हाँफते हुए एकाएक नींद से जाग उठता है तथा साँस लेने के लिए संघर्ष करता हुआ दिखाई पड़ता है।

दमा की इस स्थिति को खासतौर पर प्रौढ़ रोगियों में हृदय जनित दमा (कॉर्डिक अस्थमा) से अलग रूप में पहचानना जरूरी होता है, क्योंकि पुराने हृदय रोगियों में भी दमा की तरह ही रात्रि को बिस्तर पर पड़े हुए अचानक साँस फूलने की शिकायत होने लग जाती है।

यद्यपि इन दोनों स्थितियों में कई असमानता रहती है। जैसे ब्रोंकियल अस्थमा के कुछ रोगी मेहनत का काम करने, घूमने-फिरने, सीढ़ियाँ चढ़ने पर ही साँस फूलने की शिकायत करते देखे जाते हैं, जबकि बिस्तर पर आराम करते समय या बैठे रहने पर वे ठीक से साँस ले पाते हैं। इनके विपरीत हृदय जनित रोगियों में आराम करने पर भी साँस में तकलीफ देखी जाती है। इन रोगियों को साँस फूलने के कारण एक-दो कदम तक चल पाना या ठीक ढंग से बातचीत तक कर पाना मुश्किल हो जाता है। हृदय से पीड़ित जो रोगी साँस फूलने की शिकायत करते हैं उन्हें दमा रोग की दवाओं से कोई आराम नहीं मिलता। उनके लिए अलग से हृदय रोग का उपचार देना पड़ता है।

दमा का तीव्र दौरा पड़ना

दमा रोगियों में साँस फूलने यानी तीव्र दौरा कुछ मिनटों से लेकर कई घंटों या दिनों तक रह सकता है। दमा के ऐसे रोगियों के फेफड़ों में बहुत कम ऑक्सीजन युक्त हवा पहुँच पाती है। साँस के साथ लगातार सीटी बजने की आवाज आते रहना, रोगी को घबराहट और बेचैनी बने रहना, उसके स्वभाव में बदलाव आने लगना, शरीर में कमजोरी और धीरे-धीरे बेहोशी की हालत बनना जैसे अन्य लक्षण भी पैदा हो सकते हैं। इनके अलावा रोगी के माथे पर तेजी से पसीना आना, जीभ, होंठ और नाखूनों का नीला पड़ने लगना आदि लक्षण भी प्रकट हो सकते हैं। इन लक्षणों को खतरनाक लक्षण माना जाता है। ऐसे लक्षण दिखाई देने पर रोगी को तुरंत उपचार की जरूरत रहती है। इस अवस्था में जरा सी लापरवाही रोगी के लिए जानलेवा साबित हो सकती है।

दमा रोग से पीड़ित दीर्घकालीन रोगियों में एक बात और भी देखने को मिलती है। ऐसे अनेक रोगी साँस की तकलीफ से राहत पाने के लिए इंहेलर के रूप में दवा के 2-3 पफ् से आराम न मिलने पर उनके 20-22 पफ् तक रोजाना लेना शुरू कर देते हैं। पर उन्हें ऐसा करने पर भी बिल्कुल आराम नहीं मिल पाता। दरअसल ऐसे रोगी दमा के तीव्र दौरे के रोगी होते हैं तथा इस दौरान उन्हें कोर्टीकोस्टीरॉयडस और ब्रोंकोडिलेटर्स दवाओं की उच्च मात्रा की जरूरत रहती है। उच्च मात्रा में ये

दवाएँ इंजेक्शन और नेब्यूलाइजर के द्वारा ही रोगी के शरीर में पहुँचाई जा सकती है। ऐसा किसी योग्य चिकित्सक के निर्देशन में अस्पताल में ही संभव है।

स्वयं जरूरत से अधिक मात्रा में दवाएँ लेने वाले ऐसे रोगियों को ठीक से यह समझ लेना चाहिए कि ज्यादा मात्रा में दवाएँ लेने से कोई ज्यादा लाभ नहीं मिलता, बल्कि ऐसा करना दवाओं के पार्श्व प्रभाव को ही बढ़ावा देता है। इससे रोगी की हालत सुधरने की बजाए और भी खराब हो सकती है।

खाँसी की शिकायत रहना

दमा के रोगी को सूखी या साफ बलगम के साथ खाँसी रह सकती है। देखने में ऐसा आया है कि दमा के आधे से ज्यादा मरीज शुरू में सूखी खाँसी की शिकायत ही करते हैं। दरअसल ऐसी सूखी खाँसी के बारे में लंबे समय तक भ्रम की दशा बनी रहती है। रोगी ही नहीं चिकित्सक भी ऐसी सूखी खाँसी को संक्रमण जन्य खाँसी मानकर उसका प्रतिजीवी (एंटीबायोटिक) दवाओं से इलाज करते रहते हैं, किंतु जब रोगी को लंबे समय तक इन दवाओं से भी आराम नहीं मिलता तथा साँस लेने में भी दिक्कत आने लगती है तब कहीं जाकर उनका ध्यान दमा की ओर जाता है।

बच्चों में तो लंबे समय तक सूखी खाँसी का बने रहना दमा रोग का एक शुरुआती प्रमुख लक्षण ही माना जाता है। बाद में उन्हें खाँसी के साथ साँस लेने में भी परेशानी महसूस होने लग जाती है। अतः खाँसी सूखी हो या फिर बलगम युक्त, उसे सदैव गंभीरता से ही लेना चाहिए। बे-वजह केवल खाँसी ही बने रहना दमा रोग का शुरुआती लक्षण हो सकता है, जबकि बलगम युक्त खाँसी के लिए एलर्जी से लेकर इओसिनोफिलिया, ब्रोंकाइटिस और फेफड़ों का क्षय रोग (लंग्स ट्यूबरक्लोसिस) तक कुछ भी हो सकता है।

रोग की वास्तविकता जानने के लिए लेबोरेट्री परीक्षणों से लेकर उसके शारीरिक लक्षणों को ठीक से जानने का प्रयास करना चाहिए। समय पर रोग की पहचान करने से इलाज में सुविधा रहती है।

गला खराब रहना

ऐसा देखने में आता है कि दमा के बहुत से रोगी अपने गले में सुई सी चुभने या गले में जलन होने अथवा गले में कुछ फँसा होने की शिकायत करते रहते हैं। इसी प्रकार कुछ रोगियों को गले में सरसराहट या कफ गिरने जैसी शिकायतें रहने लगती हैं।

ऐसे ज्यादातर रोगी अपनी इन कठिनाइयों से छुटकारा पाने के लिए कोई-न-कोई एंटीबायोटिक दवा लेते रहते हैं या फिर नमक के पानी से गरारे करते रहते हैं। कुछ मरीज तो इन परेशानियों से छुटकारा पाने के लिए अपने मुँह में कोई-न-कोई चूसने वाली दवा की गोली या फिर मिश्री ही रखकर चूसते रहते हैं। लेकिन उनके ऐसे ज्यादातर प्रयास निरर्थक ही साबित होते हैं। इन सभी मरीजों को दमा का निदान होने तथा उसकी दवा लेने पर ही आराम मिलते देखा जाता है। अत: ऐसे लक्षणों के दौरान रोग के मूल कारण को जानने का प्रयास करना चाहिए।

गले से कफ गिरना

दमा से पीड़ित चल रहे अधिकांश रोगियों के गले में कफ गिरने की शिकायत रहते देखी जाती है, लेकिन उनका कफ संक्रमण जन्य रोगी के विपरीत पानी के समान सफेद झागदार अथवा थूक जैसा होता है। इस प्रकार के कफ में प्राय: एंटीबायोटिक दवाओं से कोई आराम नहीं मिलता। इसमें दमा रोग में प्रयुक्त की जाने वाली दवाओं से ही फायदा होते देखा जाता है।

लेकिन, अगर किसी रोगी का बलगम पीलापन लिये हरे रंग का और बदबूदार हो तो वह जीवाणु संक्रमण का निशानी माना जाता है तथा ऐसी दशा में उसे उपयुक्त एंटीबायोटिक दवा देने की जरूरत होती है।

दमा के बहुत से पुराने रोगी श्वसन नलिकाओं में कफ के जम जाने या सूख जाने की शिकायत करते भी देखे जाते हैं। इस वजह से उन्हें अपनी छाती में जकड़न या खिंचाव सा महसूस होता है। ये मरीज इस जकड़न से छुटकारा पाने के लिए बार-बार जोर से खाँसते रहते हैं। ऐसा करने पर जब थोड़ा-बहुत कफ निकल जाता है तो उससे उन्हें कुछ आराम भी मिलते देखा जाता है।

सदैव जुकाम बने रहना

दमा और एलर्जी रोग का यह एक प्रमुख लक्षण है। दमा के बहुत से रोगी किसी खास मौसम में या फिर साल के बारहों महीने ही जुकाम बने रहने या फिर निरंतर छींके आते रहने की शिकायत करते भी देखे जाते हैं। इन रोगियों की नाक से प्राय: पानी जैसा द्रव बहता रहता है और प्रात: काल उठते ही बारंबार छींके आने लग जाती हैं।

ऐसे कुछ रोगी नाक बंद हो जाने या जाम हो जाने अथवा नाक में सुई सी चुभने की भी शिकायत करते देखे जाते हैं। ऐसे कुछ रोगियों की नाक से सफेद झागदार कफ की जगह पीला लसदार स्राव आते भी देखा जाता है। इन सभी दशाओं

में रोग के मूल कारण को ज्ञात करके उसी अनुसार उपचार करना चाहिए। अगर रोगी में दमा रोग का पता चले तो तुरंत उसको अपने डॉक्टर के परामर्श पर दमा रोग का उपचार शुरू कर देना चाहिए।

दमा रोग के गंभीर लक्षण

अगर किसी की साँस लेने की तकलीफ लगातार बढ़ती जाए तथा प्रतिदिन सेवन की जाने वाली दवाएँ लेते रहने के बावजूद मरीज की दशा में कोई सुधार न हो तो वह लक्षण दमा के गंभीर दौरे की निशानी होते हैं। दमा के गंभीर दौरे के दौरान मरीज में निम्नलिखित लक्षण देखने को मिल सकते हैं—

- नियमित दवा लेने के बावजूद साँस लेने में मुश्किल बनी रहने लगे।
- दवा का असर तीन घंटे से भी कम समय तक रहने लगे।
- मरीज के लिए बात करना या थोड़ा-बहुत चलना-फिरना भी मुश्किल हो जाए।
- मरीज का शरीर खासकर उसके होंठ, जीभ और अंगुलियों के पोर नीले पड़ने लग जाएँ।
- मरीज के हाथ-पैर ठंडे पड़ने लगें।
- मरीज की श्वसन दर निरंतर अनियमित होने लगे।
- साँस लेते समय पसलियाँ तेजी से खिंचने लगें।
- मरीज पर बेहोशी छाने लगे।

दमा के दौरान दशा

जब किसी व्यक्ति पर दमा का दौरा पड़ता है, तब उसे साँस लेने में परेशानी होने लगती है तथा उसका गला एवं श्वसन मार्ग अवरुद्ध सा हो जाता है। उसे अपनी छाती में खिंचाव सा महसूस होने लगता है। कुछ रोगियों को इस दौरान पेट फूलने की शिकायत भी रहने लगती है या उन्हें कब्ज रहने लगती है। इसके अलावा कुछ रोगियों को सिर में भारीपन के साथ वमन करने की इच्छा सी बने रहने लगती है। इसके साथ उन्हें खाँसी भी आ सकती है। कुछ रोगी तो खाँस-खाँस कर बलगम निकालने का प्रयास भी करते हैं खास कर बुढ़ापे में। खाँसने पर जब बलगम निकलती है तो उससे उन्हें थोड़ा चैन भी मिलता है।

कुछ रोगी दौरे के दौरान रोगी ज्यादा हवा खींचने के लिए लंबी-लंबी साँसे भरने की कोशिश करते हैं।

जब रोगी फेफड़ों में भरी साँस को ठीक से बाहर नहीं निकाल पाता तो उसके खून में कार्बन डाइऑक्साइड की मात्रा बढ़ती जाती है तथा उसमें ऑक्सीजन की मात्रा गिरती जाती है। खून में ऑक्सीजन की मात्रा घटने तथा कार्बन डाइऑक्साइड की मात्रा बढ़ने पर मस्तिष्क स्थित 'श्वसन नियंत्रक केंद्रक' रोगी के फेफड़ों को तेजी से गति करने के लिए प्रेरित करने लगता है, जिससे रोगी के फेफड़े में अधिक मात्रा में ऑक्सीजन भर सके और कार्बन डाइऑक्साइड बाहर निकल सके।

ऐसा भी देखने में आता है कि दमा के दौरे की दशा में श्वसन दर तो बढ़ जाती है, परंतु उससे रोगी की दशा में कोई सुधार आने की बजाए उसकी तकलीफ और भी ज्यादा बढ़ जाती है। इस अवस्था में रोगी बाहरी हवा को अधिक मात्रा में खींचने के लिए ज्यादा तीव्र गति से लंबी-लंबी साँसे भरने की कोशिश करता है। रोगी साँस की इस प्रक्रिया को निरंतर जारी रखता है। इससे कुछ रोगियों को खाँसी का दौर भी शुरू हो जाता है। खाँसने पर थोड़ी-बहुत बलगम निकल जाने से उसे कुछ पल के लिए आराम मिल जाता है।

दमा के दौरे की शुरुआत आमतौर पर एकाएक ही होती है। उससे पहले रोगी भला-चंगा लगता है, लेकिन दूसरे ही पल वह हाँफता दिखाई देता है। ऐसा देखा गया है कि अधिकांश रोगियों में दमे के दौरे की शुरुआत रात्रि के अंतिम पहर यानी प्रात: काल 3-4 बजे के मध्य ही होती है। जब रोगी का संपूर्ण शरीर शांति के साथ सुप्तावस्था में होता है। जब शरीर पूर्ण विश्रामावस्था में रहता है तब उसका संवेदी तंत्रिका तंत्र (सिम्पेथेटिक नर्वस सिस्टम) भी शिथिल अवस्था में आ जाता है। ऐसी अवस्था में एकाएक उसकी श्वसन प्रणाली में संकुचन पैदा हो जाने से ऑक्सीजन के आवागमन में अवरोध हो जाता है। इससे रोगी को अपना दम घुटता प्रतीत होता है तथा उसका लेटे रहना मुश्किल हो जाता है। नतीजतन वह बिस्तर पर सिर ऊपर व छाती को आगे करके बैठ जाता है।

रोगी दौरे के समय उसे साँस लेने में कष्ट कम, जबकि साँस को बाहर फेंकने में ज्यादा परेशानी रहती है। अत: वह जोर लगाकर साँस को बाहर निकालने की कोशिश करता है। लेकिन पूरा प्रयास करने पर भी रोगी सही मात्रा में हवा को बाहर नहीं फेंक पाता। इससे उसकी छाती फूलने लग जाती है तथा उसकी क्लेविकल (Clavical) से ऊपर तथा अंतिम रिब्स (Lower rib) के बीच गड्ढे से पड़ने लग जाते है।

श्वसन मार्ग की छोटी तंग नलिकाओं से हवा के तीव्र गति से निकलने से एक 'सीटी' जैसी ध्वनि भी पैदा होने लगती है। इस आवाज को काफी दूरी से

सुना जा सकता है, जबकि दमा के पुराने रोगियों की गरदन की मांसपेशियाँ उभरी दिखाई देती हैं।

रक्त के हीमोग्लोबिन में पर्याप्त मात्रा में ऑक्सीजन न मिल पाने से शरीर के दूरस्थ अंग जैसे कि चेहरा, होंठ, नाखून, अंगुलियों के सिरे तक कम मात्रा में ऑक्सीजन पहुँच पाती है। इससे वह अंग नीले और ठंडे पड़ने लग जाते हैं। रोगी को दौरे की इस अवस्था में साँस लेने और छोड़ने में विशेष परिश्रम करना पड़ता है। इस समय उनके फेफड़ों और डायफ्राम की मांसपेशियों पर भी काम का बोझ एकाएक बढ़ जाता है। ये पेशियाँ प्राय: निष्क्रिय अवस्था में ही रहती हैं। इसीलिए दौरे के दौरान रोगी शीघ्र थक जाता है तथा अपनी छाती के नीचे पसलियों के दोनों ओर दर्द बताता है।

दमा के दौरे का आक्रमण कभी तो कुछ मिनटों तक ही रहता है और कभी अधिक समय तक बना रहता है। अधिक समय तक चलने वाले दमे के दौरे को स्टेट्स अस्थेमेटिक कहा जाता है। कुछ रोगियों में दौरा शुरू होने के कुछ सेकेंड पश्चात् खाँसी का दौर भी शुरू होते देखा जाता है। खाँसी से उनके दौरे की तीव्रता भी कुछ बढ़ जाती है।

खाँसी के दौरे से श्वसन मार्ग में फँसी श्लेष्मा धीरे-धीरे निकलने लगती है। कुछ रोगियों में इससे दमा का दौरा कमजोर भी पड़ जाता है। यदि रोगी को श्वसन शोथ (ब्रोंकाइटिस) की शिकायत है तो उसके बलगम का रंग पीलापन लिये हरा हो सकता है। अन्यथा उसकी बलगम बिल्कुल साफ व झागदार होती है; क्योंकि दमा रोगियों की बलगम में म्यूकस की मात्रा अधिक रहती है।

दमा रोग में पैदा होने वाली जटिलताएँ

दमा रोग के निदान या उसके इलाज में देरी करने, समय पर रोग की गंभीरता को न समझ सकने के कारण, इलाज अधूरा करते रहने, इलाज के दौरान लापरवाही बरतते रहने आदि सभी दशाओं में अनेक प्रकार की जटिलताएँ पैदा होने लग जाती हैं। ऐसी स्थिति में दमा की अनेक दवाएँ बे-असर साबित होने लगती हैं तथा रोगियों को इंहेलर जैसी सामान्य इलाज से कोई आराम नहीं मिल पाता। उन्हें ऐसे दमा के दौरे के दौरान इंजेक्शन से दवा की अधिक मात्रा लेने की जरूरत पड़ने लगती है। ऐसे रोगियों का इलाज घर पर भी नहीं हो पाता।

दमा रोग के साथ अगर रोगी को कोई अन्य रोग जैसे कि फेफड़ों का संक्रमण अथवा कोई अन्य शारीरिक रोग जैसे शुगर का रोग (डायबिटीज), उच्च

रक्तचाप (ब्लड प्रेशर) पेट में घाव (अल्सर), रीफ्लेक्स इसेफेजाइटिस, क्षय रोग (ट्यूबरक्लोसिस), कोरोनरी, हृदय रोग, गॉल ब्लैडर में पथरी आदि की परेशानी है तो ऐसी दशा में उसके दमा रोग का इलाज जटिल हो जाता है, क्योंकि इन रोगों की दशा में दमा के लिए प्रयुक्त की जाने वाली दवाओं के पार्श्व प्रभाव से रोगी की दशा और भी खराब होने लग जाती है।

दमा पीड़ित ऐसे रोगियों में दमा के तीव्र दौरे (एक्युट अटैक) बार-बार पड़ने लगते हैं। इन रोगियों में श्वसन तंत्र की विफलता और हृदयाघात (कॉर्डिक फेल्योर) के मामले भी ज्यादा होते हैं।

□

4

दमा रोग के प्रकार

दमा रोग का वर्गीकरण उसके लिए जिम्मेदार कारणों और उसका दौरा पड़ने के आधार पर निम्न प्रकार से किया जा सकता है—

1. दमा का बाहरी कारण (एक्सट्रैसिक)

दमा की इस दशा में रोग का हलका रूप ही देखने को मिलता है तथा यह आमतौर पर बच्चों में देखा जाता है। दमा के ऐसे 50 फीसदी से ज्यादा मामलों के साथ है-बुखार और एक्जिमा जैसी कई शिकायत भी देखने को मिलती है। इसका कुछ-न-कुछ संबंध ठंड के साथ भी देखा जाता है। दमा के इस रूप में परिवार के किसी सदस्य को दमा की शिकायत रहती है।

दमा के इस रूप में रोग के लिए जिम्मेदार कोई-न-कोई निश्चित कारण भी देखा जाता है। ऐसे कारण आमतौर पर बाहरी एलर्जंस ही होते हैं। इन रोगियों में निम्न बातें भी देखने को मिलती हैं—

- इनका चमड़ी परीक्षण (स्किन टेस्ट) धनात्मक (पॉजिटिव) पाया जाता है।
- दौरा एकाएक गंभीर रूप से शुरू होता है, लेकिन कुछ समय बाद शांत होने लगता है।
- दमा का आक्रमण रोगी को बार-बार होता रहता है।

2. दमा का आंतरिक कारण (इर्न्ट्रसिक)

इस प्रकार के दमा की शुरुआत आमतौर पर 30 साल के बाद ही होती है। यह पुरुष और महिलाओं में समान रूप में देखा जाता है। इन रोगियों में 50 फीसदी से ज्यादा मामलों में दौरे की शुरुआत श्वसन तंत्र के संक्रमण के बाद

ही होती देखी जाती है। इन रोगियों में प्रायः पारिवारिक इतिहास देखने को नहीं मिलता। इन रोगियों में निम्न बातें देखने को मिल सकती हैं—

- स्किन टेस्ट प्रायः नेगेटिव ही मिलता है।
- रोगी को दौरा बार-बार और गंभीर रूप में पड़ता है तथा अनेक अवसरों पर जानलेवा भी साबित होता है।

3. खाँसी जन्य दमा

इस प्रकार के दमे में खाँसी ही मुख्य लक्षण होता है। रोगी को साँस की अधिक परेशानी नहीं रहती। इस प्रकार का दमा मुख्यतः शिशुओं एवं बच्चों में ही पाया जाता है। इन रोगियों को अन्य इलाज की बजाए दमा की दवा लेने पर ही आराम मिलता है।

4. रात्रिचर दमा

दमा के बहुत से मरीजों में साँस फूलने के लक्षण मुख्यतः रात में ही पाए जाते हैं। ऐसे मरीज दिन के समय साँस लेने और छोड़ने में किसी प्रकार की शिकायत नहीं करते। इस प्रकार के दमा रोग को रात्रिचर दमा यानी नाक्चनल अस्थमा कहा जाता है। ये मरीज साँस फूलने की परेशानी के कारण रात में सोते से एकाएक जाग उठते हैं। ऐसे कुछ मरीजों को रात भर खाँस के गुजारनी पड़ती है।

5. गेस्ट्रिक दमा

इस प्रकार के रोगियों में भोजन लेने के बाद दमा के लक्षण एकाएक शुरू हो जाते हैं, या फिर उनमें दमा की तीव्रता पहले से बढ़ जाती है। इस तरह के दमा का संबंध आमाशय में रिसने वाले गेस्ट्रिक जूस के साथ रहता है। इसीलिए इसे गेस्ट्रिक अस्थमा कहा जाता है। ऐसे दमा का आक्रमण खाना खाने के बाद ही होता है।

इस प्रकार के दमा रोग के इलाज में प्रयुक्त की जाने वाली दवाओं से तो कोई विशेष आराम रोगी को नहीं मिलता। उन्हें रिफ्लक्स निरोधी दवाओं (वमन रोकने वाली) जैसे कि मेटोक्लोप्रामाइड अथवा डोमपेरीडान आदि से ही आराम मिलते देखा जाता है।

6. एस्प्रिन संवेदी दमा

दमा के कुछ रोगी कई प्रकार की दवाओं खासकर दर्द नाशक एस्प्रिन और ऐसी ही अन्य दवाओं के प्रति अत्यधिक संवेदनशील हो जाते हैं। इन लोगों

को इन दवाओं को निगलने के बाद दमा का दौरा पड़ते देखा जाता है अथवा इन दवाओं के सेवन से उनके दमा की तीव्रता पहले के मुकाबले बढ़ती देखी जाती है। इस प्रकार के दमा को एस्प्रिन संवेदी दमा के नाम से जाना जाता है। इस दमा से बचने का सबसे अच्छा तरीका इन दवाओं को जीवन भर के लिए छोड़ना ही है।

7. व्यायाम संवेदी दमा

ऐसे लोग आमतौर पर सामान्य रूप में जीवन गुजारते हैं। उन्हें अपने सामान्य काम-काज को निपटाने में कोई परेशानी नहीं होती, परंतु जब वे किसी प्रकार का ज्यादा मेहनत वाला कार्य करते हैं अथवा व्यायाम आदि करने लगते हैं तो उनकी साँस एकाएक फूलने लग जाती है और उनमें दमा जैसे लक्षण पैदा होने लग जाते हैं। इन लोगों को शारीरिक मेहनत के क्षणों में साँस छोड़ते समय परेशानी होने लगती है तथा खाँसी का दौर शुरू हो जाता है। कई बार तो साँस फूलने और खाँसी के मारे उनका हाल बेहाल हो जाता है।

ऐसे रोगियों को शारीरिक काम करने से पहले अगर श्वास द्वारा उपयोग में लाई जाने वाली ब्रोंकोडिलेटर दवा या मास्ट सेल्स स्टेबलाइजर श्रेणी की दवा दे दी जाए तो ऐसी परेशानी नहीं होती। अतः इससे यही अर्थ निकलता है कि ये लोग व्यायाम संवेदी दमा से पीड़ित हैं।

8. संक्रमण जन्य दमा

बहुत से लोगों के श्वसन तंत्र में जीवाणु या विषाणु का संक्रमण हो जाने के बाद भी साँस फूलने जैसे लक्षण पैदा होने लगते हैं। पुरानी फेफड़ों की शोथ (क्रोनिक ब्रोंकाइटिस) और फेफड़ों के क्षय रोग (लंग्स ट्यूबरक्लोसिस) में तो ऐसा प्रायः देखने को मिलता है। इस प्रकार के साँस फूलने को संक्रमण जन्य दमा यानी इंफेक्टिड अस्थमा कहा जाता है।

इस प्रकार के रोगियों को साँस फूलने में ब्रोंकोडिलेटर दवाओं के अलावा उपयुक्त एंटीबायोटिक दवाओं का सेवन भी करना होता है।

9. व्यवसाय जन्य दमा

ऐसे रोगियों में दमा के हमले का कारण उनके काम करने की जगह के वातावरण में किसी एलर्जन का मौजूद होना मुख्य माना जाता है। इसीलिए ऐसे रोगी जब कई दिन की छुट्टी लेकर अपने घर जाते हैं तो उन्हें साँस लेने में किसी तरह

की कोई परेशानी नहीं होती, किंतु जब वे अपने काम पर पुनः लौटते हैं तो उनमें पुनः दमा के लक्षण पैदा होने लग जाते हैं। इसी प्रकार अगर ये रोगी घूमने के बहाने किसी अन्य जगह पर चले जाएँ तो भी उन्हें दमे से काफी राहत मिलने लग जाती है।

अगर ऐसे लोगों का पीक एक्सपिरेटरी फ्लो (PEF) काम के दिनों में तथा फिर छुट्टी के दिनों में करवा कर नापा जाए, तो छुट्टी के दिनों के मुकाबले काम के दिनों में उनका पीक एक्सपिरेटरी फ्लो काफी घटा हुआ मिलता है। इस प्रकार के लक्षणों वाले रोगियों को व्यवसाय जन्य दमा (ऑकुपेशन अस्थमा) से पीड़ित कहा जाता है। ऐसे लोगों के इलाज में जो बात सबसे महत्त्वपूर्ण होती है। वह यह है कि उन्हें अपने काम या स्थान को बदलने की सलाह की जाती है।

10. एस्पर्जिलस अति संवेदनशीलता जन्य दमा

दमा की इस किस्म के लिए रोगियों की श्वसन नलिकाओं में एस्पर्जिलस फफूँद का संक्रमण हो जाना माना जाता है। ये फफूँद श्वसन नलिकाओं में अपनी कॉलोनियाँ स्थापित कर लेते हैं। इसके फलस्वरूप रोगी में दमा के लक्षण उत्पन्न हैं।

दमा के रूप

दमा रोग के मुख्यतः दो रूप देखने को मिलते हैं, हृदयरोग जन्य दमा (कॉर्डिक अस्थमा) और फुफ्फसीय दमा (ब्रोंकियल अस्थमा)। इन दोनों ही दशाओं में रोगी के शरीर में निम्न तरह के लक्षण पैदा होने लगते हैं।

हृदय रोग से संबंधित दमा

जब हृदय रोग के कुप्रभाव मरीज के फेफड़ों पर पड़ने लग जाते हैं तब उन्हें साँस फूलने का कष्ट रहने लग जाता है। इन रोगियों को इस दशा में थोड़ा सा शारीरिक परिश्रम करने, चलने-फिरने या फिर सीढ़ियाँ चढ़ने अथवा थोड़ा सा वजन उठाने से ही साँस लेने में कठिनाई होते हैं।

ऐसे रोगी यदि अधिक समय तक सीधा कमर के बल (Flat) बिस्तर पर लेटे रहते हैं तो इसी से उनकी साँस फूलने लग जाती है। इसके कारण उन्हें बिस्तर से उठकर बैठना पड़ता है। ऐसे रोगी अकसर रात को साँस लेने में कठिनाई आने से नींद से जाग उठते हैं तथा शुद्ध हवा पाने के लिए कमरे की खिड़की या द्वार के पास चले जाते हैं। इस प्रकार के दमा को हृदय जन्य दमा (कॉर्डिक अस्थमा) कहा जाता है।

दरअसल हृदय रोग की इस दशा में रक्त संचार में अवरोध आने से रोगी के फेफड़ों में तरल का संचय होने लगता है। इससे रोगी को साँस लेने में मुश्किल होती है।

इन रोगियों में साँस फूलने के अलावा पैरों के जोड़ (Ankles Joints) पर तरल के जमा हो जाने से सूजन भी आ जाती है तथा वहाँ अंगुली से दबाने पर गड्ढा सा बन जाता है। इसे पिट ऑफ ओडिमा (Pit of oedema) के नाम से जाना जाता है। इस प्रकार के दमा रोगियों की चिकित्सा बिल्कुल भिन्न तरीके से तथा हृदय रोगों के अनुसार की जाती है।

फेफड़ों से संबंधित दमा

दमा का यह दूसरा रूप फेफड़ों से संबंधित होता है। दमा रोग का वास्तविक रूप भी इसी को माना जाता है। इस प्रकार के दमा के लक्षण श्वसन तंत्र में विशेषकर श्वसन नलिकाओं और फेफड़ों में पैदा हुई कई प्रकार की गड़बड़ियों के परिणाम होते हैं। ऐसी गड़बड़ियों के पीछे अनेक तरह के एलर्जंय पदार्थ, वातावरण में बढ़ता प्रदूषण, फेफड़ों और श्वसन मार्ग के संक्रामक रोग; जैसे क्षय रोग, चिरकालीन फुफ्फसीय शोथ, साइनोसाइटिस, धूम्रपान की पुरानी आदत आदि पाए जाते हैं। इस प्रकार के दमा रोग को फेफड़ों से संबंधित दमा (ब्रोंकियल अस्थमा) कहा जाता है।

जो लोग लंबे समय तक बीड़ी, सिगरेट, गाँजा, चरस आदि के रूप में तंबाकू का उपयोग करते रहते हैं उससे उनके श्वसन तंत्र में तीव्र गति से प्रतिक्रिया उत्पन्न होने लग जाती है तथा उन्हें खाँसी के अलावा साँस लेने में मुश्किल आने लगती है। इससे उन लोगों के फेफड़ों में कैंसर तक हो जाने की संभावना भी कई गुना बढ़ जाती है।

दमा के ऐसे ज्यादातर मामलों के पीछे प्रतिक्रिया दरशाने वाले एलर्जंस ही प्रमुख कारण होते हैं। दमा कारक ये एलर्जन दो प्रकार के हो सकते हैं—एक बाह्य प्रतिजन यानी एक्सटीरियर एलर्जन और दूसरे आंतरिक प्रतिजन यानी इंटीरियर एलर्जन।

एलर्जी पैदा करने वाले ये एलर्जंस धूल-मिट्टी, घास-फूस, फूलों के पराग कण, घरेलू पशुओं जैसे कुत्ता, बिल्ली, कबूतर, गाय, घोड़ा, बकरी, भेड़ आदि की चमड़ी से झड़ने वाले छिलके, बाल, फर, फफूँद के हवा में तैरते सूक्ष्म बीजाणु, घर की धूल में पाए जाने वाले प्रोटीन, आटे की धूल, कीट-पतंगों के पंख और श्वसन नलिकाओं में विद्यमान रहने वाले किसी जीवाणु का जैव विष तक कुछ भी हो सकता है।

जब ऐसा कोई एलर्जिक कारक नाक आदि के माध्यम से दमा के प्रति संवेदनशील किसी व्यक्ति की श्वसन नलिकाओं की श्लेष्मिक झिल्ली में प्रविष्ट कर जाता है तो वहाँ वह जैव रासायनिक प्रतिक्रिया की शुरुआत कर डालता है। एलर्जंस की इस जैव रासायनिक प्रतिक्रिया के फलस्वरूप उनके खून में 'इम्यूनोग्लोबिन-ई' (IgE) नामक एक विशेष प्रोटीन पैदा होने लग जाती है। दरअसल में यह प्रोटीन कण उस एलर्जंस के विरुद्ध शरीर में पैदा होने वाले प्रतिपिंड यानी एंटीबॉडी, (Antibody) होती है, जो आगे चलकर उस एलर्जंस को पहचानने की भूमिका निभाती है।

हमारे श्वसन मार्ग के नाक, मुँह, श्वसन नलिका, फेफड़ों आदि के अंदर की जो श्लेष्मिक परत होती है, उसमें एक विशेष प्रकार की कोशिकाएँ पाई जाती हैं। इन कोशिकाओं को 'मास्ट कोशिकाएँ' कहा जाता है। इन मास्ट कोशिकाओं के ऊपर ही एंटीबॉडीज चिपके रहते हैं। देखने में आया है कि प्रत्येक मास्ट कोशिका के ऊपर ही 5,000 से ज्यादा तरह की एंटीबॉडीज चिपकी रहती हैं। इस प्रकार प्रत्येक मास्ट कोशिका ही 5,000 एलर्जंस के प्रति संवेदनशील हो सकती है।

जब इन मास्ट कोशिकाओं की सतह पर एलर्जंस और उसके विरुद्ध शरीर में उत्पन्न हुए एंडीबॉडीज मिलते हैं तो उसके परिणामस्वरूप पैदा हुई प्रतिक्रिया में मास्ट कोशिकाएँ नष्ट होने लग जाती हैं। इन कोशिकाओं के नष्ट होने से कई प्रकार के रक्त वाहिनियों को फैलाने वाले रसायन (Vasodilator Agents) जैसे कि हिस्टामिन (Histamin), सिलो रिलीजिंग रेक्टिंग पदार्थ (Slow releasing substances), सिरोटोनिन (Serotonin) प्लाज्मा केनिन, ब्रोडीकिनीन तथा केलीडिन इत्यादि रिसने लग जाते हैं। ये रसायन खून की सूक्ष्म वाहिकाओं (Capilleries) में खून के आवागमन की राहों (Permebility) से प्रभावित होकर उन्हें फैलाने लगते हैं। इससे उस जगह की मांसपेशियों में अतिरिक्त तरल के संचित होने की गति एकाएक बढ़ जाती है।

ऐसा होने पर वहाँ अनेक आणविक क्रियाओं का सिलसिला शुरू हो जाता है। जिसके परिणामस्वरूप नाक, श्वसन मार्ग खासकर श्वसन नलिका तथा फेफड़ों के अदंर की झिल्ली में शोथ आने लगती है। इसके उपरांत रोगी को जबरदस्त छींके आनी शुरू हो जाती हैं। व्यक्ति को अपनी नाक बंद हो जाना, छाती में जकड़न, खाँसी का दौर और साँस लेने जैसी शिकायत शुरू हो जाती है। कुछेक रोगियों को इस स्थिति में गीला जुकाम या एक्जिमा की शिकायत भी रहने लगती है।

ऐसा माना जाता है कि फेफड़ों के अंदर हवा को ले जाने वाली श्वसन

नलिकाएँ छोटी-छोटी मांसपेशियों के समूह में लिपटी रहती हैं। श्वसन मार्ग की इन मांसपेशियों विशेषकर ब्रोंको पल्मोनरी सिगमेंट के आसपास की पेशियों में इस प्रतिक्रिया के कारण संकुचन आ जाता है। तब उससे फेफड़ों के वायुकोष्ठकों में कुछ ज्यादा समय के लिए अधिक मात्रा में हवा भरी रहती है, किंतु दूसरी तरफ श्वसन नलिकाओं विशेषकर Alveoli के तंग हो जाने से रोगी को साँस को अंदर खींचने तथा बाहर फेंकने में भी मुश्किल आने लगती है। इसे श्वासकृच्छ्रता (Dyspnoea) कहा जाता है।

□

5

एलर्जी और दमा

ज्यादातर लोगों को फूल पराग, फफूँद के बीज, धूल, अंडे, दूध, मछली, गेहूँ, सेंट, निकल, क्रोमियम जैसे पदार्थों के संसर्ग में आने पर कोई तकलीफ नहीं होती, किंतु कुछ लोग ऐसे निर्दोष पदार्थों के संपर्क में आने पर तकलीफ बताने लगते हैं। ऐसे कुछ लोगों को फूल पराग से छींके आने लगती हैं या साँस फूलने लगता है। ऐसे कुछ लोगों में गेहूँ, अंडे या मछली जैसे खाद्य पदार्थों के सेवन के बाद चमड़ी पर चकत्ते से पड़ने लगते हैं या दस्त शुरू हो जाते हैं। इसी तरह कुछ लोगों को निकल या क्रोमियम जैसी खनिज युक्त खाद्य वस्तुओं से चमड़ी पर खुजली शुरू हो जाती है या चकत्ते से निकलने लगते हैं। ऐसा एलर्जी के कारण होता है।

एलर्जी से पीड़ित ऐसे लोगों की संख्या अब दुनिया भर में दिनों-दिन बढ़ती जा रही है। हालाँकि दमा की बीमारी का संबंध भी एलर्जी के साथ जोड़ा जाता है, लेकिन अभी तक दमा के वास्तविक कारण को ठीक से नहीं जाना जा सका है।

हमारे देश में ही एक अनुमान के अनुसार इस समय 25 करोड़ से ज्यादा लोग किसी-न-किसी प्रकार की एलर्जी से परेशान हैं। विदेशों में तो और भी बुरा हाल है। वहाँ ऐसे रोगियों की संख्या 150 करोड़ से ज्यादा मानी जा रही है। कहा जा सकता है कि अब कुल आबादी का 25 फीसदी से अधिक हिस्सा किसी-न-किसी पदार्थ या प्रकार की एलर्जी पीड़ित हो चुका है। इस एलर्जी के कारण लोगों को सर्दी-जुकाम से लेकर कान का बहना, सिर दर्द, माइग्रेन, चक्कर आना, साइनोसाइटिस, गले में खराश, टॉन्सिल की सूजन, आवाज का बदल जाना और दमा रोग, ब्रोंकाइटिस, आँखों में जलन, पेट में दर्द, दस्त आने, एक्जिमा, शरीर में खुजली रहना या दाग-धब्बे पड़ जाने तक अनेक रोग हो जाते हैं।

इस प्रकार अलग-अलग लोगों में एलर्जी के अलग-अलग रूप देखने को मिल सकते हैं। कुछ लोगों को धूल-मिट्टी, धुआँ, पेड़-पौधों से झड़ने वाले पराग कण से लेकर कीट-पतंगों के काटने से एलर्जी होते देखी जाती है। कुछ कुछ लोगों को तीव्र शोर, विमान से यात्रा करने पर और कइयों को किसी दवा, रसायन अथवा किसी तीव्र गंध से एलर्जी की परेशानी रहने लगती है। हालाँकि गंध से एलर्जी होने के मामले बहुत कम लोगों में ही देखे गए हैं।

एलर्जी क्या है?

एलर्जी का अर्थ है किसी विशेष पदार्थ के प्रति शरीर का तीव्र प्रतिक्रिया या चिढ़ दरशाने लग जाना। एलर्जी दरअसल यूनानी भाषा का शब्द है। यह यूनानी के दो शब्दों एलॉस और अर्गोन के मेल से बना है। यूनानी में 'एलॉस' का अर्थ 'परिवर्तित अवस्था' और 'अर्गोन' का अर्थ 'प्रतिक्रिया' के रूप में लिया जाता है। इस तरह एलर्जी का वास्तविक अर्थ शरीर की किसी तत्त्व के प्रति परिवर्तित अवस्था के साथ लगाया जाता है। एलर्जी नामक इस शब्द की सबसे पहले व्याख्या 1906 के आसपास ब्रिटिश मूल के एक ऑस्ट्रेलियन बाल रोग विशेषज्ञ क्लीमेंस वान पिरके ने की थी।

जिस पदार्थ के प्रति शरीर प्रतिक्रिया दरशाने लगता है, उसे एलर्जन कहा जाता है। एलर्जी कभी किसी को एकाएक नहीं होती। कुछ लोगों का शरीर किसी पदार्थ के प्रति शुरू से ही एलर्जिक होता है; लेकिन हम में से ज्यादातर लोगों को इस बात का कोई पता नहीं होता। इसीलिए हम में अधिकांश लोग इसके प्रति अधिक गंभीर नहीं रहते; किंतु जब कभी एलर्जी के लक्षण पैदा होने लगते हैं। तब हमारा ध्यान इसकी तरफ आकर्षित होता है।

दरअसल किसी में एलर्जी का पैदा होना एक लंबी प्रक्रिया का परिणाम होता है। यह हमारे शरीर की प्रतिरक्षण प्रणाली का बिगड़ा रूप है। जब कोई व्यक्ति पहली बार किसी एलर्जिक पदार्थ के संपर्क में आता है तो उसके शरीर में 'इम्यूनोग्लोबिन-ई' नामक एंटीबॉडीज पैदा हो जाती है। यह एंटीबॉडीज कण शरीर की उन मास्ट कोशिकाओं के ऊपरी हिस्सें में चिपक रहते हैं, जो शरीर के ज्यादातर अंगों को लपेटे रहते हैं। मास्ट कोशिकाएँ उन रोग प्रतिरोधक कोशिकाओं को ही कहते हैं, जिनमें हिस्टामिन जैसे रसायन भरे रहते हैं। किसी भी एलर्जिक प्रतिक्रिया के जवाब में ये मास्ट कोशिकाएँ हिस्टामिन जैसे रसायनों का तेजी से रिसाव करने लग जाती हैं।

जब कोई व्यक्ति दूसरी बार उन्हीं एलर्जिक कारकों के संपर्क में आता है, तो उनके शरीर में पहले से ही उत्पन्न हो चुकी 'इम्यूनोग्लोबिन-ई' नामक एंटीबॉडीज उसी पहचान पर मास्ट कोशिकाओं को संकेत भेजते हैं। इस संकेत से मास्ट कोशिकाएँ सक्रिय हो जाती हैं तथा उस एलर्जन को प्रभावहीन करने के प्रयास में जुट जाती हैं।

शरीर की यह एक साधारण सी जैव रासायनिक प्रक्रिया होती है, जो शरीर को नुकसान पहुँचाने वाले तत्त्वों से सुरक्षित रखती है। बाहरी तत्त्वों के शरीर में प्रवेश करने के बाद इम्यूनोग्लोबिन-ई से प्रभावित हुई मास्ट कोशिकाएँ जीवन रक्षक हिस्टामिन जैसे रसायनों का स्राव करके उन्हें शरीर के प्रभावित क्षेत्र में भेजने लगती हैं। जिससे वे वहाँ की रक्त वाहिनियों को फैलाकर ज्यादा-से-ज्यादा श्वेत रक्त कणिकाओं को वहाँ पहुँचाकर उस एलर्जिक पदार्थ को प्रभावहीन कर सकें।

लेकिन जब कोई व्यक्ति किसी एलर्जिक तत्त्व के प्रति अति संवेदनशील हो जाता है। तब उसका शरीर उस तत्त्व के प्रति तीव्र प्रतिक्रिया दरशाने लगता है। इसके फलस्वरूप उसकी ज्यादा-से-ज्यादा मास्ट कोशिकाएँ प्रभावित होकर आवश्यकता से अधिक मात्रा में हिस्टाामिन छोड़ने लग जाती है। इससे मरीज के उस भाग में सूजन, खुजली, दर्द, जलन के साथ कई अन्य प्रकार के दोष पैदा होने लग जाते हैं। दमा भी उनमें से एक है।

एलर्जी की प्रतिक्रिया से सिर्फ मामूली परेशानियाँ ही नहीं होतीं, कभी-कभी मृत्यु तक भी होते देखी जाती है। हालाँकि ऐसी घटनाएँ बहुत कम होती हैं। एलर्जी के कारण पैदा होने वाली ऐसी तीव्र प्रतिक्रिया को एनाफाइलेक्स कहा जाता है। इसमें पहले एनाफिलेक्टिक शॉक लगता है और फिर व्यक्ति का जीवन संकट में पड़ जाता है। इसके कारण उसकी रक्त वाहिनियाँ एकाएक बहुत ज्यादा फैल जाती हैं तथा रक्तचाप गिरता चला जाता है। हृदय और फेफड़े भी अपना काम करना बंद कर देते हैं।

एलर्जिक के प्रति संवेदनशीलता की दशा गर्भस्थ शिशुओं में भी होती है। इसी प्रकार कुछ मामलों में एलर्जी आनुवंशिक रूप में होती है। ऐसा देखा गया है कि अगर माँ-बाप में से कोई एक एलर्जिक है, तो उनकी संतान में एलर्जी होने की संभावना 30 फीसदी तक और अगर माँ-बाप दोनों ही एलर्जिक हैं तो उनकी संतान के एलर्जिक होने की आशंका 60 फीसदी तक रहती है।

एलर्जी के कारण

एलर्जी के लिए जिम्मेदार कारण अनेक प्रकार के होते हैं। इसके लिए हवा में तैर रहे धूल कण और पुष्प पराग से लेकर मामूली साबुन तक हजारों कारण हो सकते हैं। किसी व्यक्ति में एलर्जी का सही कारण तो उसके एलर्जी टेस्ट से ही चल पाता है।

ऐसा माना जाता है कि शरीर में एलर्जी पैदा होने के लिए चार तरह की परिस्थितियाँ जिम्मेदार होती हैं। जो इस प्रकार हैं—पहले एलर्जी उत्पन्न करने वाले पदार्थ यानी एलर्जन का शरीर में प्रवेश करना, दूसरा एलर्जी उत्पन्न करने वाले आनुवंशिक (Genetic) तत्त्व का शरीर में पहले से ही मौजूद रहना। इसे एलर्जिक प्रीडिपोजिशन कहा जाता है और इस अवस्था में एलर्जी का पारिवारिक इतिहास देखने को मिलता है। तीसरी परिस्थिति शरीर के अंदर और बाहरी वातावरण के आपसी तालमेल का बिगड़ जाना तथा अंतिम चौथी मन मस्तिष्क की एकाग्र अवस्था का घट जाना माना जाता है।

एलर्जी के उत्पन्न होने की प्रक्रिया दो चरणों में जाकर संपन्न होती है—सबसे पहले चरण में तो श्वसन तंत्र के किसी अंग के किसी बाहरी पदार्थ के प्रति संवेदनशील हुआ अंग शीघ्र उत्तेजित होकर उस बाहरी पदार्थ के प्रति तीव्र प्रतिक्रिया दरशाने लगता है। इस प्रकार इन बाहरी पदार्थों के प्रति शरीर की तरफ से होने वाली क्रिया जरूरत से ज्यादा होकर एलर्जी का रूप ले लेती है।

हमारे आसपास के वातावरण में एलर्जी पैदा करने वाले अनेक तरह के पदार्थ सदैव ही मौजूद रहते हैं। पुष्प पराग कण से लेकर धूल, धुआँ, फंगस स्पोर और अनेक तरह के जीवाणु, विषाणु, कीट-पतंगें तक इसी श्रेणी में आते हैं। वातावरण में मौजूद रहने वाले ऐसे पदार्थों को ही एलर्जन कहते हैं। ये शरीर में पहुँचकर एंटीजन उत्पन्न करने का कार्य करते हैं।

जब हम साँस लेते हैं या खाना खाते हैं तो ये एलर्जन हमारे साँस की हवा के साथ हमारी श्वसन प्रणाली के अंगों में प्रवेश कर जाते हैं या फिर ये खाद्य पदार्थों के साथ हमारी आँतों तक में पहुँच जाते हैं।

इन सभी अंगों की चमड़ी पर एक श्लेष्मिक झिल्ली का आवरण चढ़ा रहता है जिसमें से सदैव एक लिसलिसा सा स्राव बहता रहता है। इस स्राव में जब यह एलर्जन घुस जाते हैं तब इन पदार्थों में रहने वाला और एलर्जी उत्पन्न करने वाला हिस्सा जिसे आमतौर पर 'एंटीजन' कहा जाता है, उनसे अलग हो जाता है। एलर्जन के मुक्त होने की इस पहली क्रिया को 'एंटीजन रिलीज' प्रक्रिया के रूप में देखा जाता है।

इन स्वतंत्र हुए एंटीजन को उस स्थान की म्यूकस मेम्ब्रेन में मौजूद प्रतिरक्षक प्रणाली की कुछ कोशिकाएँ अपने अंदर ग्रहण कर लेती हैं। इन कोशिकाओं को एंटीजन प्रजेंटिंग कोशिकाएँ (APC or Monocytes, macrophages and dendritic) कहा जाता है। ये एंटीजन प्रजेंटिंग सेल्स, एंटीजन को अपने अंदर ग्रहण करने के बाद, उस एलर्जन के छोटे से हिस्से को, जो पेप्टाइड के रूप में सूक्ष्म प्रोटीन कण होता है, को अपनी सतह पर छोड़ देती है, ताकि एलर्जी उत्पन करने वाले एलर्जन के उस हिस्से को शरीर की सुरक्षा प्रणाली द्वारा पहचाना जा सके। इस प्रोटीन को टी-हेल्पर लिम्फोसाइट नामक कोशिकाएँ बहुत जल्दी से पहचान लेती है।

दरअसल हमारे खून में तीन तरह की रक्त कणिकाएँ—लाल रक्त कणिकाएँ, श्वेत रक्त कणिकाएँ और प्लेटलेट्स रक्त कणिकाएँ रहती हैं। इनमें से श्वेत रक्त कणिकाओं की टी-हेल्पर लिम्फोसाइट कोशिकाएँ ऐसे एंटीजन कणों के प्रति बहुत ही संवेदनशील होती हैं। वे उसे तुरंत पहुचान लेती हैं और उस पेप्टाइड कण से संयुक्त हो जाती हैं। संयुक्त होने के बाद वे अपने अंदर से साइटोकाइन नामक प्रोटीन का रिसाव शुरू कर देती हैं। यह साइटोकाइन ही एलर्जी की उत्पत्ति पर उसकी प्रक्रिया को आगे बढ़ाता है।

दरअसल यह साइटोकाइन नामक रसायन पास ही स्थित लिम्फ ग्रंथियों में पहुँच कर वहाँ मौजूद रहने वाली श्वेत रक्त कणिकाओं की एक अन्य किस्म, बी-लिम्फोसाइट कोशिकाओं को प्रभावित करके उन्हें कुछ विशेष प्रकार के रसायन पैदा करने के लिए उकसाने लगता है। इन रसायनों को प्रतिपिंड यानी एंटीबॉडीज कहा जाता है। यह विशेष प्रकार के प्रोटीन कण होते हैं।

इस प्रकार बाहरी वातावरण में मौजूद एलर्जन में कुछ व्यक्तियों के शरीर में प्रवेश के बाद, बी-लिम्फोसाइट को उत्तेजित कर एक विशेष प्रकार के एंटीबॉडीज पैदा करने का गुण होता है और यही एंटीबॉडीज एलर्जी पैदा करने का मुख्य कारण होता है। यह हमारे अंगों को उस एलर्जन के प्रति बेहद संवेनशील बना देता है।

बी-लिम्फोसाइट कणिकाओं से पैदा हुआ यह एंटीबॉडीज खून के माध्यम से नाक, श्वासनलिका से लेकर आँत तक की श्लेष्मिक झिल्ली तक पहुँच जाता है तथा वहाँ मौजूद अपनी लक्ष्य कोशिकाओं यानी मास्ट कोशिकाओं से चिपक जाता है। इस कारण इन अंगों की ये लक्ष्य कोशिकाएँ उन एलर्जन के प्रति अति संवेदनशील बन जाती हैं। इस प्रकार व्यक्ति में एलर्जी रोग की पूर्व तैयारी संपन्न हो जाती है।

रोग के दूसरे चरण में जब कभी उस व्यक्ति के शरीर में पुन: उन्हीं एलर्जन का हमला होता है तो उसके विरुद्ध श्वसन संस्थान आदि अंगों की मास्ट कोशिकाएँ

एकाएक सचेत होकर अति सक्रिय हो जाती हैं तथा वे तेजी से नष्ट होकर हिस्टामिन, हिपेरिन, प्रोटिएस, इओसिनोफिल, न्यूट्रोफिल कीमोटेक्टिक सबस्टांस, प्लेटलेट्स एक्टिवेटिंग फैक्टर आदि का रिसाव करने लग जाती हैं।

ये ऐसे प्राकृतिक रसायन हैं जिनसे एलर्जी के लक्षण पूरे शरीर पर कहीं भी उभर सकते हैं, लेकिन इसका ज्यादातर असर श्वसन संस्थान की श्लेष्मिक झिल्ली खासकर नाक, श्वसन नलिका और वायुकोष्ठकों, आंत्र और चमड़ी पर ही देखा जाता है। नाक का बहना या बंद रहना, साँस लेने में परेशानी रहना, शरीर के किसी अंग पर खुजली होना, दर्द की स्थिति बन जाना, चमड़ी पर कहीं भी खुजली, जलन, सूजन रहना या एक्जिमा की शिकायत अथवा दाग-धब्बे तक पड़ जाना आदि कुछ ऐसी ही प्रतिक्रियाएँ हैं।

जब किसी एलर्जी कारक पदार्थ का असर फेफड़े और श्वासनली पर होने लगता है तो इन अंगों में एलर्जी जन्य दमा सहित साँस संबंधी कई अन्य रोगों के लक्षण पैदा होते हैं। इन लोगों को साँस फूलने के अलावा निरंतर छींक आने लगना, बे-वजह खाँसी का बने रहना या फिर सोते वक्त छाती से आवाज आती है—

कुछ लोगों को तो एलर्जी के कारण कान बहने लगता है या बहरापन तक हो जाता है। कुछ लोगों में एलर्जिक प्रतिक्रिया के कारण आँखों में लाली, सूजन या खुजली रहने लगती है अथवा पानी गिरता रहता है। एलर्जी के कारण कुछ लोगों के मुँह, होंठों व जीभ में सूजन, जलन रहने लगती है या छाले तक पड़ जाते हैं।

एलर्जिक तत्त्व का असर पेट की श्लेष्मिक झिल्ली पर भी पड़ सकता है। इस वजह से उस व्यक्ति को दस्त और उल्टी तक आते रहते हैं। इन रोगियों को सामान्य उपचार से कोई आराम नहीं आता। इसीलिए कई बार इस रोग को गलती से डायरिया या हैजा तक समझ लिया जाता है। इसके अलावा कुछ लोगों को एलर्जी के कारण पेट फूलना, पेट में दर्द बने रहना और गुदा द्वार के आसपास खुजली रहने लगती है।

एलर्जी का निदान (डायग्नोसिस)

एलर्जी का समय पर पता नहीं चल जाने से कई लोगों को गंभीर परिणाम तक भुगतने पड़ते हैं। अतः उपरोक्त लक्षणों वाले किसी रोग में उपचार लेने के बावजूद फायदा न आ रहा हो तो एलर्जी की शंका करके उसका पता लगा लेना चाहिए। एलर्जी का ठीक से पता लगाने के लिए आजकल कई तरह के परीक्षण उपलब्ध हो चुके हैं।

इस संबंध में ब्रिटिश एलर्जी फाउंडेशन के जाने-माने स्वास्थ्य विशेषज्ञों का कहना है कि एलर्जी के 70 से 80 फीसदी मामलों में एलर्जी का पता रोगी के बीमारी इतिहास से ही चला जाता है। सिर्फ उसके लक्षणों को ध्यान से देखने की जरूरत होती है। रोग के लक्षण, रोगी और उसके पारिवारिक सदस्यों के स्वास्थ्य से एलर्जी का पता लग सकता है।

आजकल एलर्जी के कारण को ज्ञात करने के लिए कई प्रकार के टेस्ट करवाए जाते हैं इनमें से कुछ प्रमुख टेस्ट नीचे बताए जा रहे हैं। इनमें रोगी के खून का नमूना लेकर उसमें इम्यूनोग्लोबिन 'ई' एंटीबॉडीज की मात्रा का पता लगाया जाता है। इनमें से कुछ टेस्ट जैसे कि स्किन प्रिक टेस्ट, रॉस्ट ब्लड टेस्ट व चैलेंज टेस्ट आदि सिर्फ अस्पतालों में ही किसी योग्य चिकित्सक के निर्देशन में कराने चाहिए। इनके अलावा कुछ अन्य टेस्ट जैसे कि वेगाटेस्टिंग, रेडियोनिक्स, काइनेशियोलॉजी आदि भी करवाए जा सकते हैं, लेकिन इन्हें अभी ज्यादा विश्वसनीय नहीं माना जाता।

स्किन प्रिक टेस्ट

इस परीक्षण को करते वक्त रोगी की बाँह की चमड़ी पर संदिग्ध एलर्जंस (वह पदार्थ जिसके प्रति रोगी में एलर्जिक प्रतिक्रिया होने की आशंका ज्यादा हो) की एक बूँद टपकाई जाती है। इसके बाद वहाँ बारीक सुई से कई बार छेद किए जाते हैं। ताकि उस तत्त्व का सूक्ष्म अंश चमड़ी में प्रवेश कर जाए। ऐसा करने पर अगर वहाँ एक लाल रंग का चकत्ता सा उभर आए या वहाँ खुजली या जलन सी शुरू हो जाए तो उससे यह साबित हो जाता है कि व्यक्ति को उस चीज से एलर्जी है। अगर वह व्यक्ति उस तत्त्व से कोई प्रतिक्रिया नहीं दरशाता तो वह तत्त्व एलर्जिक नहीं माना जाता। इस परीक्षण में बारी-बारी से तत्त्वों का इसी तरह से परीक्षण किया जाता है तथा प्रतिक्रिया दरशाने वाले तत्त्वों की एक सूची बनाकर रोगी को दे दी जाती है।

रॉस्ट ब्लड टेस्ट के इस परीक्षण में रोगी के खून में 'इम्यूनोग्लोबिन-ई' नामक एंटीबॉडीज की जाँच कर उसकी मात्रा ज्ञात की जाती है। इस परीक्षण से यह तो पता चल जाता है कि वह रोगी किसी चीज से एलर्जिक प्रतिक्रिया दरशा रहा है या नहीं दर्शा रहा है। व्यक्ति के खून में इम्यूनोग्लोकबन-ई का ज्यादा पाया जाना इस ओर संकेत करता है। लेकिन इस परीक्षण की सबसे बड़ी खामी यह है कि इससे एलर्जिक होने का ही पता चल पाता है, किंतु उस चीज का बिल्कुल पता नहीं चल पाता जिससे उस व्यक्ति को एलर्जी होती है।

रोगी में एलर्जिक प्रतिक्रिया का पता लगाने के लिए इसे सबसे विश्वसनीय परीक्षण (टेस्ट) माना जाता है।

चैलेंज टेस्ट

एलर्जी का पता लगाने वाला यह परीक्षण थोड़ा खतरनाक माना जाता है। इसलिए यह परीक्षण आवश्यकता होने पर सिर्फ अस्पतालों में ही किया जाता है। इस परीक्षण में रोगी के शरीर में संदिग्ध एलर्जिंस की थोड़ी मात्रा प्रवेश कराई जाती है; फिर यह मात्रा धीरे-धीरे बढ़ाई जाती है। साथ ही रोगी के शरीर पर उस एलर्जिक का प्रभाव जाँचा जाता है। इस परीक्षण से भी एलर्जिक पदार्थों की एक सूची तैयार हो जाती है। लेकिन इस परीक्षण का सबसे खतरनाक पहलू यह है कि इसमें कभी-कभी उस एलर्जंस की इतनी तीव्र प्रतिक्रिया हो जाती है कि रोगी की हालत एकाएक बिगड़ने लगती है। कई बार तो इसके कारण रोगी का जीवन ही संकट में पड़ जाता है।

एलर्जी के कारण पैदा होने वाली प्रमुख समस्याएँ

एलर्जी के कारण लोगों में निम्नलिखित समस्याएँ पैदा होते देखी जाती हैं—

- **दमा रोग**

कुछ लोगों को एलर्जी के कारण फेफड़ों के वायुकोष्ठकों एवं श्वसन नलिकाओं में सूजन आ जाती है तथा श्वसन मार्ग एवं फेफड़ों में कफ इकट्ठा होने लग जाता है। इसे एलर्जिक श्वसन नलिका शोथ या ब्रोंकाइटिस कहा जाता है।

कई बार श्वसन संस्थान में एलर्जी के लंबे समय तक बने रहने से कुछ लोगों में ब्रोंकियल अस्थमा की शिकायत शुरू हो जाती है। दमा रोग की इस अवस्था में एलर्जी के कारण उनकी श्वास नलिकाओं की कोमल मांसपेशियाँ सिकुड़ जाती हैं और आंतरिक श्लेष्मिक झिल्ली में सूजन बनी रहने से साँस लेने में रुकावट पैदा हो जाती है। इससे छाती में भारीपन रहने लगती है। साथ ही छाती से सीटी बजने जैसी आवाज आती रहती है।

एलर्जी से होने वाले दमे के लिए सबसे अच्छा उपचार है कि घर में धूल एवं 'डस्ट माइट्स' (घर की धूल में मौजूद रहने वाले बेहद महीन एलर्जी कारक कीटाणु) पर काबू पाना। इसका सबसे कारगर तरीका है घर के प्रत्येक कमरे की

वैक्यूम क्लीनर से बार-बार सफाई की जाए। इसके अतिरिक्त घर के सभी परदे की वैक्यूम क्लीनर से सफाई करते रहना।

इसके अलावा रोगी को ऐसे गद्दे, तकिए, चादरें आदि इस्तेमाल कराने चाहिए, जिनमें धूल न घुस सके। अगर घर में कालीन है तो उसे भी हटा देना चाहिए।

इसके अलावा दमा होने पर उसका इलाज ब्रोंकाडिलेटर और आवश्यकतानुसार स्टीरॉयडस दवाओं से करना चाहिए।

• नाक की एलर्जी

इस एलर्जी की आमतौर पर दो प्रकार की अवस्थाएँ देखने को मिलती हैं। एक, साल भर चलने वाली, जिसे राइनाइटिस (Rhinitis) कहा जाता है और दूसरी मौसमी, जो किसी खास मौसम में ही दिखाई पड़ती हो। हे-फीवर (Hay fever) के नाम से कुख्यात रोग इसी श्रेणी में आता है।

साल भर चलने वाली एलर्जी से बचने के लिए परहेज ही सबसे उत्तम उपाय माना जाता है। जिस चीज से रोगी को एलर्जी महसूस हो उससे उसे पूरी तरह से दूर ही रखने का प्रयास करना चाहिए। इसके अलावा इन रोगियों को एयरकंडीशन और बंद कमरे में भी अधिक समय तक नहीं रखना चाहिए। इससे उनकी समस्या बढ़ती देखी जाती है। रोगी को अपने कमरे के दरवाजे-खिड़की आदि खुले ही रखने चाहिए। ऐसा करने से उन्हें फायदा ही मिलता है, लेकिन किसी व्यक्ति को पराग कणों से एलर्जी की शिकायत हो, तो उनके लिए ऐसा करना लाभ की जगह नुकसानदायक साबित हो सकता है।

इस प्रकार की एलर्जी के उपचार में एंटी हिस्टामीन दवाइयाँ का उपयोग भी लाभदायक होता है तथा रोगी की नाक को खोलने के लिए उसमें हलकी स्टीरॉयड आधारित स्प्रे की सलाह दी जाती है।

नाक की मौसमी एलर्जी, जिसे हे-फीवर कहते हैं, के लिए भी नाक में स्प्रे और एंटी हिस्टामीन दवाओं से लाभ होते देखा जाता है। इस एलर्जी रोग को हे-फीवर इसीलिए कहा जाता है, क्योंकि यह फरवरी-मार्च में उसी समय ही ज्यादा देखा जाता है जब रबी फसल की कटाई शुरू होती है।

इसी समय वसंत ऋतु का आगमन भी होता है। इस मौसम के दौरान कई तरह के फूल खिलने लगते हैं तथा उनके पराग कण हवा के साथ मिश्रित होकर चारों ओर फैलने लग जाते हैं। इससे संवेदनशील लोगों में एलर्जी का प्रकोप एकाएक बढ़ जाता है।

पराग कणों से होने वाली एलर्जी यानी हे-फीवर के संबंध में कुछ एलर्जी रोग विशेषज्ञों का कहना है कि इसमें 'ऑरल इम्यूनोथेरेपी' उपचार काफी लाभदायक होता है।

ऑरल इम्यूनोथेरेपी के तहत वही एलर्जिक पराग कण रोगी को काफी मात्रा में दिए जाते हैं, जिनसे उसे एलर्जी होने का खतरा रहता है। इस उपचार के पीछे जहर-को-जहर से मारने का सिद्धांत काम करता है। ऐसा माना जाता है कि अधिक मात्रा में एलर्जिन रहने से शरीर में रोग निरोधक शक्ति पैदा हो जाएगी और एलर्जी से हमेशा के लिए छुटकारा मिल जाएगा।

इस उपचार से 60 से 70 फीसदी रोगियों को लाभ मिल जाता है, लेकिन इस उपचार से कई बार लेने-के-देने भी पड़ जाते हैं। कई बार इस उपचार से लाभ होने की बजाए रोगी को एलर्जी का जबरदस्त दौरा पड़ जाता है। इसीलिए इस उपचार का इस्तेमाल बहुत ही सावधानी से और किसी कुशल विशेषज्ञ के मार्गदर्शन में ही करना चाहिए।

• एक्जिमा

कुछ लोगों में एलर्जी के कारण चमड़ी पर खुजली रहने लगती है तथा एक्जिमा से लेकर दाग-धब्बे तक पड़ने लग जाते हैं। कुछ लोगों में खुजली का ऐसा रूप जननांगों के आसपास भी देखा जाता है। एलर्जी के कारण चमड़ी पर खुजली बने रहने को आर्टीकेरिया (Urticaria) कहते हैं।

• साइनोसाइटिस

इस प्रकार की एलर्जी की दशा में रोगी के सिर, नाक और गले की हड्डियों के बीच खाली जगहों, जिन्हें साइनस कहा जाता है, की अंदरूनी परत में एलर्जी प्रतिक्रिया स्वरूप सूजन सी आ जाती है। इस वजह से उन लोगों को अपने सिर में निरंतर दर्द या भारीपन सा महसूस होता रहता है। इसके अलावा उनके नाक और गले से गाढ़ा बलगम गिरता रहता है। ऐसे कुछ लोगों को अपने गले में खराश सी भी महसूस होती रहती है। इस प्रकार की दशा को साइनोसाइटिस कहा जाता है। नाक का बंद रहना तथा सिर का दर्द आज के समय की एक प्रमुख समस्या बन गई है।

• गले में सूजन रहना

कुछ लोगों को गले में एलर्जी के कारण जलन, खराश रहने लगती है तथा

उसमें सूजन आ जाती है। इससे गले में दर्द भी रहने लग सकता और निरंतर खाँसी भी आ सकती है। एलर्जी की इस दशा को गले की सूजन या Pharyngitis के रूप में देखा जाता है।

ऐसा देखा गया है कि गले में एलर्जी की शिकायत बनी रहने से कुछ लोगों के गले और टॉन्सिल में बार-बार विभिन्न तरह के रोगाणुओं का आक्रमण भी होता रहता है। टॉन्सिल की संक्रमण जन्य ऐसी सूजन को टॉन्सिलाइटिस कहा जाता है।

• कान संबंधी रोग

कुछ लोगों में नाक और गले में उत्पन्न एलर्जी जन्य जुकाम, नाक और कान की मध्य कर्ण गुहा को आपस में जोड़ने वाली श्रवण नली (यूस्टेशियन ट्यूब) तक भी पहुँच जाता है, फिर इस श्रवण नली के माध्यम से आगे फैलकर कानों में और गहराई तक पहुँच जाता है। इसके परिणामस्वरूप कुछ लोगों को कम सुनाई देने लगता है या फिर वे कान में सीटी बजने की शिकायत करने लगते हैं। इस कर्ण रोग के कान के अंदरूनी हिस्से तक फैले जाने से कुछ रोगियों को चक्कर तक आने लगते हैं।

कभी-कभी तो एलर्जिक जुकाम के कारण कुछ लोगों के कान के परदे में छेद हो जाने से कान बहने (सुपरेटिव ओटाइटिस मीडिया) तक की शिकायत हो जाती है।

• नाक में मांस बढ़ना

जब किसी व्यक्ति को लंबे समय तक एलर्जी जन्य जुकाम बना रहता है तो उससे नाक की अंदरूनी म्यूकस झिल्ली की सूजन धीरे-धीरे और बढ़ती जाती है; फिर यह बढ़ी हुई सूजन फूलते-फूलते गुब्बारे जैसा आकार ग्रहण कर लेती है। इसे नाक में मांस बढ़ना (Nasal Polyp) कहा जाता है। इससे उनकी नाक बंद रहने लगती है तथा गले में कफ गिरने की शिकायत बनी रहने लगती है।

• आँख में सूजन रहना

एलर्जी का प्रभाव श्वसन प्रणाली के अलावा कई अन्य अंगों पर भी देखा जाता है। कई बार कुछ लोगों की आँखों पर भी एलर्जी का असर पड़ते देखा गया है। आँखों पर एलर्जी के प्रभाव से उनमें लाली और जलन रहने लगती है। कुछ

लोगों की आँखों पर इसके कारण सूजन तक आ जाती है तथा उनसे निरंतर पानी गिरता रहता है। आँखों की ऐसी सूजन और जलन को कंजेक्टिवाइटिस के नाम से जाना जाता है।

• पाचन तंत्र की एलर्जी

कई बार एलर्जी का प्रभाव पाचन संस्थान पर देखने को मिलता है। इसमें किसी विशेष खाद्य पदार्थ को खा-पी लेने के बाद व्यक्ति को एकाएक उल्टी आने लगती है या पेट में दर्द के साथ दस्त लग जाते हैं। कई लोगों को पाचन संस्थान की एलर्जी के कारण मल के साथ खून तक आने की शिकायत हो जाती है। कुछ लोग कब्ज की शिकायत करते भी देखे गए हैं। बहुत से समुदायों में दूध का हजम न होना एलर्जी का ही एक रूप माना जाता है।

• एलर्जी पैदा करने वाले प्रमुख कारण

निम्नलिखित कारण लोगों के शरीर में एलर्जी पैदा करने के लिए प्रमुख रूप से जिम्मेदार माने जाते हैं—

1. धूल-मिट्‌टी और उसमें पाए जाने वाले धूल कपास, गेहूँ के आटे के सूक्ष्म कण, भूसा, घरेलू धूल।
2. हवा में तैरते फूलों के पराग कण। बाँस, सरसों के पुष्प, पपीता, बथुआ, नारियल के वृक्ष से झड़े टुकड़े, विलायती मेंहदी की कण, यूकेलिप्टस से झड़े कण, गाजर घास के पराग कण।
3. ज्वार, बाजरा आदि की बालियों से झड़े कण।
4. तेज खुशबू वाले स्प्रे और सौंदर्य प्रसाधन की वस्तुएँ।
5. मौसम में तेजी से आने वाला बदलाव, ज्यादा सर्द-गरम का असर या स्थान परिवर्तन का प्रभाव।
6. ज्यादा ठंडी व खट्‌टी चीजों का इस्तेमाल, जैसे कि कोल्ड ड्रिंक्स, फ्रिज का ठंडा पानी, आइसक्रीम, इमली।
7. पालतू जानवरों की निकटता, जैसे गाय, भैंस, कुत्ता, बिल्ली घोड़ा आदि जानवरों की चमड़ी से झड़ने वाले बाल, फर और डेंडर्स।
8. कुछ खाद्य पदार्थ, जैसे काजू, पिस्ता, राजमा, उड़द, सोयाबीन की दाल, मूँगफली, बादाम, चिकन, सुअर का मांस, मछली, अंडा, दूध और उससे बने पदार्थ एवं चॉकलेट आदि।

9. कुछ दवाएँ जैसे एस्प्रिन, एंटीबायोटिक, विटामिन 'बी' के कुछ सदस्य और अन्य दर्द रोधी दवाएँ।
10. पेट के आंत्र कृमि।
11. शरीर में फफूँद जैसे एस्परजिलस नाइजर, केंडिडा एलविकेंस की मौजूदगी।
12. कई प्रकार के कीट (Insects) जैसे लाल चींटी, कॉकरोच, मक्खी, मच्छर दीमक।
13. रेशम यानी सिल्की या ऊन से बुने कपड़ों का इस्तेमाल।

एलर्जी से बचाव व इलाज

एलर्जी से निम्न प्रकार से बचा जा सकता है—

1. एलर्जिक कारकों से बचना

व्यक्ति के शरीर में एलर्जी के लक्षण पैदा होने से पहले कई प्रकार की प्रक्रियाओं का दौर चलता रहता है। अगर उस प्रक्रिया में ही बाधा डाल दी जाए तो उस व्यक्ति में एलर्जी के लक्षण पैदा होने से रोके जा सकते हैं।

वातावरण में एलर्जन की मौजूदगी, एलर्जी शुरू करने की पहली कड़ी होती है। लिहाजा रोग होने से पहले ही एलर्जी पैदा करने वाले इन पदार्थों की उत्पति स्रोत को पहचान लिया जाए और जहाँ तक संभव हो उनसे दूर रहने का प्रयास किया जाए, तो काफी हद तक एलर्जी की समस्या से बचा जा सकता है। ऐसे प्रयासों को एलर्जी से सुरक्षा प्रदान करने वाला 'पहला बचाव' (Primary Prevention) कहा जाता है।

अगर उन एलर्जन से हमेशा बिल्कुल ही दूर रहना संभव न हो, तब भी जहाँ तक संभव हो पाए, उतना तो बचने का प्रयास करना ही चाहिए। इससे भी काफी लाभ मिलता है।

बच्चों को एलर्जी से सुरक्षा देना

अपने भावी बच्चों में एलर्जी के प्रति संवेदनशीलता उत्पन्न न हो। इसके लिए गर्भवती महिलाओं को गर्भ के दौरान ही इस दिशा में पुरजोर ध्यान देना चाहिए, क्योंकि गर्भावस्था में माँ के जरिए बच्चे के शरीर में अधिक मात्रा में एलर्जंस प्रवेश कर जाने से उनमें एलर्जिक प्रवृत्ति जन्म लेती है। हाल के वर्षों में हुए कुछ अध्ययनों से पता चला है कि अत्यधिक एलर्जन प्रवेश आमतौर पर गर्भ में पल रहे शिशु की

सहनशीलता यानी टोलेरेंस पॉवर को बढ़ाने के स्थान पर, उनमें एलर्जी की प्रवृत्ति को ही बढ़ावा देते हैं। अतः पूरी गर्भावस्था के दौरान स्वच्छ और स्वस्थ वातावरण पर पर्याप्त ध्यान देना जरूरी होता है।

गर्भवती महिलाओं को सिगरेट के धुएँ और दूषित वातावरण आदि से दूर ही रहना चाहिए।

जन्मोपरांत भी बच्चों में एलर्जी से बचाव के प्रति जागरूक रहना चाहिए। जिन बच्चों के अभिभावक धूम्रपान के अभ्यस्त होते हैं, उनमें आगे चलकर एलर्जी की संभावना ज्यादा रहती है। इसीलिए शुरू से ही बच्चों को एलर्जंस माने जाने वाले पदार्थों के कम-से-कम संपर्क में आने देना चाहिए। ऐसी सावधानी लेने से बच्चे एलर्जिक समस्या से काफी हद तक बचे रहते हैं।

जो बच्चे दूषित वातावरण में रहकर बड़े होते हैं उनमें स्वच्छ वातावरण में रहकर बड़े हुए शिशुओं के मुकाबले एलर्जी होने की आशंका चार गुना अधिक होती है। इसीलिए शिशुओं और छोटे बच्चों को शुरू से ही धूल, मिट्टी, धुआँ और पराग कण वाले वातावरण, घरेलू जानवरों और कीड़े-मकोड़े युक्त वातावरण से दूर ही रखना चाहिए।

बचाव संबंध कुछ जरूरी हिदायतें

1. एलर्जी की समस्या से बचने के लिए हफ्ते में कम-से-कम एक बार अपने तकिए और बेडशीट के कवर को जरूर धो लेना चाहिए। ऐसा करने से घरेलू माइट्स रूपी एलर्जंस के संपर्क में आने से काफी हद तक बचा जा सकता है।
2. घर की धूल-मिट्टी को वैक्यूम क्लीनर से साफ करके घर में एलर्जी पैदा करने वाले कीड़ों को उत्पन्न होने से काफी हद तक रोका जा सकता है। घर की धूल को बाहर निकालने के लिए घर में एक्जॉस्ट फैन का प्रयोग भी किया जा सकता है।

अगर घर में ऐसी कोई भी सजावटी चीज, जैसे कि नॉन वॉशेबल परदे, सोफों के कवर आदि हैं, जिनसे घर में धूल-मिट्टी के इकट्ठा होने की संभावना हो तो उसे घर में नहीं रखना चाहिए। विशेषकर ऐसी चीजों को एलर्जी से ग्रस्त लोगों के कमरों में बिल्कुल भी नहीं रखना चाहिए।

3. घर में कॉकरोच के रहने के स्थानों को साफ करते रहना चाहिए, ताकि वे

वहाँ अपना स्थायी बसेरा न बना सकें। उन जगहों पर एंटी कॉकरोच स्प्रे का छिड़काव करके कॉकरोच का सफाया किया जा सकता है।

4. बासी बचे हुए भोजन या सब्जी, फलों आदि के छिलकों से भरे हुए कचरे को फौरन फेंककर डस्टबिन को साफ करते रहना चाहिए। यदि उन्हें समय-समय पर ठीक से साफ न किया जाए तो उससे सड़ाँध आने लगती है।
5. अगर किसी में घरेलू जानवर जैसे कि कुत्ता, बिल्ली, घोड़ा, गाय आदि से एलर्जी होने का पता चले तो फौरन उन जानवरों को मरीज से दूर कर देना चाहिए।
6. ऐसी व्यवस्था करनी चाहिए कि कमरे में सीलन न आने पाए। धूप के लिए कमरों को खुला रखना चाहिए।

2. शरीर में एलर्जंस के प्रवेश को रोकना

आमतौर पर एलर्जंस शरीर में श्वास प्रणाली और आहार प्रणाली के माध्यम से ही प्रवेश करते हैं। खून से एलर्जंस के मामले बहुत कम ही देखे जाते हैं। नाक के माध्यम से शरीर में पहुँचने वाली धूल, धुआँ आदि को शरीर के अंदर जाने से रोकने के लिए नाक के अंदर और बाहर लगाने वाले 'नेजल फिल्टर' और 'पॉल्यूशन मास्क' आते हैं। एलर्जी की शंका वाले व्यक्तियों को इनका इस्तेमाल करना चाहिए।

कुछ खास स्थानों जैसे कि धूल भरे स्थानों और गाड़ी चलाते समय तो इनका विशेष रूप में उपयोग करना चाहिए। जिन जगहों पर 'नेजल फिल्टर' या 'पॉल्यूशन मास्क' उपलब्ध न हों वहाँ इनके स्थान पर स्वच्छ रूमाल भी इस्तेमाल में लाया जा सकता है। इन चीजों के प्रयोग से काफी बचाव रहता है, लेकिन पूरी तरह से नहीं, क्योंकि ये एलर्जंस को पूरी तरह से नहीं रोक पाते।

3. शरीर में एलर्जी प्रतिरोधी क्षमता विकसित करना

यह बचाव की तीसरी कड़ी मानी जाती है। जिन व्यक्तियों को बार-बार एलर्जी होने की शिकायत रहती है। उनके शरीर में कोशिकीय स्तर पर ही एलर्जिक प्रतिक्रिया शुरू न हो सके, इसे रोकने के लिए निम्न उपाय किए जा सकते हैं—

अल्पकालिक उपाय

इस उपाय के रूप में मौसम बदलाव के समय या धूल आदि के संपर्क में आने की संभावना होने पर, एलर्जिक प्रतिक्रिया को रोकने के लिए कुछ दवाओं का प्रयोग किया जा सकता है।

ऐसी कुछ कारगर दवाएँ हैं—सोडियम क्रोमाग्लाइकेट और सेट्रीजिन आदि। एलर्जिक रोग के लक्षण पैदा होने से पहले इन दवाओं का सेवन करना कीमो प्रोफाइलैक्सिस कहलाता है। इससे संवेदनशील व्यक्ति काफी हद तक एलर्जिक परेशानी से बचा रहता है।

दीर्घकालीन उपाय

एलर्जी से बचाव के दीर्घकालीन उपायों में निम्नलिखित विधि ज्यादा कारगर साबित होती है—

इम्यूनोथेरेपी

इस थेरेपी में रोगी के शरीर की एलर्जंस के विरोध करने की क्षमता बढ़ाई जाती है, ताकि उसका शरीर एलर्जंस के प्रति सामान्य प्रतिक्रिया दरशाने लगे और व्यक्ति को ज्यादा परेशानी न रहे। इस उपचार के माध्यम से एलर्जी पैदा करने वाली लक्ष्य कोशिकाओं की एलर्जंस के प्रति बढ़ी हुई संवेदनशीलता को कम करने का प्रयास किया जाता है। कोशिकाओं की संवेदनशीलता के कम हो जाने के कारण एंटीजन और लक्ष्य कोशिका की सतह पर मौजूद एंटीबॉडीज के बीच में प्रतिक्रिया नहीं होती।

मास्ट कोशिकाओं की बढ़ी हुई संवेदनशीलता को खत्म करने के लिए विशेष रूप से तैयार किए गए इंजेक्शनों का प्रयोग किया जाता है। इन इंजेक्शनों का प्रयोग करने से मास्ट कोशिकाओं की अत्यधिक संवेदनशीलता की प्रवृत्ति धीरे-धीरे शांत होने लगती है।

इम्यूनोथेरैपी में वैक्सीन इंजेक्शन देने से पूर्व व्यक्ति में एलर्जी उत्पन्न करने वाले एलर्जंस की पहचान की जाती है और फिर उन्हीं एलर्जंस की कम मात्रा वाले इंजेक्शन तैयार करके उन्हें रोगी के शरीर में पहुँचाया जाता है। इससे धीरे-धीरे उस व्यक्ति के शरीर में एलर्जंस को सहन करने या लड़ने की क्षमता विकसित होने लग जाती है, लेकिन ऐसा देखने में आया है कि यह उपचार दो-चार चीजों से एलर्जी होने पर ही कारगर साबित होता है।

□

6

दमा रोग को बढ़ाने वाले कारण

दमा एक ऐसी बीमारी है जो किसी भी उम्र में लोगों को परेशान कर सकती है। आज नवजात शिशुओं से लेकर तीन साल तक के बच्चों और वृद्धों तक में यह बीमारी देखी गई है।

दमा श्वसन नलिकाओं की पुरानी शोथ के कारण जन्म लेने वाली बीमारी है। इस बीमारी के हमले के दौरान श्वसन प्रणाली की छोटी नलिकाएँ संकुचित होकर तंग हो जाती हैं। इससे मरीज को साँस लेने में परेशानी होने लगती है। दमा के हमले कुछ इस प्रकार के पदार्थों के संपर्क में आने या फिर कुछ विशेष परिस्थितियों में शुरू होते देखे जाते हैं। इस प्रकार के कारणों को दमा को उकसाने वाला कारण माना जाता है।

दमा के बारे में एक बात बिल्कुल ठीक है कि इसके हमले साधारण से लेकर तकलीफ देह तक किसी भी रूप में हो सकते हैं और कई बार दमा के हमलों के बीच मरीज की श्वसन क्रिया पूर्णतः सामान्य भी हो सकती है। दमा से दिल तथा फेफड़ों को सामान्यतः कोई स्थायी नुकसान नहीं पहुँचता। लेकिन लंबे समय तक दमा से पीड़ित रहने पर दोनों फेफड़ों के साथ-साथ हृदय और दूसरे अंगों में परिवर्तन आने लगता है। इससे दमा के रोगी की स्थिति और भी खराब हो जाती है।

किन लोगों को दमा हो सकता है?

ऐसे तो दमा रोग के लिए जिम्मेदार किसी भी कारण को अभी तक ठीक से नहीं जाना जा सका है; लेकिन फिर भी ऐसा माना जाता है कि दमा एटॉपी से संबंधित एक बीमारी है।

एटॉपी एक आनुवंशिक प्रकार की (पारिवारिक इतिहास वाली) एलर्जिक बीमारी है। इसमें व्यक्ति किसी एलर्जन के प्रति अति संवेदनशीलता प्रदर्शित करने लगता है।

एटॉपी एक ऑटोसोमल डोमिनेंट कारक है। ऐसे व्यक्तियों में एलर्जी के कारण नाक बहना, दमा रोग हो जाना, कई प्रकार के चमड़ी से संबंधित रोग जैसे एक्जिमा या चमड़ी पर चकत्ते उभर आना आदि की शिकायत देखी जाती है।

दमा कैसे होता है?

जब कोई एटॉपिक व्यक्ति किसी एलर्जन के संपर्क में आता है तो इसमें 'इम्युनोग्लोबिन-ई' नामक एक विशेष प्रोटीन ज्यादा मात्रा में बनने लग जाती है। जब यही व्यक्ति पुनः उसी एलर्जन के संपर्क में आता है तो इम्युनोग्लोबिन-ई उसकी मास्ट कोशिकाओं से हिस्टामीन, ल्यूकोटीन जैसे रसायनों के रिसाव को तीव्र करने लगती है। ये रसायन अपने प्रभाव से श्वसन नलिकाओं की मांसपेशियों को सिकोड़ने लगते हैं तथा उनमें सूजन ला देते हैं। इसके फलस्वरूप श्वसन नलिकाओं की आंतरिक चौड़ाई एकाएक घट जाती है और मरीज को साँस लेने में परेशानी महसूस होने लगती है।

दमा के लिए मुख्यतः तीन तरह की स्थितियाँ जिम्मेदार रहती हैं—

- **श्वसन नलिकाओं में सिकुड़न आ जाना।**

इस स्थिति से निपटने के लिए ब्राको डाइलेटर दवाओं का प्रयोग किया जाता है।

- **श्वसन नलिकाओं का अति संवेदनशीलता से सूज जाना।**

यह स्थिति श्वसन नलिकाओं में सूजन आ जाने के कारण पैदा होती है। इस स्थिति के अंतर्गत श्वसन नलिकाएँ कभी भी धूल, धुआँ, ठंड या तीव्र गंध आदि के संपर्क में आने पर सूज कर ऐंठ जाती हैं तथा दौरे की शुरुआत कर देती हैं। इस स्थिति के इलाज के लिए कार्टीकोस्टीरॉयड श्रेणी की दवाएँ उपयोग में लाई जाती हैं।

- **श्वसन नलिकाओं में एलर्जिक जन्य स्त्राव बढ़ जाना।**

इस स्थिति में एलर्जंस के कारण श्वसन नलिकाओं में म्यूकस स्त्राव एकाएक बढ़ जाता है। इस स्थिति को रोकने के लिए मास्ट सेल्स स्टेबलाइजर दवाओं का उपयोग किया जाता है।

दमा के दौरे को आमंत्रित करने वाले कारक

दमा के दौरे की शुरुआत करने वाले कारकों को निम्न दो श्रेणियों में बाँटा जा सकता है—

1. एलर्जिक कारक

- बहुत से लोगों को मछलियाँ, स्ट्रॉबरी आदि खाने के बाद दमा का दौरा पड़ते देखा जाता है।
- फूलों के पराग कण (Polen Grains), धूल, घर की धूल तथा बिस्तरों में पाए जाने वाले कई प्रकार के माइट्स श्वसन मार्ग के रास्ते शरीर में पहुँचकर दमा का आक्रमण शुरू कर सकते हैं।
- खाद्य पदार्थों में मिलाए जाने वाले कई प्रकार के रसायन भी दमा के दौरे की शुरुआत करते हैं। ये रसायन व्यंजनों को ज्यादा आकर्षक बनाने, उन्हें मनमोहक सुगंध देने और खाद्य पदार्थों को लंबे समय तक खराब होने से बचाने के तौर पर इस्तेमाल में लाए जाते हैं। टेट्जोलीन, मेटाबाई सल्फाइट आदि कुछ ऐसे ही रसायन हैं।

कई बार वातावरण में पाए जाने वाले कई तरह के एलर्जंस कारक भी दमा के दौरे की शुरुआत करते देखे जाते है, जैसे—

- व्यावसायिक एलर्जन, अनाज की धूल, लकड़ी का बुरादा।
- कई प्रकार की गैसें, रासायनिक धुआँ, सेंट, परफ्यूम, रंग-रोगन की तीव्र गंध आदि।

2. गैर एलर्जिक कारक

- श्वसन संस्थान का विषाणुजन्य संक्रमण।
- व्यायाम या कठोर श्रम।
- भावनात्मक आवेग जैसे—जोर से हँसना, रोना, गुस्सा होना, मानसिक तनाव आदि।

दमा को बढ़ावा देने वाली बीमारियाँ

कई ऐसी बीमारियाँ हैं जिनके दौरान दमा के दौरे की तीव्रता पहले के मुकाबले काफी बढ़ जाती है। जैसे कि—

1. अगर कोई व्यक्ति एक्युट साइनोसाइटिस या क्रोनिक साइनोसाइटिस से

पीड़ित है तो उनसे दमा के दौरे की तीव्रता पहले के मुकाबले काफी बढ़ जाती है। इन रोगियों को दमा की दवाओं के साथ एंटीबॉयोटिक दवाओं एवं कुछ अन्य दवाओं की भी जरूरत रहती है।

2. थॉयरोटॉक्सिस यानी हाइपरथॉयराइडिज्म की दशा में जब व्यक्ति की थॉयरॉइड ग्रंथि असामान्य रूप में कार्य करने लगे तो उस अवस्था में दमा की तीव्रता एकाएक काफी बढ़ते देखी जाती है। ऐसे रोगियों में जब थॉयरॉइड हॉर्मोन का स्तर सही लेवल पर आ जाता है तो उनके दमा में भी तेजी से सुधार आते देखा जाता है।
3. उच्च रक्तचाप के इलाज में प्रयुक्त की जाने वाली कई दवाएँ जैसे कि बीटा ब्लॉकर आदि ऐसी हैं जो दमा की तीव्रता को बढ़ा सकती हैं।

दमा के दौरे की शुरुआत करने वाले कारक

निम्नलिखित कारक दमा के दौरे की शुरुआत करने में उत्तरदायी होते हैं—

- कई बार श्वसन मार्ग में जीवाणु, विषाणु या कवक आदि के संक्रमण के बाद दमा का दौरा पड़ते देखा जाता है। ऐसी दशा में रोग कारक जीवाणु, विषाणु फफूंद के श्वसन मार्ग में चले जाने तथा वहाँ की श्लेष्मिक झिल्ली के संपर्क में आते ही स्थानीय रूप में एलर्जंस जैसी प्रतिक्रियाएँ शुरू हो जाती है। इस स्थिति में यह एलर्जंस की भूमिका निभाकर मास्ट कोशिकाओं को क्षति पहुँचाकर उनसे हिस्टामीन का रिसाव शुरू कर देते हैं।

दमा के दौरे की शुरुआत करने में इन रोगाणुओं का ज्यादा हाथ नहीं होता। दमा के अधिकांश मामलों में संक्रमण की यह रासलीला दमा का दौरा पड़ने के बाद ही शुरू होती है, क्योंकि दौरे के दौरान इन रोगाणुओं को श्वसन मार्ग की श्लेष्मिक झिल्ली में फलने-फूलने का अच्छा अवसर मिल जाता है।

- कुछ मामलों में दमा के दौरे की शुरुआत किसी विशेष खाद्य पदार्थ जैसे कि दूध, किसी विशेष फल या सब्जी, मछली, किसी अनाज, अंडे आदि से बने व्यंजन के खा लेने के बाद होते देखी जाती है। ऐसे खाद्य पदार्थों में कई ऐसे प्रोटीन तत्त्व होते हैं, जो कुछ लोगों में एलर्जंस की भूमिका निभाने वाले सिद्ध होते हैं।

दरअसल खाद्य पदार्थों में पाए जाने वाले प्रोटीन के सूक्ष्म अंश जैसे पेप्टीन, पेप्टाइड आदि ऐसे होते हैं जो पाचन संस्थान में पूरी तरह से न पचकर वहाँ से अर्ध

पाचित अवस्था में ही खून में पहुँच जाते हैं। ये प्रोटीन कण रक्त परिसंचरण द्वारा श्वसन संस्थान में पहुँचकर विषैले तत्त्व यानी एलर्जंस जैसा व्यवहार दरशाने लगते हैं। इससे उन रोगियों में दमा के दौरे की शुरुआत हो जाती है।

- ऐसा देखा गया है कि दमा के रोगियों में बाह्य प्रोटीन्स के प्रति तीव्र संवेदनशलता की दशा रहती है। इसी कारण ऐसे बहुत से रोगियों में कई प्रकार के वैक्सीन इंजेक्शनों (Anti Toxic Serum), शरीर के किसी अन्य अंग के संक्रामक रोग के कारण, खासकर ग्राम धनात्मक जीवाणुओं से उत्पन्न जैव विष आदि से भी दौरे की शुरुआत हो जाती है, क्योंकि यह भी कुछ लोगों में एलर्जंस का ही कार्य करते हैं।

कुछ संवेदनशील लोगों में ग्राम ऋणात्मक जीवाणु से उत्पन्न एक जैव विष या तीव्र गंध की भवक आदि के बाद भी दमा का दौरा शुरू हो जाता है।

- दमा के कई रोगियों में भावनात्मक विक्षोभ यानी मनोवैज्ञानिक दबाव से भी दमा का प्राणघातक दौरा पड़ते देखा जाता है। वैसे दमा के अधिकतर रोगियों में डिप्रेशन और अत्यधिक मानसिक तनाव की दशा में दौरे की तीव्रता काफी बढ़ी देखी गई है। ऐसा माना जाता है कि चिंता, व्याकुलता, डर आदि के कारण उनकी दशथ शीर्षस्थ नाड़ी (Vagus Nurves) विक्षुब्ध हो उठती है। बाद में इसके प्रतिक्रिया स्वरूप श्वसन मार्ग संकुचित होता जाता है।
- बीड़ी, सिगरेट या तंबाकू के सेवन से खाँसने के बाद भी कुछ लोगों को दमा का दौरा पड़ते देखा जाता है। कुछ बच्चों और बड़ी उम्र के व्यक्तियों को अधिक व्यायाम करने, विशेषकर दौड़ने से दमे का दौरा पड़ जाता है।
- दमा के अधिकांश मामलों के पीछे आनुवंशिक कारणों का हाथ भी रहता है, क्योंकि इन रोगियों में श्वसन नलिकाओं की मांसपेशियों की अथवा मस्तिष्क में (Medulla) स्थित श्वसन केंद्र (Broncho Constrictor and Brancho Motor Center) की निर्बलता या विक्षोभशीलता की दशा जन्मजात रूप में रहती है। इसके अतिरिक्त जिन परिवारों में तंत्रिका तंत्र की निर्बलता (Neuropathic Diathesis) की दशा पाई जाती है, उनमें से अनेक को दमा का रोग ओर कइयों में मिरगी, हिस्टीरिया या आर्टीकोरिया जैसे रोग देखे जाते हैं, अर्थात् तंत्रिका तंत्र और मस्तिष्क संबंधी सहज निर्बलता (Cogentital) देखे जाते हैं। तंत्रिका तंत्र की सहज निर्बलता के

कारण ही यह रोग बाल्यावस्था में प्रकट होते देखा जाता है। अत: उन्हें किसी भी निर्बलता जनक दशा से दमा का दौरा पड़ सकता है।

- आनुवंशिक विदों ने भी अब तो यह सिद्ध कर दिखाया है कि दमा रोग के पीछे उनकी कोशिकाओं मे पाया जाने वाला '11 क्यू' नामक एक जीन ही काफी हद तक इसके लिए जिम्मेदार होता है। इन शोधकर्ताओं का मानना है कि जीन ही कुछ विशेष परिस्थितियों में कुछ एलर्जंस से अतिशीघ्र उत्तेजित होकर ऐसे प्रोटीन कणों का निर्माण करने लग जाता है, जो आगे चलकर दमा और एटॉपी (एलर्जी रोग का एक लक्षण) जैसे रोगों का कारण बनता है।
- शैशव काल में एक तो फेफड़ों का पूरा विकास नहीं हुआ होता है, दूसरे पाचन संस्थान में भी उपयोगी पाचन एंजाइमों का अभाव रहता है। इससे बहुत से प्रोटीन कण तथा विजातीय पदार्थ अर्ध पाचित अवस्था में ही अवशोषित होकर खून में मिश्रित हो जाते हैं, फिर वे रक्त संचार के माध्यम से श्वसन तंत्र तक पहुँचते रहते हैं। जीवन के इस शुरुआती काल में शिशुओं के शरीर में रोग प्रतिरोधक शक्ति का भी अभाव रहता है। अत: उन्हें बार-बार संक्रामक रोगों, खासकर श्वसन तंत्र के संक्रामक रोगों का सामना करना पड़ता है। इससे उनके फेफड़ों पर बुरा असर पड़ता है तथा उनमें से अनेक बच्चे दमा से पीड़ित हो जाते हैं।
- श्रमजन्य दमा एक अन्य प्रमुख समस्या है। दमा की इस श्रेणी में 75 फीसदी के करीब जनसंख्या विशेषकर बच्चे और प्रौढ़ आ जाते हैं। मस्तिष्कीय विज्ञान पर शोध करने वाले वैज्ञानिकों का मानना है कि एक बुद्धिमान-से-बुद्धिमान व्यक्ति भी अपने मस्तिष्क का 7 से 10 फीसदी भाग ही प्रयोग में ला पाता है। उसके मस्तिष्क का शेष 90 से 93 फीसदी भाग ऐसे ही निष्क्रिय पड़ा रहता है। यही बात हमारे फेफड़ों पर भी लागू होती है। सामान्य स्वस्थ अवस्था में एक व्यक्ति अपने फेफड़ों के 40 फीसदी भाग से ही काम चलाता रहता है, जबकि उसके फेफड़ों का 60 फीसदी हिस्सा बेकार ही पड़ा रहता है।

अत्यधिक श्रम के क्षणों में जब शरीर को ऊर्जा उत्पादन के लिए अतिरिक्त मात्रा में ऑक्सीजन की आवश्यकता पड़ती है। उस समय भी वह व्यक्ति केवल 40 फीसदी भाग से काम चलाने का प्रयास करता है, जिससे उसके शरीर में कार्बन

डाइऑक्साइड और वाष्प काफी मात्रा में जमा होने लग जाते हैं। जब ऑक्सीजन की आपूर्ति पर्याप्त मात्रा में नहीं हो पाती तो शरीर अधिक मात्रा में ऑक्सीजन प्राप्त करने के लिए अपनी श्वसन की गति को बढ़ा देता है। लेकिन फिर भी उसका शरीर निष्क्रिय पड़े फेफड़ों के 60 फीसदी भाग का उपयोग नहीं कर पाता। नतीजतन व्यक्ति की साँस फूलने लगती है और उसमें दमा रोग जैसे लक्षण प्रकट होने लग जाते हैं।

इसके विपरीत नियमित शारीरिक श्रम का अभ्यास करने वाले एथलीट्स और खिलाड़ी अपने फेफड़ों को ज्यादा सक्षम बना लेते हैं। इसीलिए उनमें साधारण शारीरिक परिश्रम की बात तो दूर कठोर श्रम करने पर भी दमा जैसे लक्षण पैदा नहीं हो पाते।

- इनके अतिरिक्त बीड़ी, सिगरेट, गाँजा, तंबाकू के सेवन से शैशव काल में बच्चों और बड़ी उम्र के व्यक्तियों में साँस फूलने की बीमारी और खाँसी की शिकायत रहती है। तंबाकू में IGI नामक एक अति विषाक्त रसायन के अलावा 500 से अधिक अन्य विषैले तत्त्व रहते हैं। ये सभी विषाक्त रसायन धूम्रपान के माध्यम से लोगों के फेफड़ों में पहुँचकर उनके वायुकोष्ठकों में जमा होते रहते हैं। इससे एक तरफ तो वहाँ की कोशिकाएँ नष्ट होती चली जाती हैं, तो दूसरी तरफ फेफड़ों की कार्यक्षमता निरंतर घटती चली जाती है। तंबाकू के उपयोग से फेफड़ों में कैंसर होने की संभावना भी कई गुना बढ़ जाती है।

तंबाकू के जलने से उत्पन्न हुए धुएँ में ऐसे सैकड़ों विषाक्त रसायन पाए गए हैं, जो श्वासनली, श्वसन नलिका और फेफड़ों की श्लेष्मिक सतह के बार-बार संपर्क में आते रहने से स्थानीय रूप में एलर्जंस की भूमिका निभाकर वहाँ तीव्र उत्तेजना पैदा करते रहते हैं। इसके फलस्वरूप वहाँ की श्लेष्मिक सतह पर म्यूकस का अधिक स्राव एवं संचय होने लगता है। इस श्लेष्मिक स्राव में एक तरफ तो विभिन्न प्रकार के रोगाणुओं को तेजी से फलने-फूलने का अवसर हाथ लग जाता है, तो दूसरी तरफ उससे हवा के आवागमन में बाधा आने लगती है। फेफड़ों की घटी सामर्थ्य और श्वसन मार्ग में संचित हुई बलगम के कारण व्यक्ति को साँस लेने व छोड़ने में मुश्किल होने लगती है। यह दशा धीरे-धीरे उनमें दमा का रूप ले लेती है।

दमे की बीमारी ज्ञात करना

दमे की बीमारी का ठीक से पता लगाने के लिए मुख्यत: तीन बातों को जानना जरूरी होता है। ये तीन तीन बातें निम्न प्रकार हैं—

1. रोग और रोगी का इतिहास।
2. रोगी की शारीरिक परीक्षण।
3. रोगी का लेबोरेटरी परीक्षण।

1. रोग और रोगी का इतिहास

रोगी के इतिहास में यदि निम्नलिखित बातों का पता चले तो उसमें दमा रोग की शंका कर उसके सही निदान के बारे में सोचना चाहिए—

- रोगी के परिवार में किसी व्यक्ति को दमा, एलर्जिक, नाक बहने, किसी प्रकार का चमड़ी रोग जैसे एक्जीमा, शरीर पर चकत्ते पड़ने की बीमारी रही हो अथवा हो।
- अगर रोगी साँस फूलने की शिकायत के साथ छाती से सीटी बजने की आवाज आने के बारे में बतलाए।
- रोगी को लंबे समय से सूखी खाँसी रहने की शिकायत हो या फिर उसे खाँसी के साथ झागदार थूक आता रहता हो। रोगी को खाँसी में किसी एंटीबायोटिक दवा से कोई आराम न मिले, किंतु उसे एंटीएलर्जिक दवा से आराम मिलता हो।
- रोगी में बार-बार इस्नोफीलिया (खून में एक प्रकार की श्वेत रक्त कणिकाओं का बढ़ना) की शिकायत रहने लगे।

2. रोगी की शारीरिक जाँच

रोगी की क्लीनिकल जाँच में निम्न लक्षण मिल सकते हैं—

- रोगी की छाती से 'वीजिंग साउंड' (एक प्रकार की सीटी जैसी आवाज) सुनने को मिले।
- साँस में परेशानी होने पर बहुत तेजी से फेफड़े गति करने लगे।
- रोगी की पसलियाँ चलने लगें और रोगी के हाथ, पैर, होंठ, नाखून आदि ठंडे पड़कर नीले पड़ने लगें।

3. रोगी का लेबोरेटरी परीक्षण

रोगी की जाँच कराने पर निम्न लक्षण मिल सकते हैं—

- रोगी की छाती का एक्स-रे कराने पर वह बिल्कुल सामान्य आए अथवा उसमें वैस्कुलर मार्किंग बढ़ी हुई मिले।
- रोगी के खून के नमूने में इस्नोफिल नामक रक्त कणिकाओं की संख्या बढ़ी हुई मिले।
- रोगी के फेफड़ों की स्पाइरोमीटरी परीक्षण में फोर्स्ड एक्पायरेटरी वोल्यूम (FEV) और फोर्स्ड वाइटल केपेसिटी (FVC) कम पाया जाए।

□

7

दमा के दौरे से बचने के उपाय

दमा के 87 फीसदी से अधिक मामलों के पीछे मुख्यत: एलर्जिक कारण ही जिम्मेदार होते हैं, लेकिन उम्र बढ़ने के साथ-साथ इस एलर्जिक कारणों से दमा होने की आशंका घटती जाती है और उनकी जगह कई अन्य कारण लेते जाते हैं। इस संबंध में अमेरिका के दमा रोग विशेषज्ञ डॉ. विलियम जाएरिंग का कहना है कि 40 साल की उम्र के बाद एलर्जिक कारकों से दमा होने की संभावना घटकर 50 फीसदी के आसपास ही रह जाती है, जबकि शेष 50 फीसदी मामलों के पीछे किसी-न-किसी प्रकार की फेफड़ों की खराबी जैसे कि एम्पीसीमिया (फेफड़ों के ऊतकों में हवा का स्थायी रूप में भरे रहना), क्षय रोग या अन्य संक्रामक रोग, फेफड़ों पर धूम्रपान का दुष्प्रभाव देखा जाता है।

दमा के उपचार में पिछले कुछ सालों से जबरदस्त बदलाव आया है। अब ऐसा माना जाने लगा है कि दमा के दौरे का इलाज करने की बजाए ऐसे उपायों पर ही ज्यादा गौर किया जाए, जो रोगी को दौरे से दूर रखने में मदद कर सकें।

कई ऐसे सुझाव सुझाए हैं, जिन्हें अपनाने से दमा के रोगियों को काफी लाभ मिलता है। इन सुझावों पर नियमित रूप से अमल करके वे अपने पर दमा का दौरा पड़ने से रोक सकते हैं। ऐसे ही कुछ सुझाव निम्न प्रकार हैं—

1. सीलन भरे कमरों से दूर रहें

दमा से पीड़ित रोगियों को सीलन भरे कमरों में रहने की बजाए सूर्य के प्रकाश में अधिक समय गुजारना चाहिए। ऐसा माना जाता है कि जिन कमरों में सूर्य का प्रकाश पर्याप्त रूप में नहीं पहुँच पाता, उनमें फफूँद, कई प्रकार के जीवाणुओं और कीट-पतंगों तक को फलने-फूलने का अवसर हाथ लग जाता है। सीलन भरी

जगहों पर मक्खी, मच्छर, कॉकरोच आदि भी शीघ्र अपना डेरा जमा लेते हैं। दमा के रोगियों के लिए ये फफूँद, जीवाणु, विषाणु, कॉकरोच आदि एलर्जिक कारक की भूमिका निभाते हैं। इसीलिए इन कमरों में रहने वाले रोगियों को बार-बार दमा के दौरे का सामना करना पड़ता है।

दमा के ऐसे रोगियों को जिन्हें अपने रोग को काबू में रखने के लिए निरंतर मुँह, नाक या इंजेक्शन के द्वारा कोर्टीकोस्टीरॉइड्स दवाओं जैसे कि डेकाडोन, बेटनेसॉल, वायसोलॉन आदि का सहारा लेना पड़ता हो, उन्हें तो इस बात का खास खयाल रखना चाहिए, क्योंकि कोर्टीकोस्टीरॉइड्स दवाओं के नियमित सेवन से रोगी के शरीर का प्रतिरक्षक तंत्र पहले ही कमजोर पड़ चुका होता है। इस तंत्र के कमजोर पड़ने से यह संक्रामक रोगों से शरीर की मुख्यत: श्वसन संस्थान की सही सुरक्षा प्रदान नहीं कर पाता। नतीजतन रोगी के गले, नाक, उच्च और निम्न श्वसन संस्थान एवं फेफड़ों तक पर बार-बार संक्रामक रोगों का हमला शुरू हो जाता है। श्वसन संस्थान के ऐसे संक्रमण आखिर में दमा के दौरे की शुरुआत कर डालते हैं।

अधिकांश रोगकारक ऐसे कीटाणु सूर्य के तीव्र प्रकाश के प्रति अत्यंत संवेदनशील होते हैं तथा वे कुछ मिनटों से लेकर कुछ घंटों में ही धूप से पूरी तरह से नष्ट हो जाते हैं। इसीलिए जिस कमरे में दमा का रोगी रहता हो, ऐसा प्रयास करना चाहिए, विशेषकर वर्षा के मौसम में कि सूर्य का प्रकाश कमरे के प्रत्येक हिस्से पर्याप्त रूप में पहुँच सके।

इसके अलावा रोगी के उपयोग में लाए जाने वाले बिस्तर जैसे चादर, तकिया के गिलाफ, गद्दों और चारपाई तक को भी न केवल साफ ही रखना चाहिए, बल्कि हफ्ता-दस दिन में धूप भी दिखाते रहना चाहिए। धूप के अभाव में इनमें भी रोगाणुओं का विकास होने की आशंका रहती है।

दमा के रोगियों को सर्दियों के मौसम में नियमित रूप से सूर्य स्नान लेना यानी धूप में बैठना दमे के दौरे से बचाए रखने में सहायक सिद्ध होता है। सूर्य का प्रकाश चमड़ी में विटामिन 'डी' का निर्माण करके हड्डियों को मजबूत रखने के लिए तो जरूरी है ही, यह बाह्य चमड़ी और नाक (श्वसन संस्थान) की श्लेष्मिक झिल्ली को भी सुदृढ़ बनाए रखने में सहायक होता है। सूर्य स्नान से शरीर की प्रतिरक्षक शक्ति भी ज्यादा सक्रिय और सुदृढ़ बनती जाती है।

धूप के प्रभाव से शरीर की समस्त बाह्य चमड़ी की ओर खून का प्रवाह भी एकाएक बढ़ जाता है। फलत: अतिरिक्त पोषक तत्त्वों की आपूर्ति से चमड़ी, श्वसन संस्थान की श्लेष्मिक झिल्ली और उसकी रोमकामय श्लेष्मिक कोशिकाएँ

(सिलिएटेड म्यूकस मेंब्रेन)ज्यादा सशक्त बनती जाती हैं। इससे उनकी एलर्जिक कारकों के प्रति संवेदनशीलता घटती है। यह सभी दमा के दौरे को नियंत्रण में रखने में काफी सहायक सिद्ध होते हैं।

2. एकदम ठंडी हवा के संपर्क में आने से बचें

ठंड और दमा के बीच तो चोली-दामन का संबंध रहता है। सर्दियों में ठंडी हवा के झोंके से दमा के दौरे की शुरुआत होते देखी जाती है। ऐसा माना जाता है कि ठंडी हवा नाक के माध्यम से श्वसन मार्ग से होकर फेफड़ों में पहुँचने लगती है, तो उसकी ठंडक से समस्त श्वसन मार्ग की श्लेष्मिक सतह ठंडी पड़ जाती है। यह तो ज्ञातव्य तथ्य ही है कि सामान्य शारीरिक तापमान से कम या अधिक तापमान पर हमारी परानुकंपी तंत्रिका तंत्र (पैरा सिम्पेथेटिक नर्वस सिस्टम) से निकली वेगस तंत्रिकाएँ अति सक्रिय हो उठती हैं। अधिक शारीरिक तापमान के समय यह पेशियों में फैलाव लाती है और कम शारीरिक तापमान की दशा में यह उनमें संकुचन पैदा करके शरीर के आंतरिक तापमान को स्थिर बनाए रखने का प्रयास करती है।

दमा के रोगियों पर वेगस तंत्रिकाओं की प्रतिवर्त क्रिया श्वसन तंत्र की पेशियों पर ज्यादा देखी जाती है। ठंडी हवा के संपर्क में आने पर श्वसन संस्थान की पेशियाँ वेगस तंत्रिका की प्रतिवर्त क्रिया के फलस्वरूप अत्यधिक संकुचित हो जाती हैं, जिसके कारण रोगी की श्वसन प्रणाली में ऐंठन सी पैदा हो जाती है। ऐसी दशा के परिणामस्वरूप दमा के पुराने रोगियों में एकाएक साँस फूलने लगती है तथा दमा का दौरा शुरू हो जाता है। अमेरिका के एलर्जी रोग विशेषज्ञ डॉ. सिडनी फ्राइडलेंडर अपने दमा के रोगियों को सर्दियों के मौसम में घरों के अंदर सामान्य तापमान वाले कमरों में ही ज्यादा समय गुजारने की सलाह देते हैं।

दमा के जो रोगी रात्रि को सोते समय ठंड से बचाव के लिए अपनी नाक पर मफलर या कपड़ा या फिर मास्क बाँधकर सोते हैं। उन्हें सर्दी के दौरान साँस लेने में कम परेशानी उठानी पड़ती है, क्योंकि ऐसा करने पर रात्रि को भी ठंडी हवा उनकी नाक में प्रवेश नहीं कर पाती।

इन रोगियों को घर से बाहर निकलते समय भी इस बात का खास खयाल रखना चाहिए कि बाहर की ठंडी हवा उनकी नाक में प्रवेश न कर पाए।

अगर दमा से पीड़ित इन रोगियों को नियमित रूप से दिन में दो बार नाक के अंदर बादाम रोगन या 'षणबिंदू' नामक एक आयुर्वेदिक तेल डाला जाए

तो दमा के दौरे की संभावना कम रहती है। ये दोनों तेल नाक की श्लेष्मिक झिल्ली की ठंडक और एलर्जिक कारकों के प्रति संवेदनशीलता को घटाने में मददगार होते हैं।

3. तीक्ष्ण गंध और धुएँ से बचाव रखें

धुआँ चाहे बीड़ी, सिगरेट से उत्पन्न हुआ हो या अगरबत्ती या फिर रसोईघर में सब्जियों की छौंक या पराँठों के जलने से उत्पन्न हुआ हो अथवा कूड़े-करकट के ढेर में प्लास्टिक, रबर या अन्य पदार्थों के जलने, सड़ने से उत्पन्न हुआ हो, वह दमा के रोगियों में दौरे की शुरुआत कर सकता है। अतः दमा के सभी रोगियों को इनसे सदैव बचने का प्रयास करना चाहिए। इन सभी से उत्पन्न हुई तीक्ष्ण गंध जब हवा के साथ मिश्रित होकर उनकी साँस के साथ श्वसन मार्ग में प्रविष्ट करती हैं तो वह वहाँ पहुँचकर वेगस तंत्रिका को उद्दीप्त करके श्वसन नलिकाओं की पेशियों में संकुचन पैदा कर संकुचित डालती हैं। इससे उनमें दमा के दौरे की शुरुआत हो जाती है।

इसी प्रकार दमा के बहुत से रोगियों में कृत्रिम रसायनों से तैयार सेंट, परफ्यूम, रंग-रोगन और धूप-अगरबत्ती की गंध तक से दौरे की शुरुआत होते देखी गई है। दमा से पीड़ित कुछ महिलाओं में तो यहाँ तक देखा गया है कि पराँठों को सेंकते समय या पूरियाँ तलते समय अथवा ऑमलेट बनाते समय जो खुशबू पैदा होती है। उसी से उनमें दौरे की शुरुआत हो जाती है।

दमा के सभी रोगियों को हर तरह के धुएँ और गंध से दूर ही रहना चाहिए। जिन महिलाओं को रसोईघर में खाना बनाना पड़ता है उन्हें रसोई में जाते समय अपनी नाक पर कपड़ा या मास्क जरूर पहन लेना चाहिए।

तंबाकू की तीव्र गंध तो दमा के रोगियों के लिए सबसे प्रमुख एलर्जिक कारक सिद्ध होती है। ऐसा देखा गया है कि 40 साल से अधिक आयु वाले दमा रोगियों में इस रोग का एक प्रमुख कारण धूम्रपान करना ही रहता है। इसीलिए दमा के रोगियों के लिए धूम्रपान बिल्कुल निषेध माना जाता है। जहाँ तक कि इन रोगियों को धूम्रपान के अभ्यस्त लोगों के संपर्क में आने से तो बचना ही चाहिए, बल्कि घर के बाहर भी उनके साथ कम-से-कम वक्त गुजारना चाहिए।

ब्रिटिश कोलंबिया यूनिवर्सिटी के डॉ. ब्रेडां मोरीसन ने दमा पर धूम्रपान के पड़ने वाले प्रभाव का काफी लंबे समय तक गहन अध्ययन किया है। उन्होंने दमा रोगियों के लिए कुछ सुझाव दिए हैं। जैसे कि अगर घर का कोई सदस्य धूम्रपान

करता है तो उसके साथ रहने वाले दमा के रोगियों को खास कर अगर वह बच्चा है, तो दमा का तीव्र दौरा पड़ सकता है।

डॉ. मौरीसन कहना है कि सर्दी के मौसम में तो इन बच्चों पर धूम्रपान का और भी बुरा असर देखा जाता है। ऐसे में उन्हें तीव्र दौरा ही नहीं पड़ता, बल्कि उनकी हालत काफी गंभीर बन सकती है; क्योंकि सर्दी के मौसम में आमतौर पर कमरे के खिड़की-दरवाजे बंद रखे जाते हैं। इससे सिगरेट आदि से उत्पन्न हुआ धुआँ या धूम्रपान करने वाले व्यक्ति के मुँह से साँस के साथ निकल रही धूम्रपान की दुर्गंध कमरे की हवा में ही मिश्रित होती रहती है। दमा से पीड़ित व्यक्ति को भी उसी कमरे की प्रदूषित हवा में साँस लेनी पड़ती है। नतीजतन प्रदूषित हवा उनके श्वसन तंत्र में पहुँचकर दौरे की शुरुआत कर देती है। इसीलिए ऐसे सभी रोगियों को तंबाकू वाले वातावरण से बचने की हरसंभव कोशिश करनी चाहिए।

4. अपने भोजन पर नियंत्रण रखें

भोजन पकाते समय उससे उत्पन्न होने वाली तीक्ष्ण गंध से तो दमा का दौरा पड़ ही सकता है। इसके अलावा भारी, गरिष्ठ, अधिक तले-भुने खाद्य पदार्थ खाने से भी दौरा पड़ने की आशंका रहती है। अनेक प्रोटीन युक्त खाद्य पदार्थ, जैसे कि दूध और उससे बने पदार्थ, मांस, मछली, अंडे, समुद्री खाद्य वस्तुएँ और सूखे मेवों की गिरियों में अनेक ऐसे एलर्जिक तत्त्व रहते हैं, जो पाचन संस्थान के माध्यम से खून में मिश्रित होकर श्वसन संस्थान तक पहुँच जाते हैं और दमा के दौरे की शुरुआत कर डालते हैं। अत: दमा के सभी रोगियों को तीक्ष्ण गंध वाले खाद्य पदार्थों के साथ-साथ एलर्जी पैदा करने वाले अन्य खाद्य पदार्थों से भी बचना चाहिए।

दमा से पीड़ित चल रहे रोगियों को ऐसे खाद्य पदार्थों की जानकारी प्राप्त कर लेनी चाहिए, जिनसे उन्हें दौरा पड़ने की संभावना हो। दमा के कुछ दमा रोगियों में तो पालक, भिंडी, बथुआ, बैंगन जैसी साधारण सब्जियों और यहाँ तक कि पके केले और संतरे से भी दमा का दौरा शुरू हो जाता है।

इसी तरह कुछ लोगों में सुपारी के सेवन से भी दमे की शुरुआत होते देखी गई है। ऐसा माना जाता है कि सुपारी में आरिक्लीन नामक एक रसायन रहता है। यह तंत्रिका संप्रेरक रसायनों (न्यूरोट्रांसमीटर्स) के रिसाव को बढ़ाकर उनमें दमे की शुरुआत कर डालता है। इसी प्रकार जो लोग शराब, बीयर और ऐसे ही अन्य

पदार्थों का नियमित रूप से सेवन करते रहते हैं। उनके शरीर में एक विशेष प्रोटीन 'अल्फा-1 एटीट्रीप्सिन' का अभाव उत्पन्न होने लगता है कि इस प्रोटीन की कमी से उनके श्वसन मार्ग की श्लेष्मिक झिल्ली एलर्जिक कारकों के प्रति अतिसंवेदनशील बनती जाती है तथा उनमें दमा के दौरे की संभावना बढ़ने लगती है।

जिन शिशुओं को जन्मोपरांत कम-से-कम चार महीने तक माताएँ अपना दूध नहीं पिलातीं और जिन्हें अपने जीवन की शुरुआत में गाय, भैंस जैसे जानवरों के दूध अथवा फॉर्मूला आहार से करनी पड़ती है, उन्हें बड़े होने पर दमा होने की संभावना चार से छह गुना अधिक रहती है।

5. जंक फूड का सेवन न करें

प्रक्रिया युक्त तैयार किए जाने वाले खाद्य पदार्थों जैसे कि शीतल पेय, कंफेक्शनरी की आइटमों, डिब्बा बंद खाद्य वस्तुओं को ज्यादा आकर्षक, स्वादिष्ट एवं खुशबूदार बनाने के लिए उन्हें तैयार करते समय अनेक रसायनों और ऑक्सीकरण रोधी (एंटीऑक्सीडेंट पदार्थ) मिलाए जाते हैं। ये सभी तरह के रसायन शरीर में पहुँचकर अनेक तरह की प्रतिक्रियाओं को जन्म दे डालते हैं। इनसे कैंसर से लेकर दमा, एक्जिमा और अल्सर तक अनेक रोग होते देखे गए हैं। ऐसे कुछ खाद्य पदार्थों में पोटैशियम मेटाबाई सल्फेट नामक एक रसायन भी मिलाया जाता है। इस रसायन में प्रबल दमा कारक गुण होते हैं। अनेक लोगों में यह रसायन भयंकर दौरे का कारण बन सकता है।

साधारण नमक का अधिक मात्रा में सेवन करने से भी दमा पीड़ित अनेक रोगियों में प्राणघातक दौरा तक पड़ते देखा गया है। अतः अपने दमा पर प्रभावी नियंत्रण रखने के लिए दमा रोगियों को अपने खाद्य पदार्थों और उनमें मौजूद नमक की मात्रा पर विशेष निगरानी रखनी चाहिए।

6. छाती की जलन से बचें

ऐसा देखा गया है कि देर से पचने वाले तले-भुने खाद्य पदार्थों का अधिक मात्रा में सेवन करने खास कर रात्रि को सोते समय, से दमा का दौरा पड़ सकता है। ऐसा माना जाता है कि आमाशय में बिना पचे भोजन के अधिक समय तक पड़े रहने से आमाशय में एक प्रकार की गैस्ट्रिक क्रिया (Gastric Reflex) उत्पन्न होने लग जाती है। इसके फलस्वरूप आमाशय का अर्धपाचित आहार अपने गेस्ट्रिक एसिड के साथ मिलकर पुनः ग्रास नली की तरफ आने लगता है। इस गेस्ट्रिक

एसिड की तीव्र प्रतिक्रिया से रोगी के गले में सरसराहट सी शुरू हो जाती है और उसे खाँसी का दौर शुरू हो जाता है। ऐसी तीव्र खाँसी कुछ लोगों में दमा के दौरे की शुरुआत कर देती है।

इसीलिए अब दमा से पीड़ित रोगियों को यह सलाह दी जाने लगी है कि उन्हें रात्रि कालीन अपना आहार सोने से कम-से-कम 2 घंटे पहले कर लेना चाहिए। साथ ही उन्हें ऐसा सुपाच्य भोजन लेना चाहिए, जो शीघ्र पच सके। रात्रि को खाना समय पर कर लेने से वह बिस्तर पर जाने से पहले काफी मात्रा में पचकर ग्रहणी में सरक जाता है।

इन रोगियों को अपने पलंग के सिरहाने की तरफ से थोड़ा ऊँचा रखकर और सिर के नीचे मोटा तकिया रखकर सोने की सलाह भी कुछ स्वास्थ्य विशेषज्ञ देते हैं। ऐसा करने से आमाशय का भोजन ग्रास नलिका की तरफ वापिस नहीं आ पाता।

कुछ विशेषज्ञ दमा से पीड़ित रोगियों को गेस्ट्रिक अम्ल को उदासीन करने के लिए सोते समय कोई अम्ल नाशक दवा (एंटासिड) लेते रहने की सलाह भी देते देखे गए हैं। उनका मानना है कि कुछ मामलों में अम्ल नाशक दवा दमा को रोकने में सहायक हो सकती है।

7. सावधानी से लें दर्द निवारक दवाएँ

दमा से पीड़ित अनेक रोगियों में दर्द निवारक दवाओं जैसे एस्प्रिन, आइबूप्रोफेन, फिनाइलबूटाजोन तथा कुछ अन्य दवाओं के प्रति तीव्र संवेदनशीलता उत्पन्न हो जाती है। इस कारण ऐसे रोगियों में इन दवाओं से न केवल दमा के दौरे की शुरुआत ही होनी है, बल्कि कई बार तो उनमें प्राणघातक दौरा तक पड़ जाता है।

दमा के पुराने रोगियों में एस्प्रिन के प्रति संवेदनशीलता कभी भी भयानक रूप अख्तियार कर सकती है। इसीलिए दमा के रोगियों के लिए यह बेहतर है कि वे एस्प्रिन का उपयोग करना बिल्कुल भूल जाएँ।

यूनिवर्सिटी, अमेरिका के डॉ. रिचर्ड लोकी ने एस्प्रिन और दमा के बीच संबंधों को लेकर बहुत गहराई से अध्ययन किया है। उनका अपने अध्ययन के आधार पर कहना है कि श्वसन संस्थान के अन्य रोगों जैसे साइनोसाइटिस, नेजल पोलिस के साथ-साथ दमा के पुराने रोगियों को भी एस्प्रिन और ऐसी ही दूसरी दर्दनाशक दवाओं के सेवन से बचना चाहिए, क्योंकि अनेक बार इनके सेवन से उन रोगियों में प्राणघातक स्थिति पैदा होते देखी गई है। ऐसे सभी रोगी एसिटामिनोफेन (पेरासिटामॉल) जैसी अन्य सुरक्षित दवाओं का सहारा ले सकते हैं।

8. फेफड़ों की स्थिति पर नजर रखें

जब रोगी को दमा का दौरा नहीं होता और वह अपने को पूर्ण स्वस्थ, सामान्य महसूस कर रहा होता है। उस अवस्था में भी उसकी श्वसन नलिकाओं और वायुकोष्ठकों में शोथ बरकरार रहती है। इसीलिए दमा पर नियंत्रण रखने का सबसे बेहतर उपाय यही है कि जैसे ही श्वसन नलिकाओं की शोथ दमा का रूप ग्रहण करने लगे, उसे नियंत्रण करने पर पर्याप्त ध्यान दिया जाए।

ज्यादातर मामलों में दमे का तेज दौरा कभी भी अचानक नहीं पड़ता। उसकी शुरुआत हमेशा हलके रूप में ही होती है तथा धीरे-धीरे ही वह उग्र रूप धारण करता है। रोगी को दौरे की शुरुआत में अपनी छाती में भारीपन सा महसूस होने लगता है तथा गले में तीव्र खारिश भी महसूस होती है।

अगर इस शुरुआती दौर में ही उपचार की प्रक्रिया शुरू कर दी जाए तो दमा के दौरे को प्रारंभ में ही आसानी से काबू में किया जा सकता है। रोगी के फेफड़ों की कार्य क्षमता जाँचकर दौरे को रोका जा सकता है।

फेफड़ों की कार्य क्षमता को जाँचने के लिए एक साधारण सा 'पीक फ्लोमीटर' नामक यंत्र आता है। इस यंत्र को मुँह में लगाकर पूरी शक्ति से उसमें फूँक भरी जाती है। फेफड़ों से फूँकी हवा की मात्रा के अनुसार पीक फ्लोमीटर में रीडिंग आ जाती है। अगर व्यक्ति के फेफड़े सामान्य मात्रा में हवा फूँकने में समर्थ है तो पीक फ्लोमीटर में रीडिंग सही रूप में ही आती है, पर जब व्यक्ति की श्वसन नलिकाओं में ऐंठन या सूजन बनी रहने लगती है अथवा उसके वायुकोष्ठक बंद रहते हैं। तब वह फेफड़ों से सामान्य मात्रा में हवा नहीं फूँक पाता। उस अवस्था में पीक फ्लोमीटर में भी रीडिंग उसकी श्वसन प्रणाली की क्षमता के अनुसार आने लगती है। इससे व्यक्ति में दमा के दौरे की पूर्व सूचना या दमा की स्थिति का पता चल जाता है।

दरअसल पीक फ्लोमीटर नामक इस यंत्र में हरा, पीला और लाल रंग के तीन संकेत सूचक लगे होते हैं। जब रोगी पीक फ्लोमीटर में हवा फूँकता है तो उसके फेफड़ों की क्षमता अनुसार ही वह संकेतक सूचना देने लगते हैं। जैसे फूँकने से अगर उसमें हरे रंग वाला संकेत सूचक सक्रिय हो तो इसका मतलब होता है कि व्यक्ति के फेफड़े सामान्य अवस्था में हैं; किंतु जब हवा फूँकने से पीला संकेत सूचक सक्रिय हो तो इसका अभिप्राय होता है कि उसके फेफड़े सामान्य हालत में नहीं है और उनमें दमा के दौरे की शुरुआत हो रही है, जबकि लाल संकेत सूचक के सक्रिय होने का अभिप्राय होता है कि व्यक्ति दमा के तीव्र दौरे की चपेट में है।

दमा से पीड़ित सभी रोगियों को पीक फ्लोमीटर से नियमित रूप से अपनी

जाँच करते रहनी चाहिए, ताकि जरूरत के मुताबिक दवा की मात्रा बढ़ाई जा सके अथवा दौरे को शुरू में ही रोकने के लिए आवश्यक उपाय किए जा सकें।

9. जरूरत के अनुसार दवाएँ लेते रहें

मधुमेह रोग की तरह दमा के नियंत्रण के लिए भी रोगी को निरंतर कुछ दवाओं की न्यूनतम मात्रा का सेवन करना पड़ता है। दमा को नियंत्रित करने के लिए अब बाजार में अनेक प्रकार की दवाएँ उपलब्ध हैं। इनमें श्वसन तंत्र में सीधे ही पहुँचाई जाने वाली इंहेलर और नेब्यूलाइजर वाली दवाएँ विशेष रूप से महत्त्वपूर्ण हैं। इन दवाओं की सबसे बड़ी खूबी यह है कि इनकी बहुत ही न्यून मात्रा लेने से ही रोगी का काम चल जाता है, क्योंकि इन्हें सीधे श्वसन संस्थान में ही वाष्प रूप में पहुँचाया जाता है, जहाँ पर कि उन दवाओं की जरूरत रहती है। यदि इन दवाओं का सही तरह से उपयोग किया जाए तो इनके बहुत दुर्लभ पार्श्व प्रभाव ही देखने को मिलते हैं।

श्वसन मार्ग से ली जाने वाली यह दवाएँ अब तीन रूपों में उपलब्ध हैं। स्प्रे यानी इंहेलर, शुष्क पाउडर यानी रोटोहेलर द्वारा ली जाने वाले रोटोकैप्स और नेब्यूलाइजर द्वारा ली जाने वाले तरल के रूप में। इनमें प्रथम दो तरीके यानी इंहेलर और रोटोहेलर ऐसे हैं, जिन्हें रोगी सदैव अपने साथ जेब या बैग में रख सकता है। अब श्वसन पेशियों को फैलाने वाली ब्रोंकोडिलेटर और प्रदाह निरोधी (Anti inflammatory) दोनों प्रकार की दवाओं वाले इंहेलर और रोटोकैप्स बाजार में उपलब्ध हैं।

इंहेलर या रोटोहेलर से दमा का दौरा शीघ्र नियंत्रण में आ जाता है, परंतु इनका सही प्रभाव दौरे की शुरूआत या इन्हें सही तरीके से इस्तेमाल में लाने पर ही होता है। इंहेलरों को इस्तेमाल में लाते समय रोगी अकसर गलती करते देखे जाते हैं। कुछ रोगी इंहेलर के स्प्रे को गले के पीछे के हिस्से में छोड़ते हैं। ऐसा करने से या तो दवा मुँह से वापिस बाहर निकल जाती है या फिर गले के नीचे फेफड़ों की जगह उदर में चली जाती है। यदि इंहेलर लेने के बाद मुँह से कोहरे के रूप में धुआँ सा बाहर निकल आए तो इसका यही अर्थ होता है कि इंहेलर का सही रूप में प्रयोग नहीं हो पा रहा है।

इसी तरह कुछ लोग इंहेलर को अपने मुँह में रखकर तेजी से उसके कई पफ् अंदर खींच लेते हैं, लेकिन इंहेलर के इस्तेमाल का यह भी कोई सही तरीका नहीं होता। इससे भी दवा की सही मात्रा श्वसन प्रणाली में नहीं जा पाती।

इंहेलर लेने का सही तरीका यह है कि सबसे पहले इंहेलर के माउथ पीस को मुँह के करीब एक इंच की दूरी पर रखें; फिर मुँह खोलकर धीरे से थोड़ी सी साँस खींचें और उसके साथ ही इंहेलर को दबाकर उसके स्प्रे को भी अंदर खींच लें। इसके बाद भी थोड़ी सी साँस और भरकर अपना मुँह 4-5 सेकेंड के लिए बंद कर लें।

इंहेलर का ऐसा एक पफ् ही श्वसन नलिकाओं को फैलाने का कार्य कर देता है। यदि गलत तरीके से एक ही समय पर अधिक पफ् एक साथ खींच लिये जाएँ तो उनसे कोई ज्यादा फायदा नहीं मिलता, लेकिन दवा का प्रभाव बढ़ाने के लिए 3-4 मिनट के पश्चात् दूसरा या तीसरा पफ् लिया जा सकता है।

10. फेफड़ों के व्यायाम पर ध्यान दें

यद्यपि अब 80 फीसदी से ज्यादा लोगों को थोड़े से शारीरिक परिश्रम से ही साँस फूलने लगती है। इसे व्यायाम जन्म दमा (Exercise Asthma) कहा जाता है, अगर दमा से पीड़ित रोगी नियमित रूप में कुछ हलकी-फुलकी एरोबिक्स प्रकार की शारीरिक कसरतें और श्वसन क्रिया संबंधी अभ्यास करने लगें तो अपने दमा पर प्रभावशाली नियंत्रण स्थापित कर सकते हैं। नियमित तौर पर शारीरिक कसरतों के अभ्यास से दमा रोगियों के फेफड़ों में रक्त का संचार बढ़ना शुरू हो जाता है। इसके फलस्वरूप उनकी कार्य क्षमता में इजाफा होने लगता है। कसरतों के नियमित अभ्यास से फेफड़ों के बंद वायुकोष्ठक भी पुनः खुलने लगते हैं। इससे उनकी श्वसन क्रिया की सामर्थ बढ़ती चली जाती है।

व्यायाम के समय मस्तिष्क की कोशिकाओं से पेशियों के संकुचन को दूर करने वाले तंत्रिका संप्रेरक रसायनों का रिसाव होने लगता है। ये रसायन दमा से पीड़ित रोगियों पर बहुत ही चमत्कारिक प्रभाव डालने वाले साबित होते हैं।

पीड़ित रोगियों को नियमित रूप से 25 से 30 मिनट तक एक श्वसन क्रिया पर आधारित एक अभ्यास करवाया गया था। उन रोगियों को जब रोजाना 25-30 मिनट तक दाहिने नथुने से साँस लेते रहने का अभ्यास कराया गया तो उससे उनके शरीर में ऑक्सीजन की खपत 37 फीसदी तक बढ़ती देखी गई तथा साँस की परेशानी पहले से घटती पाई गई।

दमे से पीड़ित रोगियों को कोई भी कसरत करते समय एक खास बात का अवश्य खयाल रखना चाहिए कि शारीरिक श्रम करते समय मुँह खोलकर साँस न भरी जाए। मुँह से साँस भरने से बाहर की शुष्क हवा गले के पिछले भाग को सुखा

कर गले में खुश्की पैदा कर देती है, जिससे गले में एक सरसराहट सी पैदा होने लगती है। परिणामस्वरूप उस व्यक्ति को खाँसी का दौर शुरू हो सकता है और वह बाद में दमा का रूप ले सकता है। अत: किसी भी प्रकार की कसरत के समय अपना मुँह बँद करके नाक से साँस लेते रहनी चाहिए।

11. दमा में लाभप्रद है विटामिन बी-6

दमा के दौरे को रोकने में विटामिन 'ए', विटामिन 'बी के कुछ घटक', विटामिन 'सी', विटामिन 'ई' और कैल्शियम जैसे खनिज लवण काफी उपयोगी पाए गए है। अध्ययनों से पता चला है कि विटामिन-बी समूह की 'पायडॉक्सिन' (Pyridoxine) यानी बी-6 तो दमा को रोकने में बहुत ही उपयोगी साबित होती है। शरीर में विटामिन बी-6 की उपयोगिता वसा और प्रोटीन की चपापचय क्रियाओं के लिए पड़ती है। शरीर में इस विटामिन की कमी से चर्मरोग, भूख की कमी, रक्ताल्पता, होंठों का फटना और अवसाद, डिप्रेशन तक की स्थिति पैदा होने लग जाती है। शरीर में इस विटामिन की दैनिक आवश्यकता 2-5 मिली ग्राम तक रहती है।

दमा रोगियों में विटामिन बी-6 का महत्त्व एक संयोग से ही पता चला था। कोलंबिया यूनिवर्सिटी में डॉ. क्लैटन एल. नत्त अपने तीव्र रक्ताल्पता से पीड़ित रोगियों (सिक्कल सेल्स एनीमिया) को उपचार के रूप में उन्हें नियमित तौर पर 50 मिली ग्राम की मात्रा में विटामिन बी-6 का प्रयोग कराया जा रहा था। इस दौरान डॉ. क्लैटन ने देखा कि उनमें से कुछ दमा से पीड़ित रोगियों को उस उपचार के समय अपेक्षाकृत कम दौरे पड़े। साथ ही उनके दमा की तीव्रता भी पहले से आधी ही रह गई थी।

बाद में एक अन्य परीक्षण से भी इस बात की पुष्टि हो गई कि विटामिन बी-6 दमा के रोगियों के लिए लाभप्रद है। शोधकर्ताओं ने दमा रोगियों के लिए विटामिन बी-6 की 50 मिली ग्राम मात्रा लेने की सिफारिश की है।

12. मासिक चक्र के दौरान सावधानी बरतें

मासिक चक्र के आसपास महिलाओं में दमा का दौरा पड़ने की संभावना एकाएक काफी बढ़ जाती है या उनके दमा की तीव्रता पहले से बढ़ सकती है। मासिक चक्र (Menstrual cycle) आने के आसपास महिलाओं के शरीर में अनेक प्रकार के हॉर्मोनल और जैव रासायनिक परिवर्तन तेजी से होने लगते हैं। इसी कारण

उन्हें इस दौरान अनेक प्रकार की तकलीफों का सामना करना पड़ता है। यहाँ तक कि इस दौरान उनका खुशनुमा स्वभाव भी चिड़चिड़ा या उदासी भरा बन जाता है; लगा है कि मासिक चक्र के शुरुआत में या उसके दौरान दमा से पीड़ित महिलाओं में दमा का पुनः दौरा पड़ने की संभावना दोगुना तक बढ़ जाती है।

मासिक चक्र के दौरान अनेक महिलाओं में दमा का दौरा पुनः शुरू हो जाता है या फिर उसकी तीव्रता पहले के मुकाबले एकाएक बढ़ जाती है और उसे नियंत्रण में रखने के लिए उन्हें अधिक मात्रा में दवाएँ लेने की जरूरत पड़ने लगती है। अतः दमा पीड़ित महिलाओं को यह ध्यान में रखना चाहिए कि उनका मासिक चक्र दमा की तकलीफ को बढ़ा सकता है। अतः इस दौरान उन्हें विशेष सावधानी बरतने और आवश्यकतानुसार दवा की मात्रा का सेवन करने की जरूरत रहती है।

13. दमा रोगियों के लिए कारगर है घरेलू चाय

- 1-2 चम्मच सूखी अजवाइन की पत्तियों को एक कप पानी में 10-12 मिनट तक उबाल कर दिन में 2 से 3 बार तक चाय की तरह पीते रहने से दमा के दौरे को रोका जा सकता है। ऐसा माना जाता है कि अजवाइन में थायमोल, स्टिओरोप्टिन और साइमोन जैसे जैव रसायन मौजूद रहते हैं। थायमोल एक प्रबल जीवाणु नाशक रसायन माना जाता है; जबकि अजवाइन के अन्य रसायन कफ निस्सारक (Expectorant) और श्वसन पेशियों के संकुचन को शिथिल करने वाले (Bronchial Spasm releaser) पाए गए हैं।
- दमा से पीड़ित लोगों विशेषकर छोटे बच्चों को नियमित रूप से दिन में दो बार 5-6 तुलसी की ताजी पत्तियों को पीस कर या उनका रस निचोडकर 3-4 काली मिर्च के पाउडर और शहद में मिलाकर चटाने से 3-4 सप्ताह में काफी आराम आते देखा गया है। बच्चे तो इससे श्वसन संस्थान संबंधी कई अन्य रोगों से भी बचे रहते हैं।

तुलसी में अनेक जीवाणु, विषाणु और कवक रोधी रसायन पाए गए हैं। इसमें श्वसन नलिकाओं का प्रसारक करने वाला (ब्रोकोडिलेटर) रसायन भी पाया गया है। इसी तरह काली मिर्च में भी रक्त नलिकाओं को फैलाने वाले रसायन पाए गए हैं। ऐसा माना जाता है कि काली मिर्च के ये रसायन श्वसन मार्ग की रक्त वाहिनियों में खून का संचार बढ़ाकर श्वसन मार्ग को खोलने का कार्य करते हैं।

- कॉफी, कोको और काली या हरी चाय में जेंथिन (थायोफाइलिन) जैसे रसायन और कैफीन तत्त्व पाए गए हैं। ये सभी श्वसन नलिकाओं को फैलाने का कार्य करते हैं। ऐसा माना जाता है कि कॉफी के दो कप में जितना कैफीन रहता है, उतनी ही कैफीन की मात्रा एक गोली में रहती है। यह कैफीन भी दमा के दौरे के समय श्वसन नलिकाओं पर थायोफाइलिन दवा की तरह कार्य करके उन्हें शिथिल बना देता है।

□

8

दमा रोगी का आहार

आयुर्वेद के महान् वैद्य चरक और सुश्रुत ने अपने अध्ययन से पता लगा लिया था कि हमारे आहार-विहार का हमारे स्वास्थ्य, शारीरिक विकास और मानसिक दशा के साथ गहरा संबंध रहता है। ऋतु अनुसार सही आहार के सेवन से शारीरिक और मानसिक दोनों रूपों में व्यक्ति स्वस्थ्य बना रहता है, जबकि अनुचित खानपान एवं प्रतिकूल जीवनशैली अपनाने से शारीरिक स्वास्थ्य के साथ-साथ मानसिक स्वास्थ्य पर भी प्रतिकूल प्रभाव पड़ता है।

योग शास्त्र के प्राचीन ग्रंथों में तो इससे भी आगे की बात कही गई है। योगियों ने मनुष्य के शरीर में अन्नमय, प्राणमय, मनोमय, विज्ञानमय, आनंदमय, ज्ञानमय और ज्ञानातीतमय नामक सात शरीरों का उल्लेख किया है। उनका कहना था कि इन शरीरों का निर्माण क्रमशः अन्न, श्वास, विचार, ज्ञान, विज्ञान और आनंद के माध्यम से होता है। जिस शरीर में जीवात्मा निवास करती है, उस शरीर का निर्माण उस भोजन से होता है जिसे वह अपने आहार के रूप में उम्र भर लेता रहता है। यही कारण है कि उसके शरीर पर खाए गए भोजन से लेकर साँस, सोच-विचार, आहार-विहार तक का गहरा प्रभाव पड़ता है।

जीवनशैली रोगों का संबंध हमारे खान-पान और रहन-सहन की आदतों के साथ ही रहता है ज्यादातर बीमारियाँ अनुचित खानपान, गलत जीवनशैली अपनाने और मानसिक रूप से परेशान रहने का ही परिणाम है। मधुमेह में कार्बोहाइड्रेट की चयापचय क्रिया (मेटाबॉलिज्म) और हृदय रोगों के लिए चरबी मुख्यतः कोलेस्ट्रॉल, ट्राइग्लिसराइड आदि की चपायचय क्रिया गड़बड़ाते देखी गई है, जबकि मोटापे के लिए इन दोनों की चयापचय क्रियाएँ जिम्मेदार रहती हैं। दमा के लिए वैज्ञानिक

कई प्रकार के प्रोटीन कणों की चयापचय क्रिया के बिगड़ जाने को मुख्यः कारण मानने लगे हैं।

भोजन और हमारा स्वास्थ्य

भोजन का हमारे स्वास्थ्य के साथ गहरा संबंध रहता है। इससे शरीर के विकास, सक्रियता और ऊतकीय नवनिर्माण के लिए सभी जरूरी पोषक तत्त्व और उष्मा प्राप्त होती रहती है। इन्हीं पोषक तत्त्वों एवं उष्मा पर हमारे शरीर का स्वास्थ्य और विकास निर्भर रहता है।

भोजन हमारे शरीर की सबसे पहली और प्रमुख जरूरत है। यह हमारे शरीर को जिंदा और सक्रिय रखने के लिए निरंतर उष्मा और पोषक तत्त्व प्रदान करता रहता है। हमारे भोजन के मुख्यत: पाँच घटक होते हैं। कार्बोहाइड्रेट, प्रोटीन, वसा, विटामिंस और खनिज तत्त्व। इनमें से कार्बोहाइड्रेट और वसा उष्मा प्रदान करने का कार्य करते हैं, प्रोटीन ऊतकीय विकास और नवनिर्माण के लिए एमीनो एसिड के रूप में पोषक तत्त्व, जबकि विटामिन एवं खनिज लवण शरीर में संपन्न होने वाली सैकड़ों तरह की जैव रासायनिक क्रियाओं को सुचारु रूप से जारी रखने में मदद करते हैं। यद्यपि हमारे भोजन में इनके अतिरिक्त दो और तत्त्व रहते हैं, किंतु उन्हें पोषक तत्त्व नहीं माना जाता। लेकिन शारीरिक स्वास्थ्य और विकास में उनके महत्त्व को कम करके नहीं आँका जा सकता है। ये उपयोगी तत्त्व हैं—रेशा और पानी।

50 साल पहले तक हममें से ज्यादातर लोग अपने आहार के रूप में प्राकृतिक खाद्य पदार्थों को ही अधिक महत्त्व देते थे। उस समय हमारे आहार के प्रमुख स्रोत प्राकृतिक रूप में पाए जाने वाली साग-सब्जियाँ, फल, चोकरयुक्त अनाज, दूध, दही, मांस, मछली, अंडे आदि ही हुआ करते थे; लेकिन जब से औद्योगिक क्रांति का सूत्रपात हुआ है, तब से हमारे खान-पान में भी जबरदस्त बदलाव आया है।

औद्योगिक क्रांति के बाद से बाजार में परिष्कृत खाद्य पदार्थ जैसे कि चोकर रहित अनाज से बने बिस्कुट, ब्रेड, फास्ट फूड, डिब्बा बंद खाद्य पदार्थ, रसायनों से तैयार किए गए कोल्ड ड्रिक्स, आइसक्रीम, चॉकलेट, जेम, जैली, सॉस आदि बहुतायतता से उपलब्ध होने लगे हैं। इन खाद्य पदार्थों को एक तो बहुत ही उच्च तापमान पर बनाया जाता है, जिसके कारण उनके ज्यादातर पोषक तत्त्व या तो नष्ट हो जाते हैं अथवा वह अन्य हानिकारक तत्त्वों में परिवर्तित हो जाते हैं। उन्हें तैयार करते समय, ज्यादा स्वादिष्ट, मनमोहक और आकर्षक बनाने तथा अधिक समय तक सुरक्षित रखने के उद्‌देश्य से उनमें सैकड़ों तरह के रासायनिक

तत्त्व मिलाए जाते हैं। इन सब के फलस्वरूप उनकी पौष्टिकता तो घटती ही है यह शरीर के स्वास्थ्य पर भी प्रतिकूल प्रभाव डालते हैं।

जब से मनुष्य ने प्राकृतिक आहार को त्याग कर उसकी जगह परिष्कृत और प्रक्रिया युक्त तैयार किए गए खाद्य पदार्थों को अपनाना शुरू किया है तब से ही हृदय रोग, मधुमेह, गठिया से लेकर दमा और जीवनशैली रोगों में अभूतपूर्व वृद्धि हो गई है।

नीदरलैंड के राष्ट्रीय 'पब्लिक हेल्थ और इनवारनमेंट' संस्थान से जुड़े कुछ विशेषज्ञों ने आहार और स्वास्थ्य को लेकर खास कर फेफड़ों के स्वास्थ्य को लेकर एक विस्तृत अध्ययन कार्य संपन्न किया है। इस अध्ययन का नेतृत्व वहाँ के जाने-माने स्वास्थ्य और आहार विशेषज्ञ डॉ. कोरा बक ने किया। इस अध्ययन के दौरान शोधकर्ताओं ने 40 से 44 साल के बीच के 3 हजार से ज्यादा लोगों के आहार और स्वास्थ्य का गहन अध्ययन करके निष्कर्ष निकाला है कि प्राकृतिक आहार का हृदय, मधुमेह और मोटापे से ही संबंध नहीं रहता, इसका व्यक्ति के फेफड़ों पर भी अच्छा या बुरा असर पड़ता है।

अध्ययनकर्ताओं के अनुसार जो लोग ताजा फल और हरी-सब्जियों को अपने खानपान में अधिक महत्त्व देते हैं, उनमें परिष्कृत खाद्य पदार्थ और प्रोटीन प्रधान मांसाहार का सेवन करने वालों की बनिस्पत साँस संबंधी रोग भी कम ही देखे जाते हैं। शोधकर्ताओं का कहना है कि फल और साग-सब्जियों जैसे प्राकृतिक खाद्य पदार्थों के सेवन से फेफड़ों की कार्य क्षमता बड़ी उम्र तक सामान्य बनी रहती है। ऐसे लोगों में साँस की परेशानी भी बहुत कम ही देखी जाती है। उम्र के अंतिम पड़ाव तक ये लोग ठीक से साँस लेते देखे जाते हैं।

इसी तरह के एक अन्य अध्ययन के दौरान कुछ अमेरिकन और नीदरलैंड के शोधकर्ताओं ने पता लगाया है कि यूरोपियन देशों खासकर इटली, हॉलैंड, फिनलैंड और स्पेन में फल और साग-सब्जियों पर विशेष ध्यान दिया जाता है। इसीलिए उन देशों के लोगों के फेफड़ों की औसत जैव क्षमता (एफ.इ.वी.) अन्य देशों के लोगों के मुकाबले काफी ज्यादा रहती है तथा इन देशों में साँस संबंधी रोग भी अन्य लोगों के मुकाबले बहुत कम ही देखे जाते हैं। इतना ही नहीं इनमें कैंसर जैसे रोगों की तादाद भी कम ही देखने को मिलती है। इन देशों के नागरिक अपने आहार का पाँचवें से छठवाँ हिस्सा फल और साग-सब्जियों के लिए रखते हैं।

इन शोधकर्ताओं का यह भी कहना है कि फिनलैंड के लोग जैतून के तेल से बनी सब्जियाँ ज्यादा इस्तेमाल में लाते हैं। इससे उन्हें विटामिन 'ई' नामक एक

एंटी ऑक्सीडेंट तत्त्व की प्रचुर मात्रा सहज ही मिल जाती है। इटली के लोग हरे रंग की सब्जियाँ और फल ज्यादा इस्तेमाल में लाते हैं। उनसे उन्हें विटामिन 'सी' नामक एंटी ऑक्सीडेंट तत्त्व काफी मात्रा में प्राप्त होता रहता है, जबकि हॉलैंड के नागरिक विभिन्न रंग की सब्जियों के साथ पीले रंग वाले फल बहुतायत में प्रयोग करते हैं। इनसे उन्हें बीटा-केरोटिन नामक विटामिन 'ए' काफी बड़ी मात्रा में हासिल होता रहता है। यह तीनों ही उनके प्रतिरक्षक तंत्र से लेकर शारीरिक अंगों तक को जीवनपर्यंत स्वस्थ बनाए रखने में महत्त्वपूर्ण भूमिका निभाते रहते हैं।

इसी प्रकार का एक अन्य अध्ययन टोकियो, जापान में भी संपन्न हुआ है। वहाँ के कुछ चिकित्सकों ने शारीरिक श्रम करने वाले, धूम्रपान करने और न करने वाले लोगों के अलग-अलग समूह बनाकर उन्हें फल, साग-सब्जियों जैसे प्राकृतिक आहार पर रखकर तथा उनके दूसरे समूह को परिष्कृत खाद्य पदार्थों पर रखकर परीक्षण किया। अपने अध्ययन के आधार पर उन चिकित्सकों का कहना है कि फल तथा साग-सब्जियों से फेफड़ों की जैव क्षमता में इजाफा होता है तथा धूम्रपान करने वाले लोगों में भी साँस की तकलीफ देर से पैदा होती है; जबकि धूम्रपान के साथ परिष्कृत आहार के सेवन से साँस रोग तेजी से पैदा होने लगते हैं। संभवत: ऐसा उनके फेफड़ों के ज्यादातर वायुकोष्ठकों में ऑक्सीजन पहुँचने के फलस्वरूप होता है। ऐसे आहार से खून में ऑक्सीजन की मात्रा बढ़ी रहने लग जाती है।

अब तो ज्यादातर स्वास्थ्य विशेषज्ञ भी मानने लगे हैं कि साग-सब्जियों, फल आदि में विटामिन 'ए', 'बी', 'सी', 'ई' के साथ मैग्नीशियम, सेलेनियम, जिंक जैसे उनके महत्त्वपूर्ण खनिज लवण तो रहते ही हैं, उनमें काफी मात्रा में अन्य एंटीऑक्सीडेंट प्रकार के जैव सक्रिय रसायन भी मौजूद रहते हैं। यह रसायन उनमें ऊतकीय कोशिकाओं के विनाश को लंबे समय तक रोके रखकर उन्हें दिल, दिमाग, रक्त वाहिनियों सहित अन्य रोगों से तो बचाते ही हैं, उन्हें मधुमेह से लेकर दमा, मोटापा और कैंसर तक अनेक खतरनाक रोगों से भी दूर रखते हैं।

ब्रिटिश थोरेसिस सोसाइटी के जाने-माने स्वास्थ्य सलाहकार डॉ. जॉन का इस संबंध में कहना है कि प्राकृतिक आहार में उपयोगी विटामिन और खनिज लवणों के साथ-साथ अनेक प्रकार के एंटीऑक्सीडेंट और फ्लेवोनॉइड्स जैसे तत्त्व भी मौजूद रहते हैं। ये जैव रसायन अन्य अंगों के अलावा फेफड़ों की कार्यक्षमता को अप्रत्याशित ढंग से बढ़ा देते हैं। उनका अपने शोधकार्य के आधार पर कहना है कि साग-सब्जी और फल ही ऐसा असर दिखाते हैं। अगर इस प्रकार के विटामिन और खनिज लवणों की आपूर्ति मछली, मारसेरिन तथा अन्य खाद्य पदार्थों या दवा

से करने पर फेफड़ों के ऊपर कोई असर होते नहीं देखा जाता। जो लोग इन जैव रसायनों की पूर्ति फल और साग-सब्जियों के माध्यम से करते हैं, उनके फेफड़ों की कार्यक्षमता में ही तेजी से सुधार आते देखा जाता है।

दमा का संबंध प्रोटीन से

दमा के ज्यादातर मामलों के पीछे एलर्जी कारक ही होते हैं और ऐसे एलर्जिक कारक प्रोटीन पदार्थ से ही बने होते हैं। प्रोटीन दरअसल में विभिन्न एमीनो एसिड के मेल से बनी एक श्रृंखला होती है। यद्यपि अधिकांश एमीनो एसिड का निर्माण हमारे शरीर के भीतर ही विभिन्न पोषक तत्त्वों के सहयोग से होता रहता है, लेकिन कुछ एमीनो एसिड ऐसे भी होते हैं जो शरीर में पैदा नहीं हो पाते। ऐसे एमीनो एसिड्स का आहार के साथ शरीर में पहुँचना जरूरी होता है। अगर ऐसे एमीनो एसिड पर्याप्त मात्रा में शरीर को न मिल पाएँ तो अनेक रोग जन्म लेने लगते हैं।

हमारे शरीर की प्रतिरक्षक प्रणाली कई प्रकार के प्रोटीन पदार्थों को शरीर के अंदर सहन नहीं कर पाती तथा उन पर हमला बोलकर उन्हें तुरंत बाहर निकालने के प्रयास में जुट जाती है। जीवाणु, विषाणु, फफूँद आदि का बाहरी कवच ऐसे ही प्रोटीन से बना रहता है। इसीलिए शरीर उन्हें तुरंत नष्ट कर बाहर निकालने के प्रयास करता है।

दमा कारक एलर्जंस के प्रति भी शरीर की प्रतिरक्षक प्रणाली ऐसी ही प्रतिक्रिया दरशाने लगती है। ऐसे एलर्जंस के शरीर में किसी भी मार्ग से पहुँचते ही प्रतिरक्षक प्रणाली तुरंत हरकत में आ जाती है तथा उन्हें और आगे पहुँचते से पहले ही कई तरह की प्रतिक्रियाएँ दरशाकर नष्ट कर डालती है। ऐसी प्रतिक्रिया से बहुत से लोगों को कई तरह की एलर्जी से लेकर दमा तक के लक्षण पैदा हो जाते हैं।

यह तो अभी तक निश्चित रूप से नहीं कहा जा सकता कि किस व्यक्ति को किस प्रकार के पदार्थ से एलर्जी या दमा की परेशानी शुरू हो सकती है, किंतु ऐसा अवश्य देखा गया है कि जिन लोगों में शुरू से ही जिगर संबंधी परेशानी होती है या जो बचपन से ही आहार के रूप में अप्राकृतिक खाद्य पदार्थ और फॉर्मूला फूड पर पल कर बड़े होते हैं, उन्हें बड़े होने पर एलर्जी की शिकायत ज्यादा रहती है।

वहाँ 6 से 8 साल के 40 फीसदी से ज्यादा बच्चे किसी-न-किसी प्रकार के जंक फूड्स के प्रति एलर्जिक हो चुके हैं। इतना ही नहीं इनमें से आधे बच्चे साँस में तकलीफ की शिकायत करते देखे गए हैं।

दमा रोगी का आहार

दुनिया भर में संपन्न हुई विभिन्न खोजों और अध्ययनों के आधार कई ऐसे खाद्य पदार्थ, जड़ी-बूटियों और रहन-सहन से संबंधित उन बातों का पता चल चुका है, जो हमारी प्रतिरक्षक प्रणाली पर सीधा प्रभाव डालती हैं। उन पर अमल करके हम रोगों से लड़ने की अपनी शक्ति को बेहतर बना सकते हैं। ये पोषक तत्त्व तथा कुछ खास किस्म के व्यवहार न केवल बीमारी से ही बचाने वाले साबित होते हैं, बल्कि कुछ मामलों में ये बीमारी से जल्दी उबरने में भी मदद करते हैं। ऐसे खाद्य पदार्थों और जड़ी-बूटियों को 'इम्यून सिस्टम बूस्टर्स' के नाम से जाना जाता है।

नई खोजों से पता चला है कि ये इम्यून सिस्टम बूस्टर्स बीमारियों को पैदा ही नहीं होने देता। यहाँ तक कि इम्यून बूस्टर्स कैंसर या ट्यूमर कोशिकाओं के बनने की शुरुआत होने के बाद भी शरीर की प्रतिरक्षक क्षमता को बढ़ा सकता है, जो बाद में भी उन कैंसर के विकास को रोक देती है। इन इम्यून बूस्टर्स में सबसे प्रमुख एंटी ऑक्सीडेंट तत्त्व युक्त खाद्य पदार्थ और दूसरे पोषक तत्त्व, शारीरिक व्यायाम और दिमाग को शिथिलता प्रदान करने वाली क्रियाएँ आती हैं।

एंटी ऑक्सीडेंट का महत्त्व

ये एंटी ऑक्सीडेंट कोशिकाओं के तेजी से नष्ट होने की प्रक्रिया को रोकते हैं। दरअसल मुक्त मूलक (फ्री रेडिकल्स) कोशिकाओं को क्षतिग्रस्त करने से लेकर अनेक बीमारियों एवं बूढ़े होने तक की प्रक्रिया के लिए जिम्मेदार होते हैं। ऐसा माना जाता है कि उच्च उष्मा और प्रोटीन युक्त खाद्य पदार्थों के नियमित सेवन से एक तरफ पाचन संस्थान से लेकर जिगर तक की कार्य प्रणाली बिगड़ने लगती है, तो दूसरी तरफ चयापचय क्रियाओं के दौरान ज्यादा मात्रा में फ्री रेडिकल्स पैदा होने लग जाते हैं। इनसे शरीर में विषाक्त रसायनों की मात्रा तेजी से बढ़ने लगती है तथा कोशिकाएँ तेजी से क्षतिग्रस्त होनी शुरू हो जाती हैं। इनके परिणामस्वरूप शरीर की प्रतिरक्षक प्रणाली कमजोर पड़ने लगती है तथा कई तरह के रोग जन्म लेने लगते हैं।

शरीर में ऑक्सीडेशन की क्रिया के दौरान पैदा होने वाले इन हानिकारक तत्त्व, फ्री रेडिकल्स से बचाव के लिए हमारे रोजाना के भोजन में फ्लेवोनाईड्स, विटामिन 'सी', विटामिन 'ई', बीटा केरोटिन, सेलेनियम जैसे एंटी ऑक्सीडेंट तत्त्वों से युक्त खाद्य पदार्थों का होना बेहद जरूरी होता है। ऐसे तत्त्व जिगर की क्रिया को

भी सुधारते हैं तथा खून में विषैले तत्त्वों को नहीं घुलने देते हैं। इस प्रकार के पोषक तत्त्व काफी मात्रा में गोभी वर्ग की सब्जियों, हरी साग-सब्जियों, संतरा, जीमीकंद, चौलाई, चेरी, आँवला, अनार, पपीता और विभिन्न रंग के फलों से सहज ही प्राप्त हो जाते है। अत: दमा से पीड़ित चल रहे लोगों को अपने आहार में निम्न खाद्य वस्तुओं को पर्याप्त मात्रा में शामिल कर लेना चाहिए।

गहरे रंग के फल

लाल, काले और बैंगनी अंगूर, ब्लू बेरीज, काली चेरीज और जामुन में फ्लेवोनॉइड्स और विटामिन 'सी' प्रचुर मात्रा में पाए जाते हैं। इनके सेवन से रक्त नलिकाओं की दीवारें लंबे समय तक मजबूत और लचकदार तो बनी ही रहती हैं, इनसे एलर्जी की समस्या भी नहीं होने पाती। लिहाजा उनमें रक्त का संचार (ब्लड सर्कुलेशन) भी अच्छा बना रहता है। रक्त का सही संचार ऑक्सीजन और अन्य जरूरी पोषक तत्त्वों को समस्त शरीर में पहुँचाता रहता है। इससे मस्तिष्कीय कोशिकाओं से लेकर फेफड़ों और शरीर के दूसरे अंगों तक के लिए बेहतर पोषक तत्त्वों से मिलते रहते हैं। रक्त का सही संचार शारीरिक अंगों को ठीक हालत में बनाए रखता है। इनसे फेफड़ों और श्वसन नलिकाओं की सामान्य अवस्था बनी रहती है तथा एलर्जी के प्रति पैदा हुई संवेदनशीलता घटने लग जाती है।

अच्छा ब्लड सर्कुलेशन आँखों को भी स्वस्थ बनाए रखने में काफी मददगार साबित होता है। द्वितीय विश्व युद्ध के दौरान जिन पायलटों ने लड़ाई में हिस्सा लिया, उन्होंने बाद में बताया था कि बिल बेरी जैम खाने से उन्हें रात को पहले से कहीं बेहतर दिखाई देने लग गया था।

वेरीकोज वेंस (नसों के फूलने का रोग) और पाइल्स तक का इलाज फ्लेवोनोइड युक्त खान-पान और विशेष जड़ी-बूटियों से काफी हद तक हो सकता है।

गहरे लाल रंग के सेब में जहाँ हृदय के लिए लाभदायक पोटैशियम खनिज होता है, वहीं इसमें पाया जाने वाला रेशा का अंश कब्जियत को दूर करने वाला साबित होता है। यह मोटापा घटाने में भी मददगार होता है। रोज दो सेब खाकर साल भर में लगभग 10 पौंड तक वजन घटाया जा सकता है। सेब में पाया जाने वाला क्यूरसेटिन नामक एक एंटी ऑक्सीडेंट खून के थक्के बनने को रोकता है। जिससे हार्ट अटैक और स्ट्रोक का खतरा टल जाता है। यह कैंसर से भी बचाता है

और कोलेस्ट्रॉल को भी कंट्रोल में रखता है। इससे खून साफ रहने लगता है तथा फेफड़ों की श्वसन प्रणाली एलर्जिक जैसी प्रतिक्रिया से बची रहती है।

सभी तरह की गोभी जैसे फूलगोभी, पत्ता गोभी, गाँठ गोभी आदि भी कई ऐसे प्राकृतिक रसायनों से भरपूर होती हैं, जो हमारे जिगर की मजबूती के लिए बेहद जरूरी होती हैं, ताकि वे कैंसर और एलर्जिक कारी टॉक्सिंस को खत्म कर सकें। इसके अलावा ये बढ़ती उम्र के साथ पेश आने वाली समस्याओं जैसे अंगों का काँपना (पार्किंसंस डिजीज) और बुढ़ापे में याददाश्त की कमजोरी (अल्जाइमर्स डिजीज) के खतरे को भी दूर करने में मददगार सिद्ध होती हैं। ये सब्जियाँ बीटा केरोटिंस और अन्य फ्री रेडिकल्स फाइटर तत्त्वों से भी भरपूर होती हैं।

गाजर में भी बीटा-केरोटिन पाया जाता है और टमाटर में लाइकोपिन पाया जाता है। ये दोनों तत्त्व एक विशेष किस्म के फ्री रेडिकल्स को नाकाम करने काम करते हैं। दमा की दशा में ये भी लाभप्रद सिद्ध होते हैं।

इन खाद्य पदार्थों के दूसरे भी फायदे हैं। ये उन विटामिन को प्राप्त करने के भी अच्छे स्रोत हैं, जो हड्डियों के भुरभुरेपन को रोकने में काफी मदद करते हैं। विटामिन 'के' हड्डियों की स्वस्थता और मजबूती के लिए बेहद जरूरी होता है।

साबूत अनाज

अगर हमारा जिगर आँतों में मौजूद टॉक्सिंस को नष्ट करने में असफल रहे, तो ये रक्त में मिलकर आपको बेवक्त बुढ़ापे से लेकर एलर्जी, दमा तक अनेक रोगों का उपहार दे सकते हैं। इसलिए आँतों की देखभाल करना बेहद जरूरी है, जिससे वे अपना काम अच्छी तरह से जारी रख सकें। अगर आप अपने आहार में रेशेयुक्त अनाज जैसे ब्राउन चावल, सभी अनाजों के मोटे आटे की रोटी और खासतौर से दलिया को अपने आहार में शामिल करते हैं, तो इससे आँतों को स्वस्थ रहने में मदद मिलती है।

अनाजों में भी फ्री रेडिकल्स जैसे नुकसानदेह तत्त्वों को नष्ट करने वाले विटामिन 'ई' और नाड़ी संस्थान को स्वस्थ वे मजबूत बनाए रखने वाली विटामिन 'बी समूह' की भी भरपूर मात्रा होती है। ये सभी तत्त्व दिल की बीमारी और अल्जाइमर्स डिजीज से लेकर कई अन्य रोगों से भी बचाए रखते हैं। भूरे रंग के चावल में मेथिऑनिन नामक तत्त्व की काफी मात्रा पाई जाती है, जो फ्री रेडिकल्स से मुकाबला करने वाले एंजाइम की उत्पत्ति के लिए अति आवश्यक है।

पानी

दिन में ज्यादा-से-ज्यादा मात्रा में पानी पाना भी एक अच्छी आदत है, लेकिन ज्यादा मात्रा में शक्कर युक्त चाय आदि के सेवन से बचना चाहिए।

शरीर की कोशिकाओं को स्वस्थ रखने के लिए शरीर को उचित मात्रा में पानी की भी जरूरत पड़ती है। दमा की परेशानी के समय जब रोगी तेजी से साँस लेने की कोशिश करता है तो काफी मात्रा में पानी वाष्प बनकर उड़ता रहता है। इससे रोगी के शरीर में पानी की कमी होने लगती है। ज्यादा मात्रा में चाय, कॉफी और शराब पीने से भी शरीर में जल की कमी हो जाती है। यदि यह कमी लंबे समय तक बनी रहती है तो किडनी और शरीर के अन्य अंगों की कोशिकाएँ क्षतिग्रस्त होने लगती हैं। साथ ही फेफड़ों से लेकर जोड़ों में भी विकृति आने लगती है। इसीलिए रोज कम-से-कम आठ गिलास पानी पीते रहना ठीक रहता है।

अन्य खाद्य

दमा के रोगियों के लिए संतरा, मौसमी, गाजर, टमाटर, अंगूर का रस तो बहुत ही फायदेमंद साबित होते देखा गया है। इन सब में विटामिन 'सी' नामक एक एंटी ऑक्सीडेंट तो प्रचुर मात्रा में रहता ही है, इसके अलावा अन्य रसायन भी रहते हैं। डॉ. ऑल्डल्ड का तो इस संबंध में यहाँ तक कहना है कि अंगूर से तो दमा के रोगियों को अप्रत्याशित लाभ मिलते देखा गया है। उनका कहना है कि अंगूर के खेतों में काम करने वाले दमा रोगियों को बिना ज्यादा प्रयास के शीघ्र ही ठीक होते देखा गया है।

संतरे के रस में चुटकी भर काला नमक और एक चम्मच शहद मिलाकर पीते रहने से श्वसन संस्थान संबंधी रोगों, जैसे दमा, ब्रोंकाइटिस आदि में तेजी से आराम मिलते देखा गया है।

करेले का सेवन तो इन रोगियों के लिए और भी फायदेमंद साबित होता है। करेले की जड़ के एक चम्मच पेस्ट में समान मात्रा में शहद और तुलसी का रस मिलाकर दमा के रोगियों को रात्रि के समय पिलाते रहने से एक महीने में ही उन्हें आराम मिलने लग जाता है।

लहसुन और प्याज तो श्वसन संस्थान के रोगियों को और भी फायदेमंद साबित होते देखे गए है। इन दोनों सब्जियों, लहसुन (Allium sativum) और प्याज (Allium cepa) में क्वेरसेटन (Quercetion) नामक एक जैव सक्रिय रसायन पाया जाता है। यह रसायन एलर्जी में बहुत फायदेमंद पाया गया है।

दमा रोगी को दिन भर के अपने आहार को निम्न प्रकार से व्यवस्थित कर लेना चाहिए—

- प्रात:काल 2–3 गिलास कुनकुना पानी लिया जा सकता है। सादा पानी की जगह शहद युक्त नीबू वाला पानी या एक चम्मच आँवला पाउडर भी पानी के साथ लिया जा सकता है।
- नाश्ते से 15–20 मिनट पहले ये रोगी एक गिलास फलों का रस या 250–300 ग्राम तक फलों का सेवन कर सकते हैं।
- नाश्ते के रूप में ये लोग एक प्लेट दलिया, खिचड़ी या फिर दो सादी रोटी के साथ एक गिलास ताजा दही ले सकते हैं। अन्य लोग इसी के अनुसार अपने नाश्ते को व्यवस्थित कर सकते हैं।
- दोपहर के भोजन में ये 2–3 चोकर वाले आटे से बनी हुई रोटियाँ, एक प्लेट चावल, एक कटोरी मूँग जैसी शीघ्र पचने वाली दाल और एक कटोरी मिक्स सब्जी ले सकते हैं, लेकिन इन्हें अपने खाने के साथ 200 से 300 ग्राम तक अच्छी तरह से साफ की हुई सब्जियों का सलाद बनाकर अवश्य लेते रहना चाहिए।
- दोपहर बाद का स्नेक के रूप में यह 300 ग्राम तक कोई फल या एक कप सूप अथवा एक गिलास फलों या फिर सब्जियों का रस ले सकते हैं; पर इन लोगों को बार–बार चाय पीने से परहेज करना चाहिए। अगर चाय लेनी ही हो तो हरी चाय या काली चाय को प्रथामिकता देनी चाहिए।
- रात्रि के समय भी भोजन के रूप में इन्हें 2–3 चोकर मिश्रित मोटे आटे से बनी रोटियाँ, एक कटोरी मिक्स सब्जी या एक कटोरी शीघ्र पचने वाली दाल और 200 ग्राम तक ताजा कटा सलाद लेना चाहिए।

□

9

दमा रोग का आधुनिक उपचार

दमा के उपचार का मुख्य ध्येय है रोगी की श्वसन नलिकाओं से संबंधित मांसपेशियों में आई संकुचन को दूर करना, श्वसन मार्ग की श्लेष्मिक झिल्ली में उत्पन्न हुई सूजन को मिटाना और फेफड़ों तथा श्वसन मार्ग में फँसे बलगम को बाहर निकालना, ताकि रोगी के श्वसन मार्ग में ऑक्सीजन के आवागमन को सामान्य बनाया जा सके। इस उद्देश्य (दमा के दौरे को शांत करने) के लिए प्रायः तीन प्रकार की दवाएँ इस्तेमाल में लाई जाती हैं। ये तीन प्रकार की दवाएँ हैं, श्वसन नलिकाओं को फैलाने वाली जैसे सालबूटामॉल और टरबूटालीन, सूजन मिटाने वाली जैसे प्रेडनीसॉलीन, बीटामेथासॉन, बेक्लोमीथासॉन आदि कोर्टीकोस्टीरॉयड्स तथा कफ को बाहर निकालने वाली क्रोमोलिन एवं इप्रॉट्रोपियम आदि।

दमा के अधिकांश रोगियों को किसी खास मौसम में ही विशेषकर मौसम परिवर्तन के समय जैसे कि सरदी के मौसम के दौरान ही साँस लेने में तकलीफ रहने लगती है या ऐसे कुछ लोगों में गरमियों की शुरुआत जैसे कि अप्रैल-मई के महीनों में ही दमे के दौरे की समस्या अधिक देखी जाती है। पर दमे के अनेक रोगी ऐसे भी होते हैं, जिनमें दमा के दौरे का संबंध किसी मौसम के साथ नहीं रहता है। उन्हें पूरे साल ही दमा की समस्या बनी रहती है।

दमा से पीड़ित रोगियों में दो और खास बात आमतौर पर देखने को मिलती है, जैसे उनमें अनेक बार साँस के कोई स्पष्ट लक्षण प्रकट नहीं होते। उन्हें कुछ विशेष परिस्थितियों जैसे कोई शारीरिक श्रम करने, सीढ़ियाँ चढ़ने-उतरने, वजन उठाने, पैरों के बल बैठने के समय ही साँस लेने में मुश्किल आती है। आराम की दशा में उन्हें ऐसी कोई परेशानी नहीं रहती।

इसी तरह दमा के कुछ पुराने रोगियों में साँस लेने की परेशानी अचानक प्रात:काल के 3-4 बजे के बीच ही शुरू होती है, जिसके कारण उन्हें बहुधा नींद से जागना पड़ता है; लेकिन यह एक राहत देने वाली बात है कि अधिकांश अवसरों पर दमे के ऐसे हलके दौरे प्रात:काल थोड़े समय तक रोगी को परेशान करके स्वतः ही या थोड़े से प्रयास (इंहेलर, नेब्यूलाइजर आदि लेने से) से ही ठीक हो जाते हैं।

प्रात:कालीन दमे के रहस्यमयी दौरों के पीछे कुछ कारण माने जाते हैं। कुछ अध्ययनकर्ताओं का मानना है कि रात्रि के अंतिम पहर में जब हमारा शरीर गहरी निद्रा के आवेश में शिथिल पड़ा होता है, तब इस सुप्तावस्था में शरीर का संवेदी तंत्रिका तंत्र मुख्यतः अनुकंपी तंत्रिका तंत्र भी शिथिल पड़ने लग जाता है। इससे अचानक रोगी की श्वसन प्रणाली से संबंधित पेशियों में संकुचन आने लगता है। इसके फलस्वरूप रोगी के श्वसन मार्ग में ऑक्सीजन के आवागमन में अवरोध आने लगता है। ऐसी दशा में वह व्यक्ति अपना दम घुटता सा प्रतीत करने लगता है तथा उसका बिस्तर पर लेटे रहना कठिन हो जाता है। फलस्वरूप वह हाँफता हुआ उठकर बिस्तर पर बैठ जाता है।

दमे के अधिकांश रोगी नींद की दशा में नाक की बजाय मुँह खोल कर साँस भरते रहते हैं। मुँह से साँस भरते रहने से धीरे-धीरे बाहर की शुष्क हवा से उनकी अन्न नलिका, कंठ नलिका और श्वसन नलिकाओं की आंतरिक सतह सूखने लगती है। इसके फलस्वरूप उनके गले और श्वसन मार्ग में खराश या सरसराहट भी शुरू हो जाती है। इस दशा में उनका अनुकंपी तंत्रिका तंत्र भी एकाएक सक्रिय होकर वहाँ की पेशियों में संकुचन उत्पन्न करने लगता है। नतीजतन उनको साँस लेने और छोड़ने में कठिनाई शुरू होने लगती है।

चीन के प्राचीन चिकित्सा विदों का मानना था कि हमारे शरीर में 'ची' (T-Chin) नामक एक जीवनी-शक्ति का निरंतर संचार होता रहता है। उनका मानना था कि यह जीवनी-शक्ति शरीर में अपने 12 विशेष परिपथों (चीनी उन्हें मेरेडियंस कहते थे) और उनसे संबंधित 12 महत्त्वपूर्ण अवयवों से प्रवाहित होकर हमारे जीवन और स्वास्थ्य को बनाए रखती है। उनका यह भी मानना था कि शरीर के किसी विशेष अवयव में इस जीवनी-शक्ति की तरंगें दिन-रात के किन्हीं 2 घंटों में ही सर्वाधिक रूप में प्रवाहित रहती हैं। यह जीवनी-शक्ति बारी-बारी से एक के बाद दूसरे अवयव में प्रवेश करती है।

चीनी चिकित्सकों के अनुसार प्रात:काल के 3 से 5 बजे के बीच यह जीवनी-शक्ति फेफड़ों में सर्वाधिक मात्रा में प्रवाहित होती रहती है। इसीलिए

उनके अनुसार इस समय फेफड़ों की बीमारी से पीड़ित रोगियों में सहन शक्ति से अधिक जीवनी-शक्ति अनुभव होने लग जाती है तथा वह अपनी उपस्थिति दमा के दौरे के रूप में दरशाने का प्रयास करती है। ऐसा विश्वास किया जाता है कि अगर इस समय उस जीवनी-शक्ति का सही उपयोग किया जा सके, तो वह फेफड़ों के लिए स्वास्थ्य रक्षक भी बन सकती है।

अब तो आधुनिक स्वास्थ्य विशेषज्ञ भी यह मानने लगे हैं कि हमारे फेफड़ों की सामान्य क्रिया में रात के समय क्रमवार परिवर्तन होता रहता है, लेकिन सुबह के घंटों में यह क्रिया काफी धीमी पड़ जाती है। दमा के मरीजों में यह क्रिया कुछ ज्यादा ही धीमी होती देखी जाती है।

दमा के रोगियों के लिए अब इलाज को व्यवस्थित करने के लिए क्रोनोथेरेपी (समयबद्ध दवा देना) की भी मदद ली जाने लगी है। पिछले दिनों अमेरिका स्थित नॉरवॉक की 'परड्यू फ्रेडरिक' नामक कंपनी ने 'यूनिफिल' नाम से एक ब्रोंकोडिलेटर दवा बाजार में उतारी थी। कंपनी के अनुसार सुबह के समय इस ब्रोंकोडिलेटर दवा को लेने से उसका लंबे समय तक प्रभाव बना रहता है। परड्यू फ्रेडरिक के द्वारा निर्मित इस दवा को अमेरिका के 'एफ.डी.ए.' द्वारा 1989 में ही मान्यता प्रदान कर दी गई थी।

इस दवा को शाम के समय लेने से रोगी रात भर साँस की तकलीफ से बचा रहता है। ऐसा माना जाता है कि इसके सेवन से सुबह के महाकष्टकारी घंटों में भी फेफड़ों की स्वाभाविक क्रिया सुधार कर मरीज को आराम पहुँचाती है; लेकिन उनमें से ज्यादातर दवाओं को अभी तक 'एफ.डी.ए.' की मान्यता नहीं मिल पाई है।

डेनवर के 'नेयानल जेविस सेंटर फॉर इम्यूनोलॉजी ऐंड रेस्पिरेटरी मेडिसिन' के नामचीन डॉ. रिचर्ड मार्टिन का तो यहाँ तक कहना है कि दमा के सही उपचार की व्यवस्था क्रोनोथेरैपी में संभव है। उनका कहना है कि जब तक रात के समय से दमा पर नियंत्रण नहीं पाया जाता, तब तक दिन के समय तक सुधार लाना कठिन ही है। जो दमा रोगी साँस लेने के लिए रात भर में कई बार जागते रहते हैं और चैन की नींद जिनके लिए सपना बनकर रह गई, उनका सपना केवल क्रोनोथेरैपी द्वारा ही सच हो सकता है।

दमा के इलाज की प्रक्रिया

दमा के इलाज में पिछले 15-20 सालों में बहुत बदलाव आया है। अब

दमा पर प्रभावी नियंत्रण रखने के लिए अनेक दवाएँ खोजी जा चुकी हैं, किंतु दुर्भाग्य से अभी तक इस रोग के होने के कारण का स्पष्ट रूप से पता नहीं चल पाया है। दुनिया भर में दमा रोगियों की संख्या ही हर वर्ष नहीं बढ़ रही है, बल्कि इनकी दर में भी निरंतर बढ़ोतरी होती जा रही है। पिछले 2-3 वर्षों के भीतर ही जितने दमा के नए रोगी पैदा हुए हैं, उतने तो पिछले एक दशक के भीतर भी नहीं देखे गए थे।

चिकित्सकों के पास अब कई ऐसी दवाएँ आ चुकी हैं, जो तेजी से अपना असर दिखाकर रोगी की परेशानी को कुछ मिनटों में ही दूर कर सकती हैं। इनमें से कुछ दवाएँ तो ऐसी हैं, जिनका प्रभाव 2-3 मिनट के भीतर ही दिखाई देने लगता है।

पिछले तीन दशकों में चिकित्सकों को कारगर दवाओं के विकास में ही कामयाबी नहीं मिली है, बल्कि दमे के उपचार विधि में भी काफी सुधार हुआ है। इन नई तकनीकों से एक तो दवाएँ आसानी से ली जा सकती हैं, दूसरे दवाओं से प्रकट होनेवाले पार्श्व प्रभाव (साइड इफैक्ट) की घटनाएँ भी कम हुई हैं, फिर भी उपयुक्त दवा और सही तकनीक के चुनाव में चिकित्सक की भूमिका का अपना विशेष महत्त्व है।

दमे को नियंत्रित रखने के लिए आधुनिक आयुर्विज्ञान में अब निम्न तीन प्रकार की दवाएँ काम में लाई जाती हैं—

- श्वसन तंत्र की पेशियों को फैलाने वाली यानी 'ब्रोंकोडिलेटर्स' (Bronchodilators) दवाएँ।
- श्वसन नलिकाओं की सूजन दूर करने वाली प्रदाहरोधी यानी एंटी इंफ्लेमेटरी (Anti inflammatory) दवाएँ।
- एलर्जी रोधी (एंटी एलर्जिक) या मास्ट सेल्सी स्टेबलाइजर दवाएँ।

श्वसन नलिकाएँ फैलाने वाली दवाएँ

यह दमा के दौरे में उपयोग की जाने वाली ऐसी दवाएँ हैं, जो अपने प्रभाव से दमे के दौरे को शीघ्र काबू करने में मदद करती हैं। इसीलिए इन्हें कुछ लोग शीघ्र राहत प्रदान करने वाली दवाएँ (Quick-reliefmedicines) भी कहते हैं। ये दवाएँ अपने प्रभाव से श्वसन नलिका के आसपास की मांसपेशियों में पैदा हुए आपेक्ष यानी ऐंठन को ढीला करके उन्हें शीघ्र ही शिथिल (Relex) कर देती हैं। इन पेशियों में शिथिलता आते ही श्वसन नलिकाओं का अंदरूनी व्यास बढ़ने लगता

है और उनमें हवा का आवागमन सामान्य होता जाता है। इससे दमा का दौरा शांत होने लगता है और रोगी की साँस की परेशानी दूर होने लगती है।

ये दवाएँ श्वसन नलिकाओं की मांसपेशियों पर असर डालकर उनकी सूक्ष्म शाखाओं को फैलाने का कार्य करती हैं। इसीलिए इन्हें श्वसन नलिकाएँ फैलाने वाली दवाएँ (ब्रोंकोडिलेटर्स) भी कहा जाता है। इस ब्रोंकोडिलेटर समूह में कई प्रकार की दवाएँ आती हैं। ये सभी श्वसन तंत्र की पेशियों पर अलग-अलग तरह से अपना प्रभाव डालकर उन्हें शिथिल करने का कार्य करती हैं।

अभी तक दमा रोगियों को उपयोग कराई जाने वाली ब्रोंकोडिलेटर्स दवाओं के तीन समूह खोजे जा चुके हैं, जो निम्न प्रकार हैं—

- पहला समूह सालबूटामॉल (Salbutamol), टरबूटालीन (Terbutaline), फेनोटेरॉल, एड्रीनेलीन, एफेड्रीन और आइसोप्रेनालीन जैसी दवाओं का है। ये सभी दवाएँ तेजी से केंद्रीय तंत्रिका तंत्र की सिम्पेथेटिक शाखा की एक मुख्य तंत्रिका 'पोस्ट गेंगलियोनिक तंत्रिका' (एड्रीनरजिक) पर अपना प्रभाव डालकर उनसे पैदा हुए पेशीय आपेक्ष को दूर करती हैं। इससे उनसे संबंधित मांसपेशियों में पैदा हुई ऐंठन एकाएक दूर होने लगती है और वह पुनः सामान्य अवस्था में लौट आती है।

दमा के दौरे पर नियंत्रण करने में इन दवाओं का सर्वाधिक उपयोग किया जाता है। आजकल इस समूह की पहली दो दवाएँ (सालबूटामॉल और टरबूटालीन) प्रमुखता से काम में लाई जा रही हैं। इन दवाओं का असर रोगी पर तत्काल होता है, किंतु इनका प्रभाव रोगी के शरीर पर 4 से 6 घंटे तक ही रह पाता है। अतः दमा में स्थायी लाभ प्रदान करने में इनकी ज्यादा भूमिका नहीं रहती।

ये दवाएँ अब कई रूपों में उपलब्ध हैं; जैसे—

1. मुँह से ली जा सकने वाली गोली या तरल के रूप में।
2. इंजेक्शन के रूप में।
3. इंहेलर पंप या रोटोहेलर के रूप में इस्तेमाल किए जाने वाले शुष्क पाउडर के रूप में।
4. साँस द्वारा नेब्यूलाइजर में इस्तेमाल में लाए जाने वाले तरल के रूप में।

इन दवाओं का महत्त्व

दमा के उपचार में इन ब्रोंकोडिलेटर दवाओं का काफी महत्त्व है। यह शरीर

में पहुँचते ही अपना असर दिखाने लगती है। दमा की कुछ अवस्थाओं जैसे कि श्रम वाले काम करने की दशा में या रात्रि को परेशान करने वाले दमा में तो इन्हें अकेले लेते रहने से ही रोगी को पर्याप्त आराम मिल जाता है।

दवाओं के पार्श्व प्रभाव

ये दवाएँ श्वसन नलिकाओं को फैलाने का कार्य ही करती हैं, लेकिन उनमें पैदा हुई सूजन को घटाने में इनकी कोई भूमिका नहीं रहती। इसीलिए लंबे समय तक दमा के दौरे को रोके रखने में ये ज्यादा सहायक सिद्ध नहीं हो पाती हैं।

इन दवाओं के लगातार सेवन से बहुत से मरीज की हृदय की धड़कन एकाएक बढ़ जाती है, जी मिचलाने लगता है अथवा उल्टियाँ आने लगती हैं, हाथों में कँपकँपी रहने लगती है और सिर में भारीपन बना रहने लगता है, लेकिन ऐसे ज्यादातर लक्षण दवा की मात्रा घटा लेने से या उनका सेवन कुछ दिन के लिए बंद कर देने से ही ठीक हो जाते हैं। यदि रोगी में ऐसे पार्श्व प्रभाव लंबे समय तक बने रहें तो वह चिंता के कारण बन सकते हैं।

- दूसरा समूह मेथिल जेंथिन (Methyl Xanthine) दवाओं का है। इस समूह में थियोफाइलीन (Theophylline) और अमीनोफाइलीन (Aminopylline) जैसी दवाएँ आती हैं। ये दवाएँ भी केंद्रीय तंत्रिका तंत्र एवं श्वसन मार्ग की पेशियों पर अपना प्रभाव डालकर उनमें पैदा हुए संकुचन को दूर करने का कार्य करती हैं।

इनका कुछ प्रभाव मूत्र तंत्र पर भी होते देखा जाता है। यह कोशिकाओं विशेषकर श्वसन नलिका की पेशियों में इकट्ठे हुए अतिरिक्त तरल को बाहर निकालकर श्वसन मार्ग को फैलाने का कार्य भी करती है। यह वृक्कीय रक्त संचार में वृद्धि करती भी देखी गई हैं। इनसे अधिवृक्क ग्रंथि से एड्रीनेलीन नामक एक रसायन का रिसाव बढ़ जाता है। पेशियों से अतिरिक्त तरल के निकल जाने से उनमें पैदा हुई सूजन घट जाती है तथा श्वसन मार्ग खुलने लगता है। कॉफी, कोको आदि में प्राकृतिक जेंथिन की काफी मात्रा रहती है।

दमा के उपचार में इन दवाओं का भी काफी महत्त्व है, लेकिन इन दवाओं का उपयोग दमा के तीव्र दौरे के समय ही ज्यादा किया जाता है। ये दवाएँ भी निम्न कई रूपों में उपलब्ध हैं—

1. मुँह से सेवन की जा सकने वाली गोलियों और तरल के रूप में।
2. नस के द्वारा उपयोग किए जाने के लिए इंजेक्शन के रूप में।

इन दवाओं का महत्त्व

इन दवाओं के साथ दूसरी ब्रोंकोडिलेटर दवाओं एवं कोर्टीकोस्टीरॉयड दवाओं की कम मात्रा की ही जरूरत पड़ती है। इन दवाओं का भी रोगी की श्वसन नलिकाओं पर तेजी से असर होता है तथा वह शीघ्र खुलने लग जाती है। इनके उपयोग से रोगी के साँस लेने की क्रिया में भी सुधार हो जाता है।

दवाओं के पार्श्व प्रभाव

इन दवाओं के अनेक पार्श्व प्रभाव देखने को मिलते हैं। जैसे कि ये दवाएँ हृदय रोगियों, उच्च रक्तचाप की दशा में, हायपर थॉयरापेडिज्म की दशा में, पेट में अल्सर बन जाने, जिगर की खराबी, गर्भावस्था, धूम्रपान के साथ बिल्कुल भी मान्य नहीं हैं या फिर उन्हें बहुत ही सावधानी के साथ दिया जाता है। कम मात्रा और थोड़ी अवधि के लिए इनका प्रयोग करना ही उचित रहता है।

- तीसरा समूह एंटी कोलिनर्जिक जैसी दवाओं का है। इसमें एट्रोपिन मेथोनाइट्रेट और इप्रॉट्रोपियम ब्रोमाइड (Iprotropium bromide) जैसी दवाएँ आती हैं। ये दवाएँ भी केंद्रीय तंत्रिका तंत्र की दशम प्रावदा स्नायु तंत्रिका (10 th-vagus nerves) पर अपना प्रभाव डालकर उनसे संबंधित पेशियों के संकुचन को दूर करने का कार्य करती हैं। ये दवाएँ भी श्वसन नलिकाओं को फैलाकर साँस की कठिनाई को दूर करती है।

ये दवाएँ इंहेलर और नेब्यूलाइजर से लेने के लिए उपलब्ध हैं। इन दवाओं के पार्श्व प्रभाव कम ही देखने को मिलते हैं; क्योंकि इन्हें कम मात्रा में साँस के रास्ते ही लिया जा सकता है।

श्वसन नलिकाओं की सूजन दूर करने वाली दवाएँ

दमा के रोगियों को दी जाने वाली ये दूसरी किस्म की दवाएँ हैं। इन दवाओं का असर तो धीरे-धीरे होता है, लेकिन इनका असर लंबे समय तक बना रहता है। ये दवाएँ दमे के दौरे को लंबे समय तक में रखने का कार्य करती हैं।

इन दवाओं का प्रभाव श्वसन मार्ग की श्लेष्मिक झिल्ली पर होता है। ये उस झिल्ली में पैदा हुई सूजन को दूर करने का कार्य करती हैं। इसीलिए इन दवाओं

को शोथहर यानी प्रदाह निरोधी दवाएँ (एंटी इंफ्लेमेटरी) भी कहा जाता है। इन दवाओं को ही सामान्य रूप में स्टीरॉयड्स या कोर्टीकोस्टीरॉयड्स दवाओं के नाम से जाना जाता है। दमे के उपचार में इनका विशेष महत्त्व है।

दमा के दौरे के दौरान श्वसन तंत्र की श्लेष्मिक झिल्ली में सूजन आ जाने से ही श्वसन मार्ग सँकरा होने लगता है तथा रोगी को साँस लेने में मुश्किल आने लगती है; जबकि ये दवाएँ उस शोथ को दूर कर श्वसन मार्ग को फैलाने का कार्य करती हैं। इसके अलावा ये दवाएँ फेफड़ों के वायुकोष्ठकों और श्वसन नलिकाओं में फँसे कफ को भी बाहर निकालने का कार्य करती हैं। इससे भी रोगी को साँस की कठिनाई में शीघ्र आराम मिलने लगता है।

इन दवाओं के नियमित उपयोग से श्लेष्मिक झिल्ली की एलर्जिक कारकों के प्रति संवेदनशीलता भी लंबे समय तक दबी रहती है तथा उनमें दौरे की शुरुआत करने वाली सूजन पैदा नहीं हो पाती। इसीलिए ये दवाएँ लंबे समय तक रोगी को आराम प्रदान करती हैं।

प्रदाह निरोधी मानी जाने वाली इन स्टीरॉयड दवाओं में प्रेडनीसॉलोन, बीटामेथासॉन, डोक्सामेथासॉन, बेक्लोमेथासॉन, हाइड्रोकोर्टीसोन, ट्राइमसिनॉलोन (Triamcinolone), बुडेसॉनाइड आदि आती हैं।

दमा के उपचार में इन दवाओं का बहुत ही महत्त्व है। यह दमा के दौरे को लंबे समय तक रोके रखने में मदद करती हैं। ये दवाएँ निम्न रूपों में उपलब्ध रहती है—

1. मौखिक रूप में प्रयोग की जा सकने वाली गोलियों के रूप में।
2. इंजेक्शन के रूप में।
3. इंहेलर, रोटोकैप्स और नेब्यूलाइजर के रूप में प्रयोग के लिए।

इन दवाओं का महत्त्व

ये दवाएँ सूजन को मिटाने का कार्य करती हैं। इसीलिए इनके उपयोग से श्वसन नलिकाओं की सूजन घटने लगती है और रोगी को दमा में आराम मिलने लगता है। ये श्वसन नलिकाओं की एलर्जंस के प्रति बढ़ी हुई संवेनशीलता को घटाने का काम भी करती हैं।

पार्श्व प्रभाव

इन दवाओं के दो तरह के पार्श्व प्रभाव देखने को मिलते हैं। जैसे कि जो

दवाएँ साँस के रास्ते से नियमित तौर पर ली जाती हैं। इनके इस्तेमाल में मुँह और गले के अदंर एक प्रकार का फफूँद का संक्रमण (केंडिडा एल्बीकेंस) शुरू हो जाता है, जिससे रोगी की आवाज बैठने लग जाती है या उसे सूखी खाँसी बनी रहने लगती है।

जिन कोर्टीकोस्टीरॉयड दवाओं का मौखिक या इंजेक्शन के रूप में लंबे समय तक उपयोग किया जाता है, उनसे हड्डियों का क्षय (Osteoporosis), छोटे बच्चे में शारीरिक विकास धीमा पड़ जाना, आँखों में मोतियाबिंद उतर आना (Cataracts), रक्तचाप का बढ़ने लगना, रोगी की भूख बढ़ जाना, शारीरिक भार में एकाएक वृद्धि होते जाना, महिलाओं में मासिक चक्र का गड़बड़ाने लगना; पेट में घाव बन जाना (Paptic Ulcer) और मांसपेशियों का कमजोर पड़ने लगना तक की समस्या शुरू हो जाती है। मधुमेह के रोगियों में इन दवाओं के सेवन में विशेष सावधानी बरतनी चाहिए।

एलर्जी रोधी दवाएँ

दमा के रोगियों को दी जाने वाली तीसरी प्रकार की दवाएँ, एंटी एलर्जिक या मास्ट सेल्स स्टेबलाइजर दवाएँ कहलाती हैं। ये दवाएँ प्रदाह और एलर्जिक प्रक्रिया की शुरुआत करने वाले हिस्टामीन जैसे रसायनों के रिसाव को शुरू में ही रोकने का कार्य करती हैं। ये एलर्जी और शोथ पैदा करने वाले रसायन मास्ट कोशिकाओं से रिसते हैं। ये कोशिकाएँ अधिकांश शरीर की श्लेष्मिक झिल्ली में छितरी रहती हैं।

जब यह मास्ट कोशिकाएँ किसी एलर्जी कारक के संर्पक में आती हैं, तो उनसे हिस्टामीन जैसे रसायनों का रिसाव शुरू हो जाता है तथा उनसे संबंधित श्लेष्मिक झिल्ली में सूजन एवं संकुचन की प्रक्रिया शुरू हो जाती है, लेकिन ये दवाएँ मास्ट कोशिकाओं को एलर्जंस पदार्थों के संपर्क में आने पर भी निष्क्रिय बनाए रहती हैं तथा उनके विरुद्ध कोई प्रतिक्रिया नहीं दरशाने देतीं। ये दवाएँ लंबे समय तक दमा के दौरे को रोके रखने में सहायता करती है।

सोडियम क्रोमोग्लाइकेट (क्रोमोलिन) और केटॉटिफेन (Ketotifen) आदि कुछ ऐसी ही दवाएँ हैं।

ये दवाएँ दमा के कम गंभीर दौरे को लंबे समय तक टाले रखने के रूप में प्रयुक्त की जाने वाली दवाएँ हैं। ये दौरे की शुरुआत करने वाले एलर्जंस का श्वसन नलिका के संपर्क में आने से पहले ही उसे निष्क्रिय बना देती हैं।

ये दवाएँ भी निम्न दो रूपों में उपलब्ध हैं—

1. शुष्क पाउडर के रूप में इंहेलर और रोटोहेलर के उपयोग के लिए।
2. नेब्यूलाइजर के रूप में इस्तेमाल के लिए तरल के रूप में।

इन दवाओं का महत्त्व

ये दवाएँ दमा के दौरे खासकर बच्चों के एटोपिक दमा में काफी आराम प्रदान करने वाली साबित होती हैं। इन्हें शुरू में कम-से-कम चार सप्ताह उपयोग कर देखा जाता है। अगर ये दवाएँ कारगर साबित होती हैं तो इन्हें दमा के दौरे को रोके रखने के लिए इंहेलर या स्पिनहेलर के रूप में रोजाना इस्तेमाल किया जाता है।

केटॉटिफेन का उपयोग सिर्फ मुख के द्वारा ही हो पाता। साथ ही यह क्रोमोलिन के मुकाबले कम असरकारक साबित होती देखी गई है। इसके सेवन के दौरान रोगी पर तंद्रा जैसी छाई रहती है। जिससे ड्राइविंग करते समय दुर्घटना की आशंका रहती है।

कुछ वर्ष से दमा के उपचार में कई नई दवाएँ भी आने लगी है। मोंटेलुकॉस्ट और जेफिरलुकॉस्ट आदि कुछ ऐसी ही दवाएँ हैं। ये दोनों दवाएँ भी अलग तरह से अपना असर डालकर रोगी की मदद करते देखी गई है। ये दवाएँ दमा के दौरे को लंबे समय तक टाले रखने में मददगार पाई गई है।

दमा के दौरे के दौरान कुछ रोगियों को उपरोक्त दवाओं के साथ उचित प्रतिजीवी दवाएँ (Antibiotics) भी उपयुक्त मात्रा में सेवन करवाई जाती हैं, क्योंकि दौरे के दौरान श्वसन मार्ग की श्लेष्मिक झिल्ली में तरल की मात्रा बढ़ते जाने से वहाँ रोग को गंभीर बनाने वाले अनेक जीवाणुओं के संक्रमण की संभावना बढ़ जाती है, जबकि एंटीबायोटिक दवाओं के सेवन से संक्रमण की यह संभावना नहीं रहती।

आजकल दमा रोगियों की एलर्जी कारकों के प्रति संवेदनशीलता को घटाने के लिए इम्यूनोथेरेपी पर आधारित कई प्रकार के वैक्सीन इंजेक्शन तैयार करके भी लगाए जा रहे हैं। यद्यपि इस उपचार से सफलता की दर में कोई ज्यादा लाभ नहीं हुआ है; फिर भी इस वैक्सीन उपचार से अनेक रोगियों को काफी आराम मिलता है।

दमा रोगी का इलाज कैसे करें

दमा रोगी के समुचित इलाज के लिए उपचार की पूरी प्रक्रिया को दो चरणों में बाँटा जा सकता है—

1. दमा के हमले को रोकना यानी रोग से बचाव।
2. दमा का दौरा पड़ने पर उपचार।

दमा रोग से बचाव

रोगी को दमा के दौरे से बचाए रखने के लिए कई तरह की सावधानियाँ रखने की जरूरत तो रहती ही है साथ ही कई प्रकार की दवाएँ खाते रहना भी जरूरी होता है। ऐसा विश्वास किया जाता है कि अगर दमा के पुराने रोगियों को दौरे (अस्थमा अटैक) की शुरुआत करने वाले एलर्जन (टेगर्स) के संपर्क में आने से बचाए रखा जाए तो वे काफी हद तक दमा के दौरे से सुरक्षित बने रहते हैं।

दमा से पीड़ित लोगों को साँस की परेशानी से बचे रहने के लिए निम्नलिखित उपाय करने चाहिए—

एलर्जंस से बचाव रखें

- इन मरीजों को घर की धूल, फूलों के पराग, धुआँ और तीव्र दुर्गंध युक्त वातावरण से दूर ही रहना चाहिए। यह सभी चीजें दमा के मरीजों में उत्तेजक (टेगर्स) की भूमिका निभाकर दमे की शुरुआत कर देते हैं।
- दमा के दौरे की शुरुआत सिर्फ नाक से फेफड़ों में पहुँचने वाले एलर्जंस के कारण ही नहीं होती। बहुत से रोगियों में दमा की शुरुआत विशेष खाद्य पदार्थ खा लेने के बाद भी हो जाती है। अतः ऐसी चीजें जिनके खाने से दमा का दौरा पड़ सकता हो अथवा मरीजों की परेशानी बढ़ सकती हो, के खाने से बचना चाहिए। ऐसा देखने में आया है कि कुछ बच्चों में संतरे का जूस या नीबू का अचार आदि खा लेने से दमा की तीव्रता बढ़ जाती है। अगर किसी रोगी में ऐसी स्थिति का पता चले तो उन मरीजों को पहले तो करीब छह हफ्तों तक ऐसे खाद्य पदार्थों से वंचित कर देना चाहिए। यदि ऐसा करने से मरीज की स्थिति में सुधार आने लगे तो उस खाद्य पदार्थ को उसके लिए एलर्जन मानकर उसे मरीज के आहार से अलग कर देना चाहिए।
- जिस कमरे में दमा के रोगी रहते हों, उन्हें अच्छी तरह से साफ-सुथरा रखना चाहिए। उन कमरों में कम-से-कम सामान और कम-से-कम फर्नीचर रखना ही ठीक रहता है। ज्यादा सामान और फर्नीचर एलर्जंस के स्रोत बने रहते हैं।

- दमा के रोगियों को पुरानी किताबों, काफी दिनों से बंद पड़े कमरों, बक्सों में कई वर्षों से बंद रखे गए ऊनी कपड़ों के सीधे संपर्क में आने से बचना चाहिए। क्योंकि पुरानी किताबों आदि को निकालते समय उन पर जमीं धूल-मिट्टी के नाक में आने से बचना चाहिए, क्योंकि पुरानी किताबों आदि को निकालते समय उन पर जमी धूल-मिट्टी के नाक में चले जाने अथवा उनसे आती तीव्र गंध के नाक में पहुँच जाने से उन पर दमा का हमला शुरू हो सकता है। अतः इन मरीजों को ऐसी सभी चीजों से बचना चाहिए।
- बहुत से दमा के रोगियों में दमे के दौरे की शुरुआत बिस्तर पर बिछाए गए गद्दों या ओढ़ने के काम में लाए जाने वाले कंबलों से भी होते देखी गई है। आजकल बाजार में कई तरह के प्लास्टिक कवर मिलते हैं। अतः ऐसी सभी चीजों पर प्लास्टिक के कवर चढ़ाकर उपयोग में लाना चाहिए। ऐसे कवर एलर्जंस के सीधे संपर्क में आने से मरीज को सुरक्षित रखते हैं।
- दमा रोगी के बिस्तर पर बिछाये जाने वाली चद्दरों, तकिए के गिलाफों तथा दरवाजे, खिड़कियों पर लगाए गए परदे आदि को भी धूल-मिट्टी से सुरक्षित रखना चाहिए। इन सभी को नियमित रूप से साफ करते रहना चाहिए।
- दमा के दौरे की शुरुआत ठंठी हवा के संपर्क में आने से हो सकती है। अतः इन मरीजों को ठंडी हवा के सीधे संपर्क में आने से बचना चाहिए।
- बहुत से रोगियों में दौरे की शुरुआत श्वसन तंत्र के संक्रमण के बाद होते देखी गई है। इसीलिए दमा के प्रति संवेदनशील रोगियों खास करके बच्चों को श्वसन तंत्र के संक्रमण से पीड़ित व्यक्ति के पास जाने से रोकना चाहिए, क्योंकि ऐसे रोगियों के संपर्क में जाने से इनके भी संक्रमणग्रस्त हो जाने की संभावना बढ़ जाती है। ऐसा माना जाता है कि श्वसन तंत्र के संक्रमण से ग्रस्त एक व्यक्ति औसतन आठ लोगों तक अपने जीवाणुओं एवं विषाणुओं को फैलाने की क्षमता रखता है।

जरूरी दवाएँ लेते रहें

दमा के दौरे को रोकने के लिए आवश्यक मात्रा में दवाओं का सेवन करते रहना जरूरी होता है। दमा के दौरे को रोके रखने के लिए निम्न दवाएँ रोगियों को दी जाती हैं—

- अगर रोगी को साँस की थोड़ी-बहुत परेशानी रहती है तो वह अपने रोग को काबू में रखने के लिए सालबूटामॉल या टरबूटालीन आधारित कोई भी ब्रोंकोडिलेटर इंहेलर या रोटोहेलर के रूप में दिन में दो से तीन बार तक दवा जारी रख सकता है। इंहेलर के स्थान पर वह इन दवाओं की न्यूनतम मात्रा गोली के रूप में भी ले सकता है, लेकिन गोलियों के मुकाबले इंहेलर ज्यादा प्रभावी है।
- अगर रोगी को ब्रोंकोडिलेटर दवाओं का इंहेलर के रूप में बहुत अधिक मात्रा में या एक ही दिन में कई-कई बार इस्तेमाल करना पड़े और फिर भी साँस की परेशानी दूर न हो, तो इसका यही मतलब होता है कि रोगी की श्वसन नलिकाओं में सूजन बढ़ रही है तथा उसका दमा गंभीर रूप धारण कर रहा है। दमा की ऐसी स्थिति में अकेली ब्रोंकोडिलेटर दवाओं से आराम नहीं मिल पाता। ऐसे रोगी को ब्रोंकोडिलेटर के साथ साँस द्वारा लिये जा सकने वाले कोर्टीकोस्टीरॉयड वाले इंहेलर या रोटोहेलर जैसे कि बेक्लोमेथासॉन, बुडनीसाइड, फ्लूटीकासॉन लेने की भी जरूरत रहती है। आजकल ब्रोंकोडिलेटर और कोर्टीकोस्टीरॉयड दोनों दवाओं के संयुक्त इंलेहर भी मिलने लगे हैं। अत: रोगी उन्हें भी अपनी सुविधा से इस्तेमाल में ला सकते हैं।
- दमा से पीड़ित ऐसे बच्चों को क्रोमोलीन आधारित इंहेलर देना भी ठीक रहता है। बच्चों के लिए यह काफी सुरक्षित है।

इम्यूनोथेरैपी आधारित उपचार भी आजमाएँ

दमा के मरीजों में एलर्जंस के प्रति संवेदनशीलता को कम करने या उसे खत्म करने के लिए आजकल विशेष तकनीक से तैयार किए गए 'डिसेंसीटाइजिंग' नामक वैक्सीन इंजेक्शन दिए जाते हैं। इन इंजेक्शनों में एलर्जंस की बहुत सूक्ष्म मात्रा रहती है। कई दिनों तक रोगी के शरीर में धीरे-धीरे इनकी मात्रा बढ़ाते हुए इन्हें पहुँचाया जाता है, ताकि उनका शरीर उन एलर्जंस के प्रति अपनी संवेदनशीलता घटा सकें। वैसे देखने में ऐसा आया है कि इन इंजेक्शनों की उपयोगिता दमा रोगियों पर ज्यादा कारगर साबित नहीं हो पाती है; क्योंकि दमा के अधिकांश मामले में उनका कोई ज्यादा व स्थायी असर नहीं होता है। हाँ, परागज बुखार (हे-फीवर) नामक एक रोग में ये वैक्सीन इंजेक्शन काफी हद तक प्रभावी है।

कैसे काम करती है इम्यूनोथेरेपी?

समस्त प्राणियों के शरीर में विभिन्न रोगों से सुरक्षा प्रदान करनेवाली एक आश्चर्यजनक और व्यवस्थित प्रणाली होती है। यह प्रणाली हानिकारक जीवाणु, विषाणु, कवक, पैरासाइट और सूक्ष्म प्रोटीन कणों को नष्ट कर शरीर को स्वस्थ बनाए रखती है। इस प्रणाली को 'रोग प्रतिरोधक प्रणाली' कहा जाता है। यदि यह प्रणाली न हो तो हम सभी का वर्षों तो क्या कुछ महीने भी जिंदा रह पाना संभव न हो पाए। यह प्रणाली जन्म से ही हम सब के अंदर सक्रिय रहती है। शिशुओं में यह कुछ माँ के दूध से आती है।

यह रोग प्रतिरोधक प्रणाली (इम्यून सिस्टम) विभिन्न शारीरिक अवयवों द्वारा संचालित ऐसी व्यवस्था है, जो बीमारी उत्पन्न करने वाले रोगाणुओं को शरीर में प्रवेश करने पर उन्हें नष्ट करती या उन्हें बेअसर बनाती रहती है। इस प्रणाली के कारण ही हमारा शरीर ज्यादातर बीमारियों से बचा रहता है।

इस रोग प्रतिरोधक प्रणाली का एक मुख्य अवयव खून होता है। हमारे शरीर का खून प्लाज्मा, तीन प्रकार की रक्त कणिकाओं—लाल, श्वेत व प्लेटलेट्स रक्त कणिकाओं के मेल से बना होता है। रक्त प्लाज्मा में शरीर की रक्षा करने वाले प्रतिपिंड (एंटीबॉडीज) उपस्थित रहते हैं। लाल रक्त कणिकाएँ ऑक्सीजन, कार्बन डाइऑक्साइड के अलावा अन्य सेकेंडों तरह के पोषक तत्त्वों और रसायनों का सारे शरीर में आवागमन बनाए रखती हैं, जबकि श्वेत रक्त कणिकाएँ शरीर की प्रतिरक्षा के लिए उत्तरदायी होती हैं। ये कणिकाएँ पाँच प्रकार की होती हैं; जैसे न्यूट्रोफिल्स, लिंफोसाइट्रस, इओसिनोफिल्स, बेसोफिल्स, मोनोसाइट्रस।

लिम्फोसाइट्स कणिकाएँ बाहरी शत्रुओं जैसे कि जीवाणु, विषाणु आदि को पहचान कर उनसे लड़ने के लिए शरीर में एंटीबॉडीज तैयार करने का काम करती हैं। ये लिम्फोसाइट्स भी दो प्रकार की होती हैं—टी-लिम्फोसाइट्स और बी-लिम्फोसाइट्स।

टी-लिम्फोसाइट्स सेल्स भी दो प्रकार की होती हैं—टी-4 लिम्फोसाइट्स और टी-8 लिम्फोसाइट्स। इन कणिकाओं को क्रमश: टी-प्रेरक और टी-मंदक कोशिकाएँ भी कहा जाता है। ये कणिकाएँ प्रतिरक्षा में महत्त्वपूर्ण योगदान देती रहती हैं।

दरअसल हमारे शरीर में रोग प्रतिरोधक क्षमता दो प्रकार की होती है—

1. जन्मजात यानी स्वाभाविक (इम्नेट इम्यूनिटी) रोग प्रतिरोधकता।

2. बाद में प्राप्त हुई या अर्जित रोग प्रतिरोधकता (एक्वायर्ड इम्यूनिटी) क्षमता।

जन्मजात रोग प्रतिरोधकता

यह प्रतिरोधक क्षमता व्यक्ति में जन्मजात रूप में रहती है। इसके कारण शरीर कई बीमारियों से बचा रहता है। जन्मजात रोग प्रतिरोधकता अलग-अलग प्राणियों में अलग-अलग तरह से काम करती रहती है। इसमें रंग, नस्ल और जाति के अनुसार भी भिन्नता पाई जाती है। जैसे भारत में रहने वाले नेपाली लोग क्षयरोग के प्रति भारतीयों के मुकाबले ज्यादा संवेदनशील पाए जाते हैं। जबकि यहूदियों को यह बीमारी आमतौर पर होती ही नहीं। इसी तरह नीग्रो लोगों में क्षय रोग ज्यादा होता है। शरीर की स्वाभाविक रोग प्रतिरोधक क्षमता में निम्न अवयव भाग लेते हैं—

1. न्यूट्रोफिल्स एवं मेक्रोफेजेज कोशिकाएँ
2. मास्ट सेल्स।

न्यूट्रोफिल्स और मेक्रोफेजेज श्वेत रक्त कणिकाओं की किस्में हैं। ये दोनों अस्थिमज्जा में पैदा होती रहती हैं। ये शरीर पर बाहरी रोगाणुओं का हमला होने पर उन्हें हानि रहित या उदासीन करके निगलती रहती हैं। इस तरह शरीर उन रोगाणुओं से सुरक्षित बचा रहता है।

मास्ट सेल्स यानी लक्ष्य कणिकाएँ उन्हें कहा जाता है, जो समस्त शरीर की आंतरिक श्लेष्मिक परत पर मौजूद रहती हैं। ये कणिकाएँ बाहरी संक्रमण या चोट आदि लगने पर विशेष तरह के रसायनों का रिसाव शुरू कर देती हैं। हिस्टामिन और प्रोस्टाग्लेंडिन आदि ऐसे ही रसायन हैं। ये रसायन पीड़ित स्थान पर खून से तरल का जमाव करके उसे और ज्यादा क्षति से बचाने का कार्य करते हैं। चोट के स्थान पर सूजन या लालिमा इन्हीं के द्वारा उत्पन्न की जाती है।

शरीर के कुछ संक्रमित ऊतक इंटरफेरॉन्स नामक प्रोटीन पदार्थ पैदा करने लग जाते हैं। इनमें विषाणु प्रतिरोधक गुण होते हैं। इन पदार्थों को लाइसोजाइंस भी कहा जाता है। ये जीवाणु, विषाणुओं आदि के विकास को रोककर उन्हें नष्ट करके शरीर को सुरक्षा प्रदान करते हैं।

आजकल वैज्ञानिक इन्हें शरीर के बाहर तैयार करने के प्रयास में लगे हुए हैं। आजकल इंटरफेरॉन से कैंसर से लेकर एड्स जैसी विषाणु जन्य बीमारी का इलाज करने का प्रयास किया जा रहा है।

अर्जित रोग प्रतिरोधकता यानी एक्वायर्ड इम्यूनिटी

इस प्रकार की रोग प्रतिरोधकता शरीर में जन्मजात नहीं होती। शरीर इसे जीवनकाल के दौरान प्राप्त करता रहता है। इसीलिए इसे 'प्राप्त या अर्जित रोग प्रतिरोधकता' (एक्वायर्ड इम्यूनिटी) कहा जाता है। इस प्रकार की रोग प्रतिरोधकता माँ के दूध से शिशु में विकसित होती है। कई तरह के रोगों के संक्रमण के बाद भी शरीर में यह क्षमता उत्पन्न होते देखी जाती है।

आजकल वैक्सीन टीकों द्वारा रोग से बचाव करने के लिए भी, रोग विशेष के विरुद्ध ऐसी रोग प्रतिरोधक क्षमता पैदा की जाती है। पोलियो, बी.सी.जी., चेचक, हेपेटाइटिस, टाइफाइड, टेटनस आदि के टीके लगाकर बच्चों में अर्जित रोग प्रतिरोधकता भी उत्पन्न की जाती है।

शरीर में इस तरह की रोग प्रतिरोधकता निम्न प्रकार से पैदा होती है—

खून में पाए जाने वाली लिम्फोसाइट्स कणिकाएँ अस्थिमज्जा में पैदा होती हैं और शरीर में इनका परिवहन लसिका तंत्र द्वारा होता रहता है, लेकिन इनमें से कुछ लिम्फोसाइट्स कणिकाएँ गले में स्थित रहने वाली थॉयमस ग्रंथि में आकर परिपक्व होती रहती हैं। इसीलिए इन्हें टी-लिम्फोसाइट कणिकाएँ कह दिया जाता है। ये कणिकाएँ भी दो तरह की होती हैं, टी-4 लिम्फोसाइट्स और टी-8 लिम्फोसाइट्स।

टी-4 लिम्फोसाइट्स की सतह पर एक अभिग्राहक पदार्थ सी.डी.-4 रहता है। इसी तरह टी-8 लिम्फोसाइट्स कणिकाओं की सतह पर भी अभिग्राहक पदार्थ सी.डी.-8 रहता है। यह अभिग्राहक रोगाणुओं की सतह से चिपक कर उन्हें निष्क्रिय बनाने का प्रयास करता रहता है। हमारे खून में इन कणिकाओं का अनुपात 2:4:1 होता है।

हमारे खून में टी-लिम्फोसाइट्स के अलावा बी-सेल्स लिम्फोसाइट्स भी रहती है। ये रक्त कणिकाएँ शरीर में रोग के आक्रमण के समय विशेष प्रकार के प्रोटीन पदार्थ उत्पन्न करने का कार्य करती हैं। इन प्रोटीन पदार्थों को ही एंटीबॉडीज कहा जाता है। यह रोगाणु द्वारा उत्पन्न विषैले पदार्थ व एंटीजन को बाँधकर हानि रहित बनाने का काम करते हैं। एंटीजन और एंटीबॉडीज मिलकर एक ऐसा संयुक्त पदार्थ बना देते हैं, जिसे बाद में मैक्रोफेज नामक कणिकाएँ शरीर से बाहर कर देती हैं।

रोग उत्पन्न करने वाले जीवाणु, विषाणु या फिर एलर्जी पैदा करने वाले पदार्थों के ऊपर एक विशेष प्रकार की प्रोटीन परत चढ़ी रहती है। जो उनके

पहचान-पत्र का कार्य करती है। जब ऐसे पदार्थ रक्त में प्रवेश करते हैं तो शरीर की टी-4 लिम्फोसाइट्स यह निर्धारित करने का कार्य करती है कि वह शरीर के लिए हानिकारक है या नहीं। अगर वह हानिकारक है तो वह मास्ट सरीकी अन्य कणिआओं को सूचित करके उसे नष्ट करने के लिए उन्हें प्ररित करती है।

इम्यूनोथेरेपी के दौरान भी रोगी के शरीर में ऐसी ही स्थिति पैदा करने का प्रयास किया जाता है, ताकि रोगी का शरीर एलर्जंस को पहचान कर मास्ट कोशिकाओं को उससे शीघ्र उत्तेजित न होने दे।

दमा का दौरा पड़ने पर उपचार

आमतौर पर उपचार के समय दमा की दो स्थितियाँ देखने को मिलती हैं। एक दमा के दौरे की साधारण स्थिति और दूसरी दमा के दौरे की गंभीर स्थिति। दमा की इन दोनों ही अवस्था में अलग-अलग तरह से रोगी का उपचार किया जाता है।

दमा के साधारण दौरे का उपचार

साधारण दौरे के समय रोगी को प्राय: इंहेलर, रोटोहेलर या नेब्यूलाइजर के रूप में दी जाने वाली ब्रोंकोडिलेटर दवाओं जैसे कि सालबूटामॉल और टरबूटालीन और कोर्टीकोस्टीरॉयड दवाओं जैसे कि बुडनीसाइड, बेक्लोमेथासॉन, फॉरमोटेरॉल, फ्लूटीकासॉन और इप्रॉट्रोपियम देने से ही काम चल जाता है। रोगी को इनके कुछ पफ् लेने या फिर एक-दो बार 5-7 मिनट तक नेब्यूलाइजर लेने से ही दौरा काबू में आ जाता है।

दमा के कुछ रोगियों को दौरे पर नियंत्रण पाने के लिए इंहेलर या रोटोहेलर के उपयोग के साथ कुछ मौखिक दवाओं के रूप में थियोफाइलीन, सालबूटामॉल या टरबूटालीन और प्रेडनीसॉलोन, बीटामिथासॉन जैसे लंबे समय तक कार्य करने वाले कोर्टीकोस्टीरॉयड की भी आवश्यकता पड़ जाती है।

लेकिन इस साधारण अवस्था वाले कुछेक रोगी ऐसे भी होते हैं, जिन्हें इंहेलर या मौखिक रूप से दवाएँ लेने पर भी पूरा आराम नहीं मिल पाता। इन्हें थियोफाइलीन (डेरीफाइलिन) जैसे ब्रोंकोडिलेटर और डेक्सामेथासॉन या बीटामेथासॉन जैसे कोर्टीकोस्टीरॉयड दवाएँ इंजेक्शन के द्वारा नस में दी जानी जरूरी हो जाती हैं, तभी उन्हें पूरा आराम मिल पाता है, किंतु ऐसे एक-दो इंजेक्शनों से ही रोगी का दमा काबू में आ जाता है तथा फिर मरीज को कई सप्ताह से लेकर महीनों तक साँस लेने में कोई परेशानी नहीं रहती है।

दमा के गंभीर दौरे के दौरान उपचार

जब किसी रोगी पर दमा का गंभीर दौरा पड़ता है तो उसकी जान पर ही बन आती है। रोगी किसी भी कीमत पर अपनी परेशानी से छुटकारा पाना चाहता है। दमा के दौरे की यह एक ऐसी अवस्था होती है, जिसमें इंहेलर और मौखिक दवाओं से रोगी को बिल्कुल आराम नहीं मिल पाता। इस अवस्था में रोगी को तत्काल इंजेक्शन के द्वारा खासकर नस के द्वारा उच्च मात्रा में कुछ विशेष ब्रोंकोडिलेटर दवाएँ जैसे कि एमीनोफाइलीन, थियोकाइलीन के साथ ही कोर्टीकोस्टीरॉयड दवाएँ जैसे कि बीटामेथासॉन, डोक्सामेथासॉन देने की जरूरत रहती है। इसके आलावा उन्हें साँस के रास्ते नेब्यूलाइलर के रूप में अन्य ब्रोंकोडिलेटर और कोर्टीकोस्टीरॉयड दवाएँ भी दी जाने की जरूरत पड़ती है।

कई बार तो रोगी की हालत इतनी खराब हो जाती है कि उसे तुरंत अस्पताल में भरती करने की आवश्यकता पड़ती है। अस्पताल में उसे उच्च मात्रा में प्रेडनीसोलॉन या डेक्सामेथासॉन या बीटामेथासॉन अथवा हाइड्रोकोर्टीसॉन सोडियम सुसीनेट जैसे कोर्टीकोस्टीरॉयड दवाएँ एमीनोफाइलीन या थियोफालीन जैसी ब्रोंकोडिलेटर दवाओं के साथ नस के द्वारा इंजेक्शन के रूप में दिए जाते हैं। इनके अलावा उन्हें इस अवस्था में कई दूसरे ब्रोंकोडिलेटर जैसे कि सालबूटामॉल या टरबूटालीन भी मौखिक अथवा मांस में इंजेक्शन के द्वारा अथवा नेब्यूलाइजर के रूप में दिए जाने जरूरी हो जाते हैं।

इनके अलावा उन रोगियों को साँस के रास्ते ऑक्सीजन पहुँचाने के साथ-साथ नेब्यूलाइजर के द्वारा अन्य आवश्यक ब्रोंकोडिलेटर और कोर्टीकोस्टीरॉयड दवाएँ भी दी जाती हैं। दमा की ऐसी गंभीर स्थिति रोगी में कई घंटे से लेकर कई दिन रह सकती है।

इसके अतिरिक्त इस दशा में नस द्वारा रोगी के शरीर में ग्लूकोज चढ़ाने की भी जरूरत पड़ती है।

कुछ रोगियों को तो इस अवस्था में संक्रमण होने का भी खतरा रहता है, अत: संक्रमण को रोकने या उसे काबू में लाने के लिए उन्हें एंटीबायोटिक दवाएँ भी साथ में देनी जरूरी हैं।

दमा रोग में दवाएँ देने की विधियाँ

दमा रोग में दवाएँ निम्न विधियों से दी जा सकती हैं। इनमें से हर विधि के अपने फायदे और अपने नुकसान होते हैं। सही दवा और उसको लेने की उचित

तकनीक का निर्णय एक चिकित्सक ही कर सकता है। दमा के उपचार में प्रयुक्त होने वाली दवाओं को निम्न तीन तरह से उपयोग में लाया जाता है—

1. मुँह से सेवन की जाने वाली दवाएँ

इस श्रेणी में मुँह से ली जा सकने वाली (ऑरल यूज) गोलियाँ, कैप्सूल और सीरप आदि आते हैं। सालबूटामॉल, टरबूटालीन, थियोफाइलीन, प्रेडनीसॉलोन, बीटामेथासॉन आदि अनेक दवाएँ इस रूप में उपलब्ध है। इन दवाओं के लाभ और कमियाँ निम्न प्रकार हैं—

लाभ–

- ये दवाएँ आसानी से उपलब्ध हो जाती हैं।
- इन्हें कोई भी और किसी भी उम्र का मरीज आसानी से ले सकता है।
- इन दवाओं को अपने साथ कहीं भी लेकर जाया जा सकता है।
- ये दवाएँ अन्य रूपों के मुकाबले काफी सस्ती पड़ती है। अत: इन्हें हर वर्ग के रोगी आसानी से खरीद सकते हैं।

हानियाँ–

- मुँह से सेवन की जाने वाली दवाओं की अनेक खामियाँ भी हैं। एक तो इन दवाओं की ज्यादा मात्रा लेनी पड़ती है, क्योंकि कम खुराक में यह अपना असर नहीं दिखा पातीं। अधिक मात्रा में लेते रहने से शरीर के विभिन्न अंगों पर इनके दुष्प्रभाव पैदा होने लग जाते हैं। अत: लंबे समय तक इन दवाओं को सेवन करना स्वास्थ्य की दृष्टि से ठीक नहीं है।
- इन दवाओं की ज्यादातर मात्रा फेफड़ों पर असर दिखाने से पहले ही जिगर द्वारा बेअसर कर दी जाती है तथा गुर्दों द्वारा बाहर निकाल दी जाती है। इससे इनका असर रोगी के शरीर पर कुछ घंटे के बाद समाप्त हो जाता है। रोगी को ये दवाएँ कुछ घंटे के अंतराल से दुबारा लेना जरूरी हो जाता है।
- मुँह से सेवन की जाने वाली दवाओं का श्वसन तंत्र के अलावा सबसे ज्यादा प्रभाव पाचन संस्थान पर पड़ता है। कुछ खास दवाएँ जैसे कि कोर्टीकोस्टीरॉयड वाली दवाओं के नियमित सेवन से दमा के अनेक रोगियों में पेट में घाव (पेप्टिक अल्सर), हड्डियों की कमजोरी, वजन बढ़ने लगना तथा मासिक चक्र की अनियमितता तक हो जाती है।

2. इंजेक्शन के द्वारा ली जाने वाली दवाएँ

इस श्रेणी में इंजेक्शनों के रूप में उपयोग की जाने वाली दवाएँ आती हैं। इन दवाओं का आमतौर पर इस्तेमाल आपातकालीन रूप में ही होता है। एमीनोफाइलीन, थियोफाइलीन, टरबूटालीन, प्रेडनीसॉलोन, डेक्सा मेथासॉन, हाइड्रोकोटीसोन, ट्राइमसिनॉलोन तक अनेक दवाएँ इंजेक्शनों के रूप में उपलब्ध हैं। यद्यपि इन दवाओं का उपचार की दृष्टि से बहुत महत्त्व होता है, फिर भी इनका उपयोग विशेष परिस्थितियों में ही किया जाना चाहिए।

लाभ–

- इंजेक्शनों के रूप में इस्तेमाल होने वाली दवाओं का रोगी पर बहुत जल्दी असर होता है। इनके उपयोग से रोगी को तुरंत आराम मिल जाता है। कुछ विषम परिस्थितियों (इमरजेंसी) के दौरान तो एकमात्र ये दवाएँ ही रोगी के लिए जीवनदायिनी होती हैं।
- इंजेक्शनों के रूप में दवा की अल्प मात्रा से काम चल जाता है। अतः पाचन संस्थान पर दवा का ज्यादा असर नहीं हो पाता।
- इंजेक्शनों के रूप में उपलब्ध ये दवाएँ भी हर जगह आसानी से उपलब्ध रहती हैं।

हानियाँ–

- इंजेक्शन के रूप में प्रयुक्त होने वाली दवाओं के उपयोग की सीमाएँ भी हैं। जैसे इन्हें रोगी स्वयं इस्तेमाल में नहीं ला सकता। इन्हें लगाने के लिए प्रशिक्षित व्यक्ति की जरूरत होती है। इसीलिए इन्हें हर कोई, किसी भी जगह इस्तेमाल में नहीं ला सकता।
- इंजेक्शन के रूप में दवाएँ लेना कष्टप्रद होता है। अतः बहुत से रोगी तो डरकर ही अपना उपचार जारी नहीं रख पाते।
- इंजेक्शन से दवाएँ लेने पर उनका असर ही शीघ्र नहीं होता, बल्कि उनके दुष्प्रभाव भी शीघ्र प्रकट होने लग जाते हैं। कई बार तो इंजेक्शनों के रूप में दवाएँ लेने पर रोगी का जीवन तक संकट में पड़ते देखा गया है। कुछ दमा के रोगियों को थियोफाइलीन युक्त डेरीफाइलीन का इंजेक्शन लेने पर एकाएक रक्चाप गिरते देखा जाता है तथा उसे मितली से लेकर चक्कर तक आने लग जाते हैं या फिर वह गहरी बेहोशी तक में चला जाता है।

इसी प्रकार टरबूटालीन का इंजेक्शन देने पर रोगी के हृदय की धड़कन एकाएक बढ़ जाती है और रोगी घबराहट महसूस करने लगता है।

- इंजेक्शनों की जगह पर घाव होने का खतरा, विशेषकर मधुमेहग्रस्त रोगी में रहता है।

3. साँस के द्वारा ली जानेवाली दवाएँ

आजकल दमा के उपचार में साँस द्वारा ली जाने वाली (इनहेलर) दवाओं का उपयोग काफी बढ़ता जा रहा है। ब्रिटेन जैसे देशों में तो दमा से पीड़ित 99 फीसदी रोगियों को केवल इन्हीं का इस्तेमाल करते पाया गया है। इन दवाओं से परंपरागत दवाओं की अपेक्षा अनेक लाभ हैं।

दमा के उपचार में काम आने वाली ज्यादातर दवाएँ अब इनहेलर के रूप में उपलब्ध हैं। सालबूटामॉल, टरबूटालीन, फ्लूटीकासॉन, बेक्लोमेथासॉन, बुडनीसाइड, फॉरमोटेरॉल, बेमबुटेरॉल, इप्रॉट्रोपियम, क्रोमोलिन तक अनेक दवाएँ इनहेलर के रूप में आसानी से मिलने लगी हं।

लाभ–

- साँस द्वारा दवा लेने के कई फायदे हैं। एक तो जरूरत के मुताबिक दवा ठीक उसी जगह पहुँचती है जहाँ कि उसकी जरूरत होती है। इससे दवा की कम खुराक में ही काम चल जाता है तथा दवा के दुष्प्रभाव की संभावना कम रहती है।
- दवा सीधे फेफड़ों में पहुँच जाने से उसका असर भी बड़ी तेजी से होता है तथा रोगी को कुछ मिनटों में ही लाभ मिलने जाता है।
- साँस द्वारा दवा सीधे फेफड़ों में ही पहुँचती है। इससे अन्य अंगों पर दवा का कोई प्रभाव नहीं पड़ता।
- इन दवाओं के दुष्प्रभाव बहुत कम देखे जाते हैं और वह भी दवा की मात्रा घटा लेने पर कुछ दिनों में ही स्वयं अदृश्य भी हो जाते हैं।

हानियाँ–

इन दवाओं के भी कुछ नुकसान देखे जाते हैं; जैसे कि—

- एक तो साँस मार्ग से ली जाने वाली ये दवाएँ शुरू में रोगी को महँगी पड़ती हैं। साथ ही ये दवाएँ हर जगह आसानी से उपलब्ध भी नहीं हो पातीं।

- साँस मार्ग से दवाओं को ठीक से लेने के लिए मरीज को पहले थोड़ा सा प्रशिक्षण लेने की जरूरत होती है, क्योंकि ऐसा देखने में आया है कि इन दवाओं के उपयोग करने वाले कम-से-कम आधे मरीज उन्हें ठीक से नहीं ले पाते। इससे दवा तो व्यर्थ जाती ही है, रोगी को भी पूरा आराम नहीं मिला पाता।
- साँस के रूप में उपयोग किए जाने वाले कोर्टीकोस्टीरॉयड आधारित इनहेलरों से गले में फफूँद के संक्रमण होने का खतरा रहता है। यद्यपि इनहेलर लेने के बाद पानी से कुल्ली कर लेने पर ऐसी परेशानी से काफी हद तक आसानी से बचा जा सकता है।

साँस द्वारा दवा लेने के लिए उपलब्ध साधन

साँस द्वारा दवा लेने के अब कई तरह की तकनीकें काम में लाई जा रही है। उनमें से कुछ तकनीकें निम्न प्रकार हैं—

1. मीटर डोज इनहेलर

साँस द्वारा मीटर डोज इनहेलर दमा के इलाज में अब सबसे ज्यादा इस्तेमाल में लाए जा रहे हैं। इन्हें एरोसोल इनहेलर भी कहा जाता है। इसमें एक छोटे से कैनिस्टर में द्रव के रूप में दवा भरी रहती है। यह दवा शीघ्र ही वाष्प के रूप में परिवर्तित हो सकती है। जब इस कैनिस्टर के पिस्टन पर दबाव डाला जाता है तो दवा की एक नपी-तुली खुराक वाष्प के रूप में इसके मुँह से बाहर निकलकर रोगी के श्वसन मार्ग में चली जाती है और अपना असर डालना शुरू कर देती है।

लाभ–

मीटर डोज इनहेलर के कई फायदे होते हैं; जैसे कि—

- इससे रोगी पर दवा का असर बड़ी तेजी से होता है, क्योंकि दवा की उचित मात्रा ठीक उसी जगह पहुँच जाती है, जहाँ कि उसकी आवश्यकता होती है।
- इनसे दवा की बहुत कम खुराक से ही रोगी का काम चल जाता है। अत: रोगी को ज्यादा मात्रा में बार-बार दवा लेने की जरूरत नहीं पड़ती।
- शरीर में दवा की कम मात्रा पहुँचने से उसके दुष्प्रभाव की संभावना भी कम ही रहती है।

- इन मीटर डोज इनहेलर पंपस को रोगी कहीं भी आसानी से जेब में रखा जा सकता है।

हानियाँ–

मीटर डोज इनहेलर पंपस के फायदे ही नहीं उनमें अनेक खामियाँ भी देखी जाती हैं; जैसे कि—

- इनको ठीक से इस्तेमाल में लाने से पहले इनके उपयोग के बारे में सीखना होता है, फिर भी बहुत से लोग खासकर छोटे बच्चे तो इसका इस्तेमाल करना सीख ही नहीं पाते।
- यह छह साल से अधिक आयु के रोगियों के लिए ही इस्तेमाल में लाए जा सकते हैं।
- इन मीटर डोज इनहेलरों में फ्रीआन नामक एक गैस का इस्तेमाल किया जाता है। यह गैस दवा को वाष्पित कर फेफड़ों के अंदर तक ले जाती है, लेकिन बहुत से लोग अपनी साँस से इसे अंदर नहीं खींच पाते और इस प्रकार दवा का पूरा असर उन पर नहीं हो पाता।
- इनको सही ढंग से इस्तेमाल में लाने के लिए व्यक्ति के हाथ, मुँह और साँस के बीच तारतम्यता का होना आवश्यक है। इसे ठीक से सीखने के लिए रोगी को प्रयास करना पड़ता है।

2. स्पेसर + इनहेलर

जो लोग अथवा बच्चे मीटर डोज इनहेलर का ठीक से इस्तेमाल नहीं कर सकते उनके लिए इनहेलर को एक विशेष चेंबर जैसे खोली (स्पेसर) में लगाकर प्रयोग कराया जाता है। इससे उनके श्वसन मार्ग में दवा की मात्रा ठीक से पहुँचने लग जाती है। दरअसल में स्पेसर इनहेलर एक ऐसा उपकरण है जिसे मुँह में लगाकर रोगी आसानी से साँस भरता और छोड़ता रह सकता है। अत: साँस लेने के साथ ही स्पेसर में पहुँची दवा भी अपने आप ही उसके श्वसन मार्ग में पहुँचती रहती है।

स्पेसर नामक यह यंत्र एक बोतल सदृश्य संरचना होती है। जिसके एक तरफ इनहेलर लगाने की व्यवस्था रहती है तथा दूसरी तरफ मुँह लगाकर दवा युक्त साँस भरने की सुविधा रहती है। इस प्रकार स्पेसर की मदद से कोई भी अनजान से अनजान व्यक्ति और छोटे-से-छोटा बच्चा भी इनहेलर से दवा अपने फेफड़ों में भर सकता है।

3. नेब्यूलाइजर

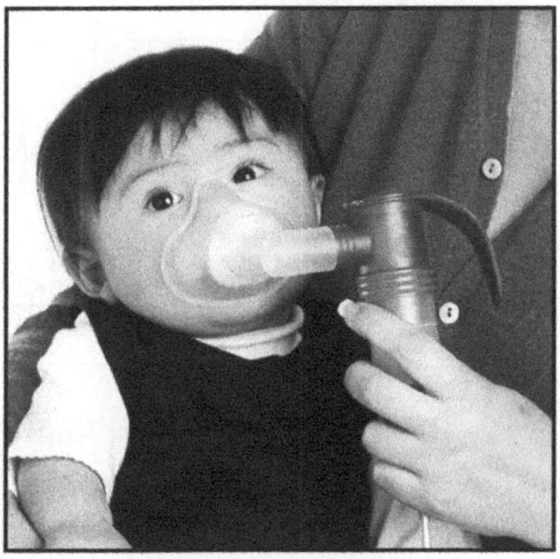

नेब्यूलाइजर साँस मार्ग से दवा खींचने वाला एक ऐसा यंत्र है, जिसके द्वारा दवा एयरोसॉल के रूप में निकलकर रोगी के फेफड़ों में साँस द्वारा पहुँचती रहती है। इसमें एक मास्क और एक मोटर से चालित कंप्रेसर होता है, जो दवा को वाष्प में बदलकर मास्क तक भेजता रहता है। नेब्यूलाइजर से दवा लेने पर रोगी को जल्दी ही दवा का फायदा मिलने लग जाता है। दमा रोग की अनेक उपयोगी दवाएँ अब नेब्यूलाइजर से लेने के लिए तरल रूप में आसानी से उपलब्ध है।

इस नेब्यूलाइजर की मदद से छोटे-से-छोटा बच्चा और दमे की गंभीर अवस्था में भी रोगी ठीक से दवा ले सकता है।

हानियाँ–

- नेब्यूलाइजर को उपयोग में लाने के लिए बिजली या फिर बैटरी की जरूरत पड़ती है, क्योंकि नेब्यूलाइजर में एयरोसॉल बनाने वाली मोटर बिजली से ही चलती है। अतः इसके लिए हर जगह सही सुविधा मिल पाना संभव नहीं होता।
- इसको हर जगह लेकर भी नहीं जाया जा सकता।
- नेब्यूलाइजर एक महँगा यंत्र है। अतः यह हर किसी की पहुँच से परे है।

4. रोटोहेलर

श्वसन मार्ग से दवा लेने का यह एक अन्य तरीका है। इसमें कैप्सूल में बंद

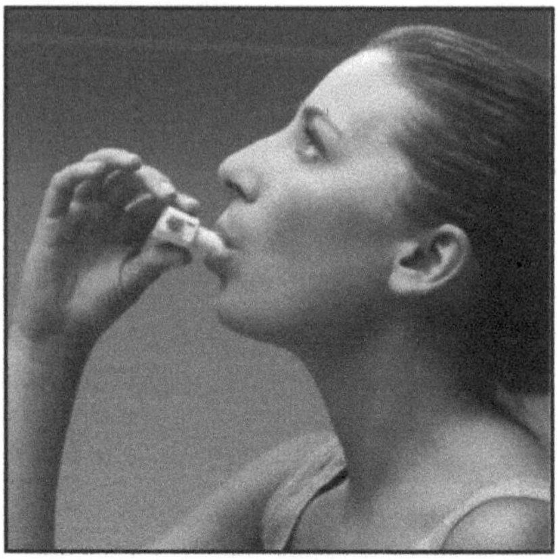

दवा के शुष्क पाउडर का इस्तेमाल किया जाता है। इस शुष्क पाउडर युक्त कैप्सूल को 'रोटोकैप' कहा जाता है। रोटोहेलर में रोटोकैप को लगाकर उसे तोड़ लेते हैं। इससे उसका पाउडर साँस से खींचने में आ जाता है। इस प्रकार रोटोकैप में भरी दवा साँस के द्वारा रोगी के फेफड़ों में पहुँच जाती है।

हानियाँ–

- रोटोहेलर में जो शुष्क दवा भरी रहती है। उसमें से अंदर जाने वाली दवा की मात्रा मरीज की साँस के दौरान खींची जा रही हवा की मात्रा पर निर्भर करती है। दमा के दौरे के समय मरीज के फेफड़ों में कम मात्रा में ही हवा पहुँच पाती है। अतः उस समय पर दवा की पूरी मात्रा भी उसके अंदर नहीं पहुँच पाती।
- ऐसा देखने में आता है कि रोटोहेलरों को छोटे बच्चे अथवा असहयोगी बच्चे ठीक से इस्तेमाल में नहीं ला पाते। अतः उनके लिए यह उतने उपयोगी साबित नहीं हो पाते।
- नमी वाले स्थान और बरसात के मौसम में जब हवा में आर्द्रता यानी नमी बढ़ने लग जाती है, तब रोटोकैप खराब होने लग जाते हैं। अतः इन्हें हर मौसम में उपयोग में लाना हर किसी के बस की बात नहीं होती।

□

10

सहज उपचार

दमा रोग का अस्तित्व बहुत पुराने समय से ही रहा है। अतः प्राचीन समय से ही विभिन्न चिकित्सा पद्धतियों में इसके इलाज को खोजने के प्रयास किए जाते रहे हैं। इनमें से कुछ उपचार तो दमा रोगियों के लिए अब भी उतने ही फायदेमंद साबित हो रहे हैं, जितने की उस समय माने जाते थे। ऐसे कुछ उपचारों पर विगत वर्षों में कई शोधकार्य हुए हैं और उन्हें वाकई कारगर पाया गया है। इनमें कुछ उपचारों का अनुमोदन तो विश्व आरोग्य संस्थान से जुड़े स्वास्थ्य विशेषज्ञों तक ने कर दिया है। ऐसे ही दमा रोग के कुछ महत्त्वपूर्ण व सहज उपचार निम्न प्रकार हैं—

आयुर्वेदिक उपचार

ऐसा माना जाता है कि प्रकृति ने अपने पर बसने वाले जीव-जंतुओं के लिए अनेकों ऐसी जड़ी-बूटियों को पैदा किया है, जो साँस संबंधी रोगों में दी जाने पर अपना सीधा प्रभाव डालती हैं तथा रोगी को तुरंत आराम प्रदान करती हैं। यदि इन वनस्पतियों का उपयोग रोग की शुरुआती अवस्था में ही शुरू कर दिया जाए, तो उनसे रोग तुरंत ही नियंत्रण में आ जाता है, फिर भी हाल के अध्ययनों से यह साबित हो चुका है कि रोग की किसी भी दशा में इनके इस्तेमाल से रोगी को फायदा होता ही है। इनसे रोग की तीव्रता घटाने में काफी मदद मिलती है।

आयुर्वेदिक प्रणाली के महान् चिकित्सकों चरक और सुश्रुत तक ने साँस संबंधी रोगों पर अपनी गहन मंत्रणा देते हुए उनके उपचार में काम आने वाली अनेक उपयोगी दवाओं और वनस्पतियों का उल्लेख अपने ग्रंथों में किया है। आयुर्वेदिक प्रणाली में दमा रोग को नियंत्रित करने के लिए अनेक जड़ी-बूटियाँ उपयोग में लाई

जाती रही हैं। अब तो आधुनिक अध्ययनों से भी पता चल चुका है कि जड़ी-बूटियों से निर्मित दवाओं के अकेले उपयोग से या उन्हें सहयोगी दवाओं के रूप में सेवन करने से दमा रोगियों को काफी आराम मिलता है। ऐसा माना जाता है कि ये दवाएँ रोगी के प्रतिरक्षक तंत्र को स्वस्थ करने के साथ ही उसके श्वसन और फेफड़ों पर आधारित प्रणाली को भी सामान्य बनाने लगती हैं। इसके अलावा यह रोगी के शरीर में व्यर्थ विषाक्त रसायनों को संचित होने से भी रोकती हैं।

आयुर्वेदिक प्रणाली में सैकड़ों वर्षों से वांसा (एथोटोडा विसाइका), मुलेठी (ग्लिसिराइजा ग्लेब्रा), दालचीनी (सिनेमोमम जिलेनिकल), बनफ्सा (वायोला ओडोरेटा), खूँब कलाँ (मिसिम्ब्रिअल आयरियो), पिप्पली (पाइपर लौंगम), कर्कटश्रृंगी (पिस्टोसिया इंटेग्रिया), पुष्कमूल (इंयुला रेसिमोसा) भांरगी (क्लेरोडेंड्म मिरेटम), सोमलता (इफेड्रा वुलकेरिस), हंसराज (एडिएंटम लुनुलेटम), सोंठ (जिन्जिबर ऑफिसिनिल), तुलसी (औसिमम सेंक्टम), कूठ (सुसूरिया लिप्पा), कुनचा जैसी अनेक वनस्पतियों का उपयोग किया जाता रहा है।

दमा रोग से पीड़ित रोगियों के उपचारार्थ निम्न औषधियाँ सहायक सिद्ध हुई हैं—

सोमलता (इफेड्रा वुलकेरिस)

इफेड्रा (Ephedra) नाम की इस वनस्पति का चीन में पिछले हजारों सालों से अनेक रोगों के उपचार में उपयोग किया जा रहा है। चीन में इसे 'मा हवान' (Ma-huang) के नाम से जाना जाता है। इस चीनी सोमलता का बॉटेनिकल नाम इफेड्रा इक्यूसेटिना है। अब पश्चिमी देशों में इसका काम उत्तेजक (Stumulant) से लेकर दमा रोग के उपचार तक में लाया जा रहा है; लेकिन इसके अधिक मात्रा में इस्तेमाल से कुछ लोगों में रक्तचाप के बढ़ने, हृदय की धड़कन में बढ़ोतरी होने तथा अनिद्रा एवं बेचैनी की समस्या पैदा हो जाने के कारण इसका इस्तेमाल घटने लगा है, किंतु उचित मात्रा में इसके इस्तेमाल से ऐसे कोई लक्षण पैदा नहीं होते तथा यह अपना लाभ प्रदान करती रहती है।

हमारे देश में भी सोमलता का उपयोग पिछले हजारों सालों से साँस संबंधी रोगों के साथ-साथ रिम्यूटिजम, मूत्र संस्थान से संबंधित अनेक रोगों में सफलतापूर्वक किया जा रहा है।

सोमलता में इफेड्रीन (Ephedrine) नामक एक एल्केलाइड रहता है। यह एल्केलाइड केंद्रीय तंत्रिका तंत्र पर एपीनोफ्रिन की तरह प्रभाव डालते देखा गया

है। इसीलिए यह मस्तिष्क के श्वसन केंद्र को उत्तेजित करता है तथा बलगम को निकालकर रोगी को दौरे के दौरान राहत प्रदान करता है।

ऐसा माना जाता है कि शरीर के अंदर पहुँचकर यह इफेड्रीन डी-मिथाइलेटिड होकर नॉर इफेड्रीन तथा फार्मेल्डिहाइड जैसे रसायनों में बदल जाती है। इफेड्रीन एड्रीनेलीन नामक एक हॉर्मोन के साथ संयुक्त रूप से प्रभाव डालता है। एड्रीनेलीन अधिवृक्क ग्रंथि से रिसने वाला हॉर्मोन है, जो श्वसन तंत्र की मांसपेशियों को फैलाने का कार्य करता है। इस तरह सोमलता दमा रोग में दो तरह से कार्य करके बहुत ही उपयोगी साबित होती है।

उपयोग

वनस्पति का उपयोग रोग और रोगी की दशा के अनुसार 0-5 से 2 ग्राम की मात्रा में पानी के साथ पाउडर के रूप में करवाया जाता है। यद्यपि इसे काढ़ा बनाकर भी इस्तेमाल में लाया जा सकता है। इसका सेवन करने पर तत्काल आराम मिलते देखा गया है। अगर इसका काढा बनाना हो तो इसकी 12 से 15 ग्राम की मात्रा लेकर उसे एक लीटर पानी में धीमी आँच पर 20 से 30 मिनट तक उबाला जाता है, फिर उसे छानकर उसमें से 30 मि.ली. की मात्रा का दिन में दो से तीन बार तक रोगी को सेवन कराया जाता है।

हॉर्स रेडिस (Cochlearia Armoraci)

आजकल कई पश्चिमी देशों में हॉर्स रेडिस नामक इस हर्बल का उपयोग साँस और एलर्जी संबंधी रोगों में काफी किया जा रहा है। मूलतः यह मसाले के तौर पर प्रयुक्त होने वाली वनस्पति है, जो पूर्वीय यूरोप के दलदली वाले इलाके में बहुतायत से पैदा होती है। यद्यपि अब इसकी भारत में भी खेती की जाने लगी है। भारत में उत्तरी व दक्षिणी राज्यों के कुछ इलाकों में इसे बगीचों में उगाया जा रहा है।

रासायनिक परीक्षणों में इस वनस्पति की जड़ में एक तेल, सिनिग्रिन (Sinigrin) नामक ग्लाइकोसाइड, मायरोसिन (Myrosin) नामक एक एंजाइम और अलिसोथायोसायनेट (Allyisothiocyanate) नामक रसायन पाया गया है। परीक्षणों से पता चला है कि हॉर्स रेडिस के रस में इन तत्त्वों के रहने से उसके नियमित सेवन से एलर्जी पर शीघ्र काबू पाया जा सकता है।

हॉर्स रेडिस पर जॉर्ज वॉशिंगटन यूनिवर्सिटी के शल्य-चिकित्सा विभाग के प्रख्यात डॉ. ग्लेन डब्ल्यू. गीलहेड और बोकारटन, फ्लोरिडा के एक अन्य हृदय

रोग व क्रीड़ा औषधि विशेषज्ञ डॉ. डी. विलिक्स ने भी काफी शोधकार्य किया है। उनका भी अपने शोधकार्य के आधार पर यही कहना है कि रोजोना हॉर्स रेडिस का सेवन करने से एलर्जी के लक्षण तो तत्काल कम होते ही हैं, बल्कि यह उन्हें लंबे समय तक रोके रखने में भी मदद मिलती है।

एलर्जी संबंधी रोगों पर तत्कालिक नियंत्रण पाने के बाद भी अगर इसके कुछ महीने तक कुछ चम्मचों की मात्रा में रोजाना सेवन जारी रखा जाए तो एलर्जी के कारण दमा का दौरा पड़ने की संभावना बहुत कम रह जाती है।

स्टिगिंग निटल (Urtica dloca)

हिमालय में कश्मीर से लेकर कुमाऊँ तक के पहाड़ी क्षेत्र में पाई जाने वाली यह एक अद्‌भुत वनस्पति है। सदियों से दुनिया भर में ही इस वनस्पति का उपयोग नाक और श्वसन संस्थान से संबंधित अनेक रोगों में सफलतापूर्वक किया जाता रहा है। तिब्बत में तो इस पौधे का उपयोग हजारों सालों से खाँसी, नाक का बहना, दम घुटना, दमा और काली खाँसी तक के इलाज में किए जाने का उल्लेख मिलता है।

इस वनस्पति के वैज्ञानिक अध्ययन से इसमें एसिटिकोलीन (Acetycholine) जैसा एक अति सक्रिय प्राकृतिक रसायन पाया गया है। चिकित्सकीय परीक्षणों से पता चला है कि इस वनस्पति से दमा जैसे श्वसन संस्थान संबंधी रोग और एलर्जी रोग का कारगर उपचार किया जा सकता है।

इस संबंध में यूनिवर्सिटी ऑफ अरीझोना कॉलेज ऑफ मेडिसिन, टकसन के डॉ. अनड्रीव वेईल का कहना है कि इस पौधे की पत्तियों से एलर्जी पर चमत्कारिक रूप से नियंत्रण पाया जा सकता है।

वांसा (एथोटोडा विसाइका)

आयुर्वेदिक प्रणाली के चिकित्सक इस पौधे की पत्तियों को बहुत समय से श्वसन संस्थान से संबंधित रोगों जैसे कि खाँसी का नाश करने, फेफड़ों से कफ को निकालने, ब्रोंकाइटिस, टी.बी. के उपचार में, पेट के कृमियों से छुटकारा पाने से लेकर डायरिया और पेचिस एवं चमड़ी संबंधी रोगों तक के उपचार में करते आए हैं।

वांसा को अडूसा भी कहा जाता है। आधुनिक वैज्ञानिक परीक्षणों से वांसा के अनेक औषधीय गुणों की पुष्टि हो गई है। शोधों से वांसा के पुष्प, जड़, और पत्तियों

में वासिकिन (Vasicine) वासिकिनोन, ऑक्सी वासिकिन जैसे एल्केलाइड्स एथेटोटिड एसिड और एक एसेंशियल तेल पाया गया है। इसकी पत्तियों में प्रचुर मात्रा में खनिज लवण पाए जाते हैं, जिसमें पोटैशियम नाइट्रेट की मात्रा सर्वाधिक होती है। वासिकिन की सर्वाधिक मात्रा वांसा की जड़ में रहती है।

अध्ययनों से वांसा के वासिकिन नामक एल्केलाइड में श्वसन नलिकाओं को फैलाने वाले और बलगम निकालने वाले (एक्सपैक्टोरेंट) गुण पाए गए हैं; जबकि इसके दूसरे रसायनों में ऑक्सीटोसिन जैसे गर्भाशय संकुचन के गुण देखे गए हैं। खाँसी और साँस की परेशानी में प्रयुक्त की जाने वाली ब्रोमहेक्सिन जैसी आधुनिक दवा भी वांसा से ही तैयार की जाती है।

आधुनिक खोजों से यह भी पता चला है कि वांसा के सारभूत तेल (एसेंशियन ऑयल) में अनेक जीवाणुओं का नाश करने के गुण भी रहते हैं। यह बलगम निस्सारक भी है। इसमें पाए जाने वाले वासिकिन जैसे एल्केलाइड में फेफड़ों की श्वसन नलिकाओं को फैलाने की क्षमता रहती है। इतना ही नहीं वांसा के इन रसायनों का असर थोड़ी देर तक न रहकर काफी समय तक रोगी पर बना रहता है। ऐसा माना जाता है कि ये रसायन बेगस नाड़ी (दशम् प्रवदा नाड़ी) जो गले, कंठ, ग्रहणी, ग्रसनी और आमाशय आदि की प्रवर्तक नाड़ी है पर प्रतिकूल प्रभाव डालते हैं। बेगस नाड़ी की उत्तेजना से उत्सर्जित कुछ रसायन भी श्वसन नलियों को सिकोड़ते हैं और दमा जैसे स्थिति को जन्म देते हैं। वांसा के एल्केलाइड्स बेगस नाड़ी के इस प्रभाव को निरस्त कर देते हैं, क्योंकि परीक्षणों में देखा गया है कि पाइलोकार्पीन नामक औषधि वांसा के इस प्रभाव को रोक देती है।

वांसा की ताजा सुखाई गई पत्तियों या छाल का काढ़ा सेवन कराने पर श्वसन नलिका की शोथ (एक्युट ब्रोंकाइटिस) से ग्रस्त रोगियों को भी तुरंत आराम मिलते देखा गया है। साँस के रोगी वांसा के प्रयोग से रोग मुक्त ही नहीं होते, बल्कि उनकी प्रतिरक्षक शक्ति में भी इससे अत्यधिक वृद्धि हो जाती है, क्योंकि उन रोगियों के खून में एंटीबॉडीज का स्तर बढ़ जाता है। पुराने समय से चली आ रही खाँसी (क्रोनिक ब्रोंकाइटिस) में भी यह लाभप्रद है।

उपयोग

उपचार के रूप में इसकी ताजा पत्तियों से प्राप्त किया गया 20 से 30 मि. ली. रस एक चम्मच अदरक के रस में मिलाकर शहद के साथ दिया जाता है। इससे रोगी को कुछ मिनट में ही आराम मिलने लगता है। इसका ताजा रस उपलब्ध न

होने पर इसका सत्व या फिर उसकी पत्तियों से तैयार किया गया काढ़ा भी उपयोग में लाया जा सकता है। इसके 15 से 30 मि. ली. काढ़े में एक चम्मच अदरक का रस मिलाकर शहद के साथ सेवन करने से रोगी पर तत्काल असर होता है।

तुलसी (औसिमम सेंक्टम)

हमारे देश में तुलसी का उपयोग बहुत प्राचीन समय से ही कई रूपों में किया जाता रहा है। हमारे यहाँ तुलसी की पत्तियों का उपयोग श्वसन संबंधी अनेक रोगों में जैसे कि ब्रोंकाइटिस, दमा, इन्फ्लुंजा, सर्दी के अलावा कई प्रकार के बुखार तक में सफलतापूर्वक किया जाता रहा है। पश्चिमी देशों में तुलसी का प्रसार 16वीं शताब्दी के बाद ही हो गया था।

तुलसी के वैज्ञानिक अध्ययनों में अनेक जैव सक्रिय रसायन पाए गए हैं। इसकी पत्तियों में एंटीहिस्टामीन से लेकर ब्रोंकोडिलेटर, जीवाणुनाशक, विषाणुनाशक तक अनेक औषधीय गुण पाए गए हैं। तुलसी के ईथर निष्कर्ष में क्षय के जीवाणु मायो बेक्टीरियम ट्यूबरक्लोसिस तक की वृद्धि को रोकने वाले गुण पाए गए हैं। कुछ हालिया अध्ययनों से तो यहाँ तक पता चला है कि तुलसी की जीवाणु नाशक सक्रियता अन्यान्य जीवाणुओं जैसे कि क्लेवसिया न्यूमोनी, प्रोटिस बल्गेरिस, केंडीडा एल्बीकेंस जैसे कवक और एच.आई.वी. तक के विरुद्ध देखी गई है।

इतना नहीं इससे तैयार किया गया काढ़ा श्वसन नलिकाओं में जमे बलगम को पतला करके बाहर निकालता है तथा श्वसन नलिकाओं में संक्रमण की समस्या को समाप्त कर देता है।

उपयोग

दवा के रूप में तुलसी की ताजा पत्तियों का एक चम्मच रस या फिर उनसे तैयार किया काढ़ा काम में लाया जाता है। काढ़ा की मात्रा 20 से 30 मि.ली. के आसपास तक रखनी होती है। इसे भी अदरक के एक चम्मच रस या सामान मात्रा में वांसा रस (काढ़े) में मिलाकर शहद के साथ लिया जा सकता है।

अंतमूल (टाइलोफोरा अस्थमाटिका)

यह यूरोप में पाई जाने वाली एक विशेष वनस्पति है। इसकी पत्तियों को अब श्वसन संस्थान से संबंधित रोगों में बहुतायत से प्रयोग किया जा रहा है। इसकी पत्तियों में टायलोफोरिन (Tylophorine) नामक एक एल्केलाइड पाया गया है।

यह श्वसन संस्थान संबंधी रोगों, एलर्जी और साइनोसाइटिस आदि अनेक रोगों में बहुत ही उपयोगी सिद्ध हुआ है। इस पौधे के गुणधर्म काफी हद तक हमारे देश में पाए जाने वाले मानकंद से मिलते-जुलते हैं।

अंतमूल की एक भारतीय प्रजाति भी है, जिसे अर्कपर्णी (Tylophora Indica) कहा जाता है। ऐसा कहा जाता है कि इसके एक पत्र को प्रात:काल खाली पेट रोगी द्वारा चबा-चबाकर खा लेने और ऊपर से आधा कप गुनगुना पानी पी लेने से दमा सहित कई साँस संबंधी रोगों में आराम मिल जाता है। दमा रोग में अर्कपर्णी के पत्तों का सेवन इसी प्रकार 7 से 10 दिन तक कराया जाता है। इससे अनेक दमा और साँस के रोगियों को आराम मिलते देखा गया है।

जिंगो बिलोबा (Gingo biloba)

चीन में जिंगो बिलोबा नामक इस वनस्पति का उपयोग सैकड़ों सालों से साँस की परेशानी के साथ-साथ मानसिक शक्ति बढ़ाने के लिए किए जाने का उल्लेख मिलता है। इस पर हुए आधुनिक अध्ययनों से पता चला है कि इसी पत्तियों में कई ऐसे जैव सक्रिय रसायन रहते हैं, जो साँस की परेशानी में मददगार होने के अलावा एलर्जी की रोकथाम करने में भी कारगर होते हैं। इसमें पाया गया जिंगोलाइड नामक रसायन एक ऐसा ही सक्रिय तत्त्व है। यह रसायन शरीर में उत्पन्न होने वाले प्लेटलेट एक्टीबेटिंग फेक्टर (PAF) नामक रसायन पर क्रिया करके उसे निष्क्रिय बना देता है। इस रसायन को दमा, एलर्जी और जलन उत्पन्न करने वाले प्रतिक्रियाओं में मुख्य भूमिका है।

लेकिन इस वनस्पति के उपयोग के दौरान एक बात का खास खयाल रखना पड़ता है। इसकी अधिक मात्रा के सेवन से रोगी को दस्त लग जाते हैं, बेचैनी रहने लगती है तथा चिड़चिड़ेपन की शिकायत शुरू हो जाती है।

नीली बूटी (इंडिगो टिंक्टोरिया)

कई आयुर्वेदिक चिकित्सक नीली बूटी नामक एक वनस्पति का 100 मि.ली. के करीब रस निकालकर किसी विशेष दिन जैसे कि शरद पूर्णिमा के दिन दमा के रोगियों को एक खुराक के रूप में खाली पेट देते हैं। ऐसा माना जाता है कि दमा के अनेक रोगियों को साल में केवल एक बार इसकी खुराक देने से ही दमा रोग में आराम मिल जाता है।

कर्णभेदन उपचार

आयुर्वेदिक प्रणाली के प्राचीन ग्रंथों में 'कर्ण भेदन' नामक एक अन्य उपचार के विषय में भी जानकारी प्राप्त होती है। इस उपचार के अंतर्गत रोगी के बाहरी कान के मध्य भाग में भीतर की ओर से बाहर की ओर एक छिद्र करके विसंक्रमित सूत्र डालकर बाँध दिया जाता है। सात दिन तक कान के छेद में लगाए गए उस सूत्र को आगे-पीछे घुमाया जाता रहता है, और फिर उसमें एक पीतल की बाली पहना दी जाती है। उस पीतल की बाली को भी एक-डेढ महीने के बाद सोने की बाली से बदल दिया जाता है। इस उपचार से दमा के अनेक पुराने रोगियों को आराम मिलते देखा गया है। इस प्रक्रिया के दौरान रोगी में किसी प्रकार का रक्तस्राव नहीं होता।

रोगी को उस उपचार के साथ 40 दिन तक गेहूँ, जौ, अरहर, मूँग, हरी साग-सब्जियों, किशमिश, मुनक्का, काली मिर्च आदि ही खाने के लिए कहा जाता है।

आज भी कई ऐसे वैद्य हैं, जो कर्णभेदन नामक इस प्रक्रिया से दमा रोगियों का उपचार करते देखे जाते हैं। आयुर्वेदिक के विद्वानों के अनुसार इस प्रक्रिया को अपनाने से 60 फीसदी तक दमा रोगियों को आराम मिल जाता है।

दरअसल में आयुर्वेद प्रणाली का कर्णभेदन नामक यह उपचार चीन के एक्‍युपंक्चर नामक उपचार से काफी मिलता-जुलता है। एक्युपंक्चर प्रणाली में व्यक्ति के कान में अनेक ऐसे प्वॉइंट्स की कल्पनाएँ की गई हैं, जिनका संबंध उनके समस्त अंगों के साथ रहता है। चीनी चिकित्सकों की मान्यता के अनुसार यह प्वॉइंट्स उनके शरीर के लगभग समस्त अंगों का नियंत्रित कर सकते हैं। एक्युपंक्चर प्रणाली में कान में लगाने के लिए विशेष प्रकार की सुइयाँ आती हैं। अनुभव ऐसा कहते हैं कि इस कर्ण एक्युपंक्चर उपचार को अपनाने से दमा के बहुत से पुराने रोगियों को काफी आराम मिल जाता है।

एक्युपंक्चर उपचार

एक्युपंक्चर चीन की एक बहुत पुरानी चिकित्सा पद्धति है। ऐसे उल्लेख देखने को मिले हैं कि चीन में इस चिकित्सा पद्धति को पिछले 5000 साल से उपचार के रूप में इस्तेमाल में लाया जा रहा है। 1950 के आसपास पहली बार इस विशेष उपचार की जानकारी पश्चिम देशों में पहुँची और फिर उसके बाद ही भारत में आ पाई। आज एक्युपंक्चर प्रणाली का उपयोग पूरी दुनिया में ही किया जा रहा है। अब इसके अनेक रूप भी प्रचलन में आने लगे हैं।

शायद आपको यह पढ़कर आश्चर्य लगे कि इस उपचार को अपनाने वालों

की लिस्ट भी अब काफी लंबी हो चुकी है। इसमें ब्रिटेन की दिवंगत राजकुमारी डायना और उनके पति चार्ल्स, मार्गेट थैचर से लेकर अनेक अमेरिकी राष्ट्रपति, पश्चिम के अनेक जाने-माने बिजनेस मैन, लेखक, फिल्मी हस्तियाँ, खिलाड़ियों से लेकर सामान्य लोग तक करोड़ों की संख्या में शामिल हैं।

चीन की राजधानी बीजिंग में विश्व स्वास्थ्य संगठन के प्रयास से एक्युपंक्चर के ऊपर 1979 में एक अंतरराष्ट्रीय सेमिनार करवाया गया था, जिसमें एक्युपंक्चर द्वारा ठीक होने वाले रोगों की एक अंतरिम सूची प्रस्तुत की गई थी। इस सूची का आधार चिकित्सकीय अनुभव थे, न कि नियंत्रित शोधकार्य।

इस सूची में तीव्र साइनोसाइटिस, तीव्र तुकाम, तीव्र गलतुंडिका (टॉसिलाइटिस) से लेकर तीव्र ब्रोंकाइटिस, तीव्र दमा तक अनेक रोग सम्मिलित किए गए थे। इस तरह यह कहा जा सकता है कि विश्व स्वास्थ्य संगठन जैसी संस्था भी अब यह मानने लगी है कि इस उपचार प्रणाली से दमा जैसे अनेक लाइलाज समझे जाने वाले रोग ठीक किए जा सकते हैं।

चीन में तो हर साल लाखों लोगों को केवल एक्युपंक्चर बेहोशी देकर जटिल-से- जटिल ऑपरेशन तक कर लिए जाते हैं। एक्युपंक्चर का एक साधारण रूप भी है, जिसे एक्युप्रेशर के नाम से जाना जाता है। इसमें सुइयों की जगह हाथ की अंगुलियों से भी उन्हीं बिंदुओं को दबाया जाता है। इसका भी वैसा ही असर होते देखा जाता है।

एक्युपंक्चर प्रणाली में दमा को रोकने वाला सबसे प्रभावशाली बिंदु गरदन के बिल्कुल नीचे और कॉलर बोन (स्टनर्म) के ऊपरी भाग में स्थित गड्ढे (इसे सूप्सार्स्टनल नॉच कहा जाता है) में स्थित माना गया है। इस एक्युपंक्चर बिंदु को 10-10 मिनट के अंतराल से 1-2 मिनट के लिए उत्तेजित करने रहने (दबाते रहने) से दमा के दौरे में फौरन आराम मिलने लगता है।

दमा का दूसरा प्रभावशाली एक्युपंक्चर बिंदु छाती पर दोनों स्तनों के चूचकों (Nipples) को एक काल्पनिक सीध में जोड़ने वाली रेखा के ठीक मध्य में, पसलियों के मिलन स्थल के ठीक ऊपर (स्टर्नम) की सीध में, चौथी इंटर कॉस्टल स्थान की सीध में स्थित माना गया है। इस बिंदु के साथ ही 10-10 मिनट के अंतराल से 1-1 मिनट का दबाव दिए जाने से दमा से राहत मिलने लगती है।

इस एक्युपंक्चर प्रणाली में दमा उपचार के लिए अनेक बिंदु खोजे गए हैं, जिनका लाभ भी उठाया जा सकता है।

दमा का यौगिक उपचार

दमा के उपचार में श्वसन क्रिया पर आधारित यौगिक क्रियाओं का महत्त्व भी काफी है। योग प्रणाली में तो प्राचीन समय से ही अनेक ऐसी क्रियाओं का वर्णन किया जाता रहा है, जो साँस को सामान्य करने के साथ-साथ दमा जैसे रोगों पर चमत्कारिक असर डालने वाली साबित होती है। अब इस बात को आधुनिक खोजों से भी मान्यता मिलने लगी है। योग की एक विधि 'नेति' को लेकर कुछ साल पहले जापानी चिकित्सकों के एक दल ने एक विशेष प्रयोग किया गया था। उन स्वास्थ्य विशेषज्ञों ने दमा से पीड़ित 150 पुराने रोगियों को कुछ अन्य यौगिक क्रियाओं के साथ-साथ तीन भिन्न-भिन्न प्रकार की नेति क्रियाएँ (नाक के एक नथुने से पानी डालकर दूसरे नथुने से निकालने की क्रिया) डेढ़ महीने तक नियमित रूप में करने के लिए कहा। इस प्रयोग के परिणाम काफी चौंकाने वाले रहे थे।

परीक्षण के बाद पता चला कि उन 150 रोगियों में से 80 फीसदी रोगियों को डेढ़ महीने के परीक्षण काल में दमा का एक भी हमला नहीं झेलना पड़ा। लेबोरेटरी परीक्षणों से भी पता चला कि उनके फेफड़ों और श्वसन नलिकाओं के ऊपर भी उस उपचार का सकारात्मक प्रभाव हुआ। उन अंगों में सुधार के स्पष्ट लक्षण देखे गए।

जबकि परीक्षण में शामिल हुए 16 फीसदी रोगी ऐसे पाए गए थे, जिन्हें परीक्षण के दौरान दमा का दौरा तो नहीं झेलना पड़ा, किंतु लेबोरेटरी जाँच से उनमें सुधार के कोई स्पष्ट लक्षण नहीं मिले थे। इस परीक्षण में शामिल हुए शेष 4 फीसदी रोगी ही ऐसे थे जिन्हें परीक्षण के दौरान दमा का आक्रमण झेलना पड़ा। लेकिन उन रोगियों में भी इतना अवश्य देखा गया कि उनके दौरों की तीव्रता पहले के मुकाबले काफी कम रह गई थी, यानी नेति उपचार से उनके सामान्य स्वास्थ्य में भी सुधार हुआ था।

इसी तरह की एक खबर पिछले दिनों जर्मनी से भी आई है। वहाँ संपन्न हुए श्वसन क्रिया आधारित एक यौगिक परीक्षण से भी यही साबित हुआ है कि दमा रोगियों में यौगिक क्रियाओं का बहुत ही सकारात्मक प्रभाव पड़ता है। जर्मन के इन शोधकर्ताओं ने दमा से पीड़ित 56 रोगियों को श्वसन क्रिया पर आधारित निम्न अभ्यास तीन महीने तक निरंतर करने को कहा। तीन महीने के बाद इस प्राणायाम आधारित क्रिया का परिणाम देखकर वह अध्ययनकर्ता दंग रह गए। इस यौगिक क्रिया के अभ्यास से न केवल रोगियों की साँस संबंधी परेशानी में ही कमी आई, बल्कि उनके सामान्य स्वास्थ्य और व्यवहार तक में जबरदस्त बदलाव देखा गया।

परीक्षण में शामिल हुए उन सभी रोगियों ने तीन महीने के बाद स्वीकार किया कि उस यौगिक क्रिया से उनकी साँस की परेशानी में काफी कमी आई है तथा उनको दमा के उपचार में काम आने वाली दवाओं की जरूरत 60 से 80 फीसदी तक कम रह गई है।

जर्मनी के उन शोधकर्ताओं ने अपने रोगियों को किसी सहज मुद्रा (वज्रासन वाली मुद्रा में बैठना काफी ज्यादा ठीक रहता है।) में बैठकर पहले बाएँ नथुने को बंद करके अपने दाहिने नथुने से एक निश्चित संख्या में लंबा और गहरा साँस भरने एवं छोड़ने का अभ्यास करते रहने तथा इनके बाद उनसे दो-गुनी संख्या में दोनों नथुनों से एक साथ लंबा और गहरा साँस लेने और छोड़ने का नियमित तौर पर अभ्यास करते रहने के लिए कहा था।

इसके अतिरिक्त उन रोगियों को पहले 10 दिन तक इस यौगिक क्रिया को दिन में केवल एक बार एक सेट के रूप में अगले 10 दिन तक प्रत्येक दिन ऐसे दो सेट करने तथा उसके बाद हर रोज ऐसे तीन सेट करते रहने के लिए कहा था।

यौगिक क्रिया को लेकर रूस में भी कई दशक पहले से ही अनेक अध्ययन कार्य चल रहे हैं। ऐसे ही एक अध्ययन के द्वारा वहाँ के कुछ चिकित्सकों ने दमा रोग के नियंत्रण में कारगर 'बुटेको' नामक एक विशेष उपचार पद्धति खोजने में सफलता पाई है। यह बुटेको पद्धति दमा रोगियों के लिए अब रूस के अलावा कई अन्य देशों में भी सफलतापूर्वक उपयोग में लाई जा रही है।

दमा के उपचार की बुटेको पद्धति

रूसी क्षेत्र दुनिया का सबसे ठंडा इलाका माना जाता है। रूस के कई इलाके तो ऐसे हैं जहाँ का तापमान शून्य से 50 से 70 डिग्री नीचे तक बना रहता है। इस तापमान पर हमारे जैसे सामान्य लोगों का कुछ घंटे तक गुजारा करना भी मुश्किल होता है। इसके अलावा रूस में मांसाहार का उपयोग भी काफी अधिक मात्रा में किया जाता है। शायद इसीलिए रूसियों में चमड़ी से लेकर साँस और ऑर्थराइटिस तक अनेक बीमारियाँ कुछ ज्यादा ही देखी जाती हैं।

1960 के दशक में कुछ रूसी चिकित्सकों ने प्राचीन साँस संबंधी (भारतीय और चीनी यौगिक क्रियाओं) क्रियाओं का गहन अध्ययन करने के बाद एक ऐसी प्रक्रिया विकसित करने में सफलता पाई थी, जिसके कुछ दिन तक नियमित अभ्यास से श्वसन संबंधी रोगों, विशेषकर दमा रोगियों को चमत्कारिक रूप में लाभ मिलने लग जाता था। इस श्वसन क्रिया के जनक और प्रसिद्ध रूसी चिकित्सक कोंस्टेंटिन पैवलोविच ने 1952 में इस यौगिक प्रकिया को 'बुटेको' का नाम प्रदान किया था।

काफी समय से चिकित्सकों का यह मानना रहा है कि दमा जैसी स्थिति में तेजी से साँस लेने से एक तरफ तो खून में तेजी से ऑक्सीजन नहीं घुल पाती, तो दूसरी तरफ व्यक्ति के खून में तेजी से कार्बन डाइऑक्साइड जैसी गैर जरूरी गैस की मात्रा बढ़ती चली जाती है। इससे इन रोगियों के ज्यादातर प्रमुख अंगों में पर्याप्त मात्रा में ऑक्सीजन नहीं पहुँच पाती। ऐसी अवस्था में मस्तिष्क जैसे महत्त्वपूर्ण अंगों को अपनी जरूरत के मुताबिक ऑक्सीजन प्राप्त करने के लिए श्वसन क्रिया को और भी तेज करने का प्रयास करना पड़ता है। नतीजतन् इससे दमा के दौरे की स्थिति और भी गंभीर होती चली जाती है।

डॉ. कोंस्टेंटिन ने जिस बुटेको नामक पद्धति का विकास किया है, उससे रोगी के खून में कार्बन डाइऑक्साइड का स्तर सामान्य बना रहने लग जाता है। अत: इससे शरीर (ऊतकों) में भी ऑक्सीजन का प्रवाह सामान्य बना रहता है। इससे

एक तरफ तो व्यक्ति को दमा का दौरा नहीं पड़ पाता तो दूसरी तरफ इसके नियमित अभ्यास से इसके पड़ने की संभावना भी नहीं रहती।

बुटेको पद्धति के लाभ

पिछले 10-12 सालों से साँस की इस प्रक्रिया पर रूस के अलावा अमेरिका और कई अन्य पश्चिमी देशों में भी काफी कार्य हुआ है। जर्मनी के एडिनबर्ग शहर में तो 'बुटेको इंस्टीट्यूट और ब्रीथिंग ऐंड हेल्थ' नामक एक संस्थान ही खुल गया है। इस संस्थान में लोगों को साँस के सही उपयोग के साथ-साथ बुटेको नामक एक विशेष पद्धति और श्वसन संबंधी अन्य क्रियाएँ सिखाई जाती हैं। इस संस्थान में बुटेको नामक इस पद्धति से दमा के रोगियों को साँस लेने और छोड़ने का सही तरीका भी सिखाया जाता है। संस्थान से जुड़े विशेषज्ञों का कहना है कि इस पद्धति के नियमित अभ्यास से अस्थमा के रोगियों को इंहेलर और दूसरी दवाओं से पूरी तरह से छुटकारा मिल जाता है।

बुटेको की प्रक्रिया

प्राचीन समय से ही पूर्व के कई देशों खास कर भारत, चीन, तिब्बत आदि में श्वसन संबंधी क्रियाओं पर बहुत ही जोर दिया जाता रहा है। प्राचीन समय से ही ऐसा माना जाता रहा है कि श्वसन प्रक्रिया का हमारे शरीर के शारीरिक और मानसिक स्वास्थ्य के साथ गहरा संबंध रहता है। श्वास की यह प्रक्रिया हमें जीवन देती है। इसके माध्यम से शरीर में पहुँची ऑक्सीजन विभिन्न चयापचय क्रियाओं को संपन्न करने के काम आती है। इन्हीं चयापचय क्रियाओं पर हमारे शरीर का संपूर्ण विकास, स्वास्थ्य और सक्रियता निर्भर रहती है।

श्वास की लय और ढंग का हमारे सोचने, विचारने, हमारी भावनाओं और व्यवहार तक पर भी सीधा प्रभाव पड़ता है। निद्रा, शांति, प्रसन्नता की दशा में साँस की गति धीमी पड़ने लग जाती है। शरीर के स्वस्थ बने रहने पर भी यह लयबद्ध और धीमी गति से ही चलती रहती है, जबकि क्रोध, बीमारी, बेचैनी, अनिद्रा आदि अवस्थाओं में साँस की यह गति एकाएक रूप में बढ़ती या अनियमित होती चली जाती है।

अब तो आधुनिक स्वास्थ्य विशेषज्ञ भी यह मानने लगे हैं कि साँस लेने और छोड़ने का सही तरीका अपना कर अस्थमा जैसे घातक रोग से ही नहीं, बल्कि मानसिक तनाव, अवसाद से लेकर माइग्रेन, हृदय रोगों, साइनोसाइटिस, उच्च

रक्तचाप, मधुमेह और गठिया तथा अनेक लाइलाज समझे जाने वाले रोगों से छुटकारा पाया जा सकता है।

बुटेको नामक जिस पद्धति का विकास रूसी चिकित्सकों ने किया है। उसमें नाक द्वारा धीरे-धीरे गहरी और लंबी साँस लेने और छोड़ने की विशेष प्रक्रिया अपनाई जाती है। ऐसा देखा गया है कि इस श्वसन प्रक्रिया का नियमित तौर पर अभ्यास करने वाले अस्थमा रोगियों को कुछ दिनों में ही साँस की परेशानी में आराम मिलने लगता है। अध्ययनों से भी यही बात सामने आई है कि जिन अस्थमा रोगियों ने बुटेकों पद्धति को अपनाया, उन्हें साँस लेने और छोड़ने में तो आराम मिला ही, उनकी इंहेलर और दूसरी अन्य दवाओं पर भी निर्भरता पूरी तरह से समाप्त होती चली गई।

□

11

दमा और हमारे बच्चे

किसी समय दमा को बुढ़ापे की बीमारी माना जाता था, लेकिन अब यह किसी भी उम्र में होने वाली बीमारी बन गई है। अब तो ऐसा देखने में आ रहा है कि दमा के सर्वाधिक रोगी 35 साल से कम उम्र के ही होते हैं। इनमें भी 60 फीसदी मरीज बच्चे ही देखे जाते हैं। हाल के वर्षों में हुए कुछ अध्ययनों से तो यहाँ तक पता चला है कि 5 साल से छोटे बच्चों में दमा रोग का प्रसार बहुत ही तेजी से होता जा रहा है।

पिछले दो दशकों में बच्चों में दमा बहुत तेजी से बढ़ रहा है बैंगलौर में हुए एक अध्ययन के अनुसार देश के महानगरों में 12 वर्ष से कम आयु के बच्चों में दमा का प्रतिशत 9 प्रतिशत से बढ़कर 29.5 प्रतिशत तक हो गया है। इसका मुख्य कारण शहरों में औद्योगीकरण, गाँव से शहरों की ओर पलायन एक जनसंख्या का घनत्व वाहनों की संख्या में अभूतपूर्व वृद्धि अकेले दिल्ली शहर में वाहनों की संख्या, कोलकाता, मुंबई एवं चेन्नई के वाहनों की संख्या से भी अधिक है, साथ ही वायुमंडल प्रदूषण ने दमा के रोगियों की संख्या में अभूतपूर्व वृद्धि की है। एक अन्य सर्वेक्षण में जिसमें स्कूल के बच्चों को विभिन्न श्रेणियों में विभाजित किया गया मुख्य वर्ग एवं भारी वाहन क्षेत्र, जहाँ दमा लगभग 19.34 प्रतिशत दमा देखा गया। दूसरी श्रेणी में निम्न वर्ग के भारी वाहन क्षेत्र, जहाँ दमा का प्रतिशत बढ़कर 31.14 तथा स्कूल कम वाहन के अन्य वर्ग के क्षेत्र में दमा घटकर 11.15 प्रतिशत रह गया। निष्कर्ष यह निकला है, निम्न वर्ग के बच्चों में जहाँ भारी वाहन यातायात सफर वहाँ दमा के रोगी सर्वाधिक संख्या में देखे गए। 7 प्रतिशत बच्चों में दमा 5 वर्ष से कम आयु की अवस्था में ही शुरू हो जाता है। दमा एक आनुवंशिक रोग है यदि यातायात में से किसी एक को दमा है तो बच्चे को दमे की संभावना 19 प्रतिशत यदि किसी भाई या बहन को दमा

है तो 2 प्रतिशत एवं किसी दादा-दादी को दमा है तो बच्चों में दमा की संभावना 54 प्रतिशत तक रहती है। 40 प्रतिशत बच्चों में दमा का कारण गले में वायरल की वजह है। इन बच्चों में 10 दिन खाँसी भी रहती है छात्रों में सूँ-सूँ की आवाज आती है, वायरस संक्रमण ही बच्चों में दमा के जनक माने जाते हैं। लगभग 35 प्रतिशत बच्चों में मौसम का प्रभाव भी दमा पर देखा गया है, जहाँ मानसून लगभग 35 प्रतिशत बच्चे दमा से ग्रस्त होते हैं, वहीं दूसरी ओर सर्दियों के मौसम में यह प्रतिशत बढ़कर 76 प्रतिशत तक हो जाती है और गर्मियों में केवल 35 प्रतिशत बच्चे दमा ग्रस्त रहते हैं। एलर्जी की भी दमा पर प्रतिकूल प्रभाव पड़ता है अर्थात एलर्जी दमा को बढ़ाती है। आहार में खाद्यान्न से एलर्जी भी दमा का कठोर बनता है। लगभग 20 प्रतिशत बच्चे खाद्यान्न में एलर्जी के कारण दमा ग्रस्त हो जाते हैं। अंगूर में 57 प्रतिशत, केले से 53 प्रतिशत, अमरूद 51 प्रतिशत, संतरा से 20 प्रतिशत, आइसक्रीम से 22 प्रतिशत तथा तले हुए जंकफूड से बच्चे दमा पीड़ित रहते हैं।

श्रुआ, स्प्रे, जलाई वाली, रसोईघर गैस तीव्र गंध आदि लगभग 6 प्रतिशत बच्चों में दमा का कारण सिद्ध हुए हैं।

इस समय अमेरिकन स्वास्थ्य विभाग के अनुसार 5 करोड़ से ज्यादा अमेरिकन दमा और अन्य श्वास संबंधी रोगों से पीड़ित है और इसमें सबसे खास बात तो यह है कि इनमें 50 लाख के करीब 10 साल से छोटे बच्चे शामिल हैं। वहाँ के बाल-रोग अस्पतालों (Children wards) में हर साल 50,000 इमरजेंसी केस आते हैं। इनमें से 20 फीसदी मामले अकेले दमा रोग के ही देखे जाते हैं। इन साँस संबंधी रोगों के कारण वहाँ हर साल 5000 से ज्यादा लोग मौत के शिकार बन जाते हैं।

अमेरिका की शहरी जनसंख्या में बच्चों की संख्या 3.5 करोड़ के आसपास है, जिनमें से हर साल 10 फीसदी यानी 3.5 लाख बच्चे साँस संबंधी रोगों के शिकार बन जाते हैं। न्यूयॉर्क जैसे शहरों में तो साँस रोगों से पीड़ित ऐसे लोगों, खासकर बच्चों की संख्या और भी ज्यादा देखी गई है। वहाँ के अस्पतालों में उपचार के लिए आने वाले ऐसे बच्चों की संख्या चार गुना तक ज्यादा देखी गई है।

यद्यपि हमारे देश में दमा से पीड़ित बच्चों की संख्या विकसित देशों के मुकाबले कम ही देखी जाती है, लेकिन उनकी संख्या में हर रोज तेजी से इजाफा होता जा रहा है। हमारे देश में दमा से पीड़ित ऐसे बच्चों की संख्या तेजी से बढ़ती देखी गई है। मुंबई, दिल्ली, कोलकाता, बंगलौर, कानपुर, जयपुर जैसे शहरों में तो दमा पीड़ित ऐसे बच्चों की तादाद बहुत तेजी से बढ़ती जा रही है। ऐसा माना जाता है कि 3-4 साल से छोटे बच्चों की छाती से खर्राटों जैसी आवाज का आने लगना दमा रोग का एक पूर्व संकेत ही माना जाता है।

शिशुओं और बच्चों में दमा रोग के लक्षण

ऐसा देखा गया है कि बाल दमा रोगियों में से कम-से-कम 25 फीसदी रोगियों में दमा रोग के लक्षण उनके जीवन काल के प्रथम वर्ष में ही प्रकट होने लग जाते हैं, लेकिन वयस्कों में दमा रोग का पता लगाने की अपेक्षा बच्चों में दमा रोग का पता लगाना काफी मुश्किल होता है। फिर भी किसी बच्चे में निम्न बातें देखने को मिलें, तो उसमें दमा रोग की शंका करके, इसके बारे में गंभीरता से सोचना चाहिए—

- बच्चे में बे-वजह लंबे समय से खाँसी बनी रहे। खाँसी में एंटीबायोटिक दवा से कोई आराम न मिले। खाँसी के दौरे के दौरान खाँसते-खाँसते बच्चे को उल्टी हो जाए। हँसते-हँसते या फिर रोते समय बच्चे को तीव्र खाँसी का दौरा पड़ जाता हो। थोड़ी-बहुत भाग दौड़ या व्यायाम करते ही बच्चे को खाँसी शुरू हो जाती हो।
- बच्चे में बार-बार पसली चलने या बार-बार निमोनिया होने की शिकायत देखी जाती हो।
- बच्चे की छाती से सीटी बजने या घरघराहट जैसी आवाज आती रहती हो। कुछ महिलाएँ ऐसा कहते देखी जाती हैं कि सोते समय उनके बच्चों की छाती से साँय-साँय की आवाज आती है। यह भी दमा की सूचक हो सकती है। कुछ बच्चों में यह आवाज झाड़ू लगाते समय पैदा होने वाली आवाज जैसी भी हो सकती है।
- शुरू में ऐसे कुछ बच्चों को केवल खाँसी की शिकायत ही रह सकती है। इन बच्चों को रात के समय अथवा सुबह तड़के खाँसी की परेशानी एकाएक रूप में बढ़ जाती है। इन्हें दमा की दवा से ही आराम मिलते देखा जाता है। बच्चों में इसे दमा का ही एक प्रकार माना जाता है।
- बच्चे की साँस और पसलियाँ तो तेजी से चलती देखी जाएँ, किंतु उसे तेज बुखार न रहता हो।
- बच्चे को इन सारी परेशानियों में किसी कफ सिरप या एंटीबायोटिक दवा से आराम न मिलता हो।
- उपरोक्त लक्षण वाले बच्चों को दमा के इलाज में दी जानेवाली ब्रोंकोडिलेटर तथा स्टीरॉयड दवाओं से ही आराम मिलता हो।
- बच्चों को उपरोक्त परेशानियाँ सामान्यतः संक्रमण होने, व्यायाम करने अथवा एलर्जन के संपर्क के आने पर एकाएक शुरू हो जाती हों।

ऐसी शिकायत करने वाले अनेक छोटे बच्चों में खासकर 5 साल से छोटे बच्चों

में सारे टेस्ट सामान्य ही आते हैं, लेकिन उन्हें इस स्थिति में दमे का इलाज देने से आराम मिलते देखा जाता है। इस प्रकार भी उन बच्चों में दमा का निदान हो जाता है।

बच्चों में दमा के कारण

बच्चों में भी दमा के प्रसार के वे ही कारण होते हैं, जो बड़ों में देखे जाते हैं। जैसे वातावरण में बढ़ता प्रदूषण, फास्ट फूड के सेवन का बढ़ता प्रचलन, मानसिक रूप से ज्यादा परेशान रहना, शारीरिक सक्रियता का घटना आदि। बच्चों के संबंध में एक और खास बात देखी गई है कि यहाँ वयस्कावस्था में दमा पीड़ित पुरुष और महिलाओं का अनुपात 40 : 60 रहता है, वहीं बच्चों में यह एकदम उलटा अर्थात् 60 : 40 का देखने को मिलता है।

वातावरण में बढ़ता प्रदूषण

हमारे वातावरण में बढ़ते जा रहे प्रदूषण के कारण बड़ों के साथ-साथ बच्चों में भी दमा का रोग तेजी से फैलता जा रहा है। वाहनों से निकलने वाले धुएँ से लेकर फैक्टरी तक के धुएँ की मात्रा और सैकड़ों प्रकार के एलर्जंस माने जाने वाले कारक भी वातावरण में दिनों-दिन बढ़ते जा रहे हैं। ऐसे प्रदूषित वातावरण में जब बच्चे साँस लेते हैं तो यह विषाक्त गैसें या एलर्जंस उनके फेफड़ों में चले जाते हैं तथा उन्हें साँस की तकलीफ देने लगती हैं।

फास्ट फूड का प्रचलन

ऐसा देखा गया है कि दमा के 70 फीसदी मामलों के पीछे किन्हीं-न-किन्हीं एलर्जंस का ही हाथ रहता है। ऐसे दमा कारक एलर्जंस में से आधे एलर्जंस साँस के रास्ते से, 20 फीसदी फूड के द्वारा शरीर में पहुँचते हैं और शेष 30 फीसदी एलर्जंस संक्रमण, वायु प्रदूषण के रूप में या मनोविकार के रूप में देखे जाते हैं। फूड एलर्जंस में मुख्यतः डिब्बा बंद खाद्य पदार्थों में प्रिजरवेटिव के रूप में मिलाया जाने वाला सोडियम मेटाबाइसल्फाइड को देखा जाता है।

आजकल बच्चों में जिस तेजी से जंक फूड का प्रचलन बढ़ रहा है उसी गति से उनमें फूड एलर्जी के मामले भी दिनोदिन बढ़ते देखे जा रहे हैं। कई पश्चिमी देशों में तो फूड एलर्जी के मामले बहुत ही तेजी से बढ़ते देखे गए हैं, खासकर बच्चों में। अमेरिका और कुछ पश्चिमी देशों में तो फूड एलर्जी को बच्चों के लिए अब उतना ही खतरनाक माना जाने लगा है, जितना कि पिछली शताब्दी में डिफ्थेरिया

और हैजा जैसे संक्रामक रोगों को माना जाता था। उन देशों में 6 से 7 फीसदी तक बच्चे हर साल फूड एलर्जी की चपेट में आते जा रहे हैं।

प्रभावशाली एंटीबायोटिक दवाओं और स्वच्छता संबंधी मापदंडों को अपना कर अमेरिका जैसे विकसित देशों ने संक्रमण से फैलने वाली महामारियों को तो काबू में कर लिया, लेकिन फिलहाल एलर्जी उनके काबू से बाहर होती जा रही है। सिनसिनाटा चिल्ड्रंस हॉस्पिटल में एलर्जी और इम्यूनोलॉजी के प्रमुख डॉ. मार्क रोथेबर्ग का इस संबंध में कहना है कि वैसे तो कुछ सालों से बच्चों में हर तरह की एलर्जी के मामले बढ़े हैं, लेकिन फूड एलर्जी से पीड़ित बच्चों की संख्या में इस अवधि में जबरदस्त इजाफा हुआ है।

स्वास्थ्य विशेषज्ञों का मानना है कि जैसे-जैसे बच्चों में खानपान संबंधी तब्दीलियाँ आती जा रही हैं, उनके स्वास्थ्य बिगड़ते जा रहे हैं। उनका कहना है कि अब बच्चे प्राकृतिक आहार को छोड़कर जंक फूड को ज्यादा अपनाने लगे हैं, इससे उनके शरीर में छोटी उम्र से ही गैर-जरूरी सैकड़ों तरह के रसायन काफी मात्रा में पहुँचने लगे हैं। इसी वजह से उनमें एलर्जी के मामले भी तेजी से बढ़ते जा रहे हैं।

कोई भी खाद्य पदार्थ बच्चों में एलर्जी की वजह बन सकता है। एलर्जी विशेषज्ञों ने इन खाद्य पदार्थों के आठ वर्ग बनाए हैं और यही खाद्य पदार्थ एलर्जी के 90 फीसदी मामलों की वजह बनते देखे गए हैं। दूध, पनीर, अंडा, ट्रीनट, फिना फिश, रॉल फिश, सोमर और गेहूँ से तैयार किए गए फास्ट फूड। कुछ अज्ञात कारणों से शरीर का प्रतिरक्षक तंत्र इन खाद्य पदार्थों के प्रति ऐसी गतिविधियाँ शुरू कर देता है, जो वह सामान्य नुकसानदेह पदार्थों से छुटकारा पाने के लिए अमल में लाता है। इसी वजह से उन लोगों को छीकें आने लगती हैं, उल्टियाँ या दस्त होने लगते हैं या फिर साँस संबंधी तकलीफें शुरू हो जाती हैं।

अनेक मामलों में तो ऐसे एलर्जी दमा के अटैक की वजह बनते भी देखी गई है। यह कुछ में ब्लड प्रेशर तक को कम कर देती है। कुछ वैज्ञानिक बच्चों में होने वाली एलर्जी की वजह को वंशानुगत भी मानते हैं। यदि किसी बच्चे के माता को एलर्जी है तो ऐसे बच्चों में एलर्जी होने की आशंका 30 फीसदी के बराबर होती है। अगर माँ-बाप दोनों ही एलर्जी से परेशान रहे हैं तो उनके बच्चों में 70 फीसदी तक एलर्जी होने की संभावना रहती है, लेकिन सिर्फ यही एलर्जी की इकलौती की वजह नहीं होती। कुछ वैज्ञानिक वायु प्रदूषण से लेकर एंटीबायोटिक दवाओं तक के अंधाधुंध इस्तेमाल को एलर्जी का एक मुख्य कारण मानते हैं।

इसके अलावा अब एक बात और भी देखने में आ रही है कि अब ज्यादातर माँ अपने नवजात शिशुओं को अपना दूध पिलाने से परहेज करने लगी हैं। माँ के

दूध में बच्चे के श्वसन मार्ग में होने वाले किसी भी संभावित संक्रमण से उसकी रक्षा करने की क्षमता रहती है। माँ का दूध बच्चे की रोग प्रतिरोधक क्षमता को बढ़ा देता है। रोग प्रतिरोधक क्षमता पर पड़ने वाला उसका स्थायी प्रभाव बच्चे को भविष्य में भी सुरक्षित रखता है। जो महिलाएँ गर्भावस्था के दौरान धूम्रपान करती रहती हैं, उनके बच्चों को दमे का खतरा भी अधिक रहता है।

इसके अलावा शारीरिक सक्रियता में कमी आने और शारीरिक वजन में निरंतर बढ़ोतरी होते जाने से भी दमा संबंधी मामले बढ़ रहे हैं। मानसिक रूप से तनावग्रस्त रहने और प्रतियोगी भावना से दबे रहने के साथ भी इसका गहरा संबंध देखा गया है।

बच्चों में दमा की रोकथाम

बच्चों में दमा रोग की रोकथाम के लिए निम्न उपाय करने चाहिए—

- रोग को शुरुआत में ही पहचान लेने और शुरू में ही उसका उचित उपचार शुरू कर देने से दमा रोग को खतरनाक रूप लेने से रोका जा सकता है। ऐसे उपचार से बच्चों को स्थायी स्वास्थ्य लाभ भी प्रदान किया जा सकता है।
- दमा से पीड़ित ऐसे 10 बच्चों में से कम-से-कम 7 बच्चे सिगरेट के धुएँ से और 10 में से 4 मोटर वाहनों से पैदा हुए धुएँ के प्रति बहुत ही संवेदनशील हो जाते हैं। अतः उन्हें ऐसे प्रदूषित वातावरण से दूर ही रखने का प्रयास करना चाहिए।
- इन बच्चों को उपयुक्त दवाओं के साथ ही हलकी-फुलकी एरोबिक्स प्रकार की कसरतें जैसे कि वॉकिंग, नृत्य, तैराकी आदि में भाग लेने के लिए कहना चाहिए। इनसे एक तरफ तो बच्चों को प्रोत्साहन मिलता है तो दूसरी तरफ उनके फेफड़ों की क्षमता भी ऐसी कसरतों से बढ़ती रहती है।
- इन बच्चों को फेफड़ों से संबंधित कुछ यौगिक क्रियाओं को भी नियमित तौर पर अभ्यास करने के लिए कहना चाहिए। इसमें से कई प्रकार की यौगिक क्रियाएँ तो उन्हें साँस की परेशानी से दूर रखने में काफी मददगार साबित होती हैं।
- इन बच्चों को सामान्य जीवन जीने तथा अन्य तरह की गतिविधियों में भाग लेते रहने के लिए भी प्रोत्साहित करते रहना चाहिए। उन्हें यह अच्छे से समझा देना चाहिए कि सही उपचार लेते रहने से दमा उनकी भविष्य संबंधी किसी भी योजना में कोई भी खलल पैदा नहीं कर पाएगा।

□

12

दमा से संबंधित कुछ भ्रांतियाँ

दमा रोग के संबंध में अनेक तरह की भ्रांतियाँ जन सामान्य में फैली हुई हैं। इनमें से कुछ भ्रांतियाँ और उनके समाधान दिए जा रहे हैं। इनसे दमा को रोगियों को अपने रोग को समझने में तथा उसका सही रूप में उपचार लेने में काफी मदद मिल सकेगी।

भ्रांति–1 : क्या दमा छूत का रोग है?

समाधान : बहुत से लोग दमा को छूत का रोग यानी संक्रामक (Infection Disease) बीमारी समझते हैं, लेकिन उनका यह सोचना एकदम निराधार है। दमा न तो संक्रामक बीमारी है और न ही यह किसी रोगी के साथ रहने, खाने या उसके कपड़ों, बरतनों के इस्तेमाल या फिर रोगी के द्वारा प्रयोग में लाए जाने वाले स्नान घर, शौचालय आदि के इस्तेमाल से किसी अन्य को लग सकती है। हाँ, इतना जरूर कहा जा सकता है कि इसका कुछ–न–कुछ संबंध आनुवंशिकता के साथ अवश्य रहता है।

अगर परिवार में पहले किसी अन्य को दमा, बार–बार नजले या छपाकी, पित्ती निकलने की शिकायत रही है, तो उस परिवार में दमा के मामले कुछ ज्यादा ही देखने को मिलते हैं। इससे कुछ हद तक यह माना जा सकता है कि दमा के कुछ मामले पारिवारिक होते हैं।

माँ–बाप में से किसी एक या दोनों में ही ऐसे जींस मौजूद रहे हों, जिन्हें दमा रोग की परिस्थितियाँ निर्मित करने वाला माना जाता है। अगर ऐसे वंशानुगत जींस उनसे बच्चों में पहुँच जाएँ तो उनके बच्चों में दमा होने की संभावना काफी बढ़ जाती है। ऐसा देखा गया है कि महिलाओं के दमा रोग से पीड़ित होने पर उनके

बच्चों में 30 फीसदी के बराबर दमा की शिकायत हो सकती है। अगर माँ के साथ पिता को भी दमा की शिकायत रही हो तो उनके बच्चों में 60 फीसदी के बराबर दमा होने की संभावना बनी रहती है।

भ्रांति 2 : क्या दमा वंशानुगत रोग है?

समाधान : जैसे कि पहले बताया जा चुका है कि कुछ परीक्षणों से यह साबित अवश्य हुआ है कि दमा रोग के बीज हमारे शरीर की आनुवंशिक संरचना में जन्म से ही मौजूद हो सकते हैं। यह दोष गर्भधारण के समय माँ-बाप से आते हैं, फिर भी अभी तक दमा रोग को ठीक से नहीं जाना जा सका है। अतः यह किसी भी रूप में नहीं कहा जा सकता है कि इस रोग के लिए केवल वंशानुगत दोष ही प्रमुख कारण होता है। इसके लिए अनेक तरह की परिस्थितियाँ विशेषकर प्रदूषण जिम्मेदार हो सकती हैं।

भ्रांति 3 : अगर किसी माँ को दमा की शिकायत रही है, तो क्या उसके होने वाले बच्चे में भी दमा हो सकता है?

समाधान : दमा कोई संक्रामक बीमारी नहीं है। अतः माँ-बाप के संपर्क में आने से बच्चे को दमा रोग नहीं हो सकता। इसी प्रकार माँ का दूध पीने से भी बच्चे को दमा नही हो सकता, बल्कि हाल के अध्ययनों से तो यहाँ तक पता चला है कि माँ दूध पीने वाले बच्चों में गाय, भैंस का दूध पीने वाले या सामान्य आहार पर पले बच्चों के मुकाबले दमा रोग काफी कम ही देखा गया है। माँ के दूध में कई बीमारियों से बचाने वाले प्रतिरोधात्मक तत्त्व ही नहीं रहते, बल्कि उसमें दमा और साँस संबंधी कई प्रकार के रोगों से सुरक्षा प्रदान करने वाले तत्त्व भी मौजूद रहते हैं।

भ्रांति 4 : यदि कोई महिला दमा रोग से पीड़ित है और वह गर्भधारण करना चाहती है, तो उसे गर्भावस्था के दौरान किस प्रकार की सावधानियाँ रखनी चाहिए?

समाधान : यह बात बिल्कुल ठीक है कि अन्य दवाओं की तरह दमा में प्रयोग की जानी वाली कुछ दवाएँ गर्भस्थ शिशु के विकास पर अपना कुप्रभाव छोड़ सकती हैं। अतः गर्भावस्था और स्तनपान कराने की अवधि में इनका उपयोग बहुत ही सावधानी के साथ किया जाना चाहिए।

दमा में प्रयुक्त की जाने वाली दवाएँ गर्भ में शिशु को घेरे रखने वाली थैली को भेदने में असमर्थ रहती हैं। अतः शिशु पर उनका कोई ज्यादा प्रभाव तो नहीं पड़ता।

फिर भी इस अवधि में दवाओं के चुनाव में सावधानी बरतनी जरूरी होती

है। महिलाओं को संपूर्ण गर्भावस्था के दौरान मौखिक दवाओं की अपेक्षा साँस से ली जाने वाली इंहेलर दवाओं को ही प्रमुखता देनी चाहिए। मौखिक दवाएँ भ्रूण तथा नवजात शिशु के विकास को प्रभावित कर सकती हैं; लेकिन ये इंहेलर उनके लिए काफी हद तक सुरक्षित ही पाए गए हैं।

ऐसी गर्भवती महिलाओं को अपने होने वाले बच्चे को दमा से सुरक्षित रखने के लिए कुछ अन्य बातों पर भी ध्यान रखना चाहिए। जैसे अगर बच्चे का पिता धूम्रपान का आदी है तो उसे धूम्रपान छोड़ने के लिए प्रोत्साहित करना चाहिए या फिर उसे घर से बाहर ही धूम्रपान करना चाहिए।

इसके अलावा बच्चों को प्राकृतिक खान-पान पर ही रखना चाहिए और प्रसवोपरांत कम-से-कम 6 महीने तक उसे अपना दूध ही देना चाहिए। गाय या अन्य किसी जानवर का दूध देने अथवा डिब्बा बंद दूध नहीं देना चाहिए।

भ्रांति 5 : दमा की परेशानी न रहने पर क्या उसकी दवाएँ बंद कर देनी चाहिए और साँस की पुनः शिकायत होने पर उन्हें दोबारा शुरू करना क्या उचित रहता है?

समाधान : दमा के उपचार में विगत दो दशकों में काफी सफलता मिली है; आधे से ज्यादा दमा के रोगी अपने उपचार में लापरवाही बरतते पाए गए हैं।

दमा के आधे से ज्यादा रोगी दौरे के उपरांत अपने आपको बिल्कुल ठीक मानकर दवाओं का सेवन स्वेच्छा से छोड़ देते हैं, बिना यह जाने कि उनके फेफड़ों में अब भी सूजन मौजूद हो सकती है या फेफड़ों की क्षमता सामान्य से कम हो सकती है। ऐसे रोगी जब स्वेच्छा से दमा की दवाओं का सेवन एकाएक छोड़ देते हैं तो उनके फेफड़ों में बीमारी अंदर-ही-अंदर बढ़कर घातक रूप धारण करती चली जाती है। इससे एक समय ऐसा आता है जब उनकी श्वसन नलिकाएँ ला-इलाज की स्थिति में पहुँच जाती हैं।

अनेक अध्ययनों से यह स्पष्ट हो चुका है कि महसूस किए गए लक्षणों से दमा की गंभीरता का अंदाजा अकसर गलत ही साबित होता है। रोग की सभी स्थिति पीक फ्लोमीटर जैसी जाँच से ही चल पाती है। इसीलिए दमा के सभी रोगियों को इलाज लेने और उसे बंद करने तक, महसूस किए जाने वाली तकलीफ के लक्षणों को, मुख्य आधार नहीं बनाना चाहिए, बल्कि रोग की सही स्थिति जानने के लिए 'पीक फ्लोमीटर' की मदद लेनी चाहिए और उसी के अनुसार अपनी दवाओं का निर्धारण करना चाहिए।

भ्रांति 6 : क्या स्थान बदलने से दमा रोग में लाभ होता है?

समाधान : अधिकांश दमा के मामलों में जगह बदलने से कोई ज्यादा फर्क नहीं पड़ता है। हाँ, दमा के कुछेक रोगियों को अवश्य जगह बदलने से लाभ मिलते देखा जाता है। ऐसा माना जाता है कि जिन जगहों पर दमा कारक एलर्जन तत्त्व मौजूद रहते हैं, अगर उन स्थानों से रोगियों को अलग कर दिया जाए तो उनके दौरों की संख्या और तीव्रता घट जाती है। जिन क्षेत्रों में प्रदूषण अधिक होता है वहाँ दमा के मरीज अधिक होते हैं। अत: प्रदूषण रहित क्षेत्र बदलने से लाभ हो जाता है।

भ्रांति 7 : दमा के दौरे में खाँसी की दवा की क्या भूमिका रहती है?

समाधान : सबसे पहले तो यह समझ लेना चाहिए कि दमा और खाँसी बिल्कुल अलग-अलग बीमारियाँ हैं। अत: दोनों का उपचार और दवाएँ भी एकदम भिन्न-भिन्न होती हैं। दमा की अनेक दशाओं में साँस की परेशानी के साथ ही खाँसी की शिकायत भी देखने को मिलती है, लेकिन उन मामलों में खाँसी की दवाओं के मुकाबले दमा रोधी दवाओं से ही उन्हें तीव्रता से आराम मिलते देखा जाता है।

भ्रांति 8 : मेरा बच्चा रात को खाँसता है, परंतु उसकी छाती से सीटी जैसी आवाज नहीं आती। क्या उसे दमा रोग से मुक्त माना जा सकता है?

समाधान : अवर्ती खाँसी अथवा ऐसी खाँसी जो रात में अधिक परेशान करती हो अथवा ऐसी खाँसी जो जुकाम के बाद 10 या उससे भी अधिक दिन तक चलती रहती हो, रोते या जोरे से हँसने पर अथवा श्रम करने पर खाँसी का जोर एकाएक गंभीर रूप ले लेता हो, उन्हें कुछ हद तक दमा का संकेत माना जा सकता है, लेकिन खाँसी के सारे मामले दमा के नहीं होते हैं।

भ्रांति 9 : क्या मनोवैज्ञानिक संवेग दमा का कारण बन सकते हैं?

समाधान : यद्यपि मनोवैज्ञानिक संवेग दमा के मुख्य कारण तो नहीं होते, लेकिन जिस व्यक्ति में दमा की शिकायत पहले से ही रहती है उसमें मनोवैज्ञानिक संवेग सहायक की भूमिका निभाते देखे गए हैं। मानसिक रूप से परेशान चल रहे लोगों में दमा का दौरा पड़ते या उसकी तीव्रता बढ़ जाती है।

भ्रांति 10 : आजकल ज्यादातर डॉक्टर दमा रोगियों को इंहेलरों का उपयोग करने का ही ज्यादा परामर्श दे रहे हैं। स्पष्ट करें कि क्या इन इंहेलरों का इस्तेमाल लंबे समय तक किया जा सकता है और इनका इस्तेमाल कितना सुरक्षित माना जा सकता है? क्या इनकी आदत भी पड़ सकती है?

समाधान : यह सही है कि इनहेलरों का उपयोग दिनों-दिन बढ़ता जा रहा है। ब्रिटेन जैसे देशों में तो दमा के 99 फीसदी रोगी इन्हीं इंहेलरों का नियमित इस्तेमाल करते देखे गए हैं। दरअसल इंहेलर मौखिक या इंजेक्शनों के रूप में प्रयुक्त की जाने वाली दवाओं से कहीं ज्यादा सुरक्षित और असरदार रहते हैं, क्योंकि इनसे ली गई दवा एक तो सीधे उसी जगह पर पहुँचती है, जहाँ पर उसकी जरूरत होती है। इससे दवा का तुरंत और तेजी से असर होता है। साथ ही दवा की बहुत कम मात्रा लेने की जरूरत रहती है। इससे दवा की बहुत कम मात्रा ही रोगी के शरीर में पहुँच पाती है तथा जिससे दुष्प्रभाव की संभावना भी बहुत कम ही रहती है।

आजकल कई प्रकार के इंहेलर दमा रोगियों के लिए उपलब्ध हैं। उनमें से कुछ इनहेलर स्टीरॉयड दवाओं से युक्त रहते हैं और कुछ श्वसन नलिकाओं को फैलने वाली ब्रोंकोडिलेटर दवाओं से युक्त। कुछ इनहेलर दोनों दवाओं के मिश्रित वाले आ रहे हैं। तात्कालिक आराम के लिए श्वसन नलिकाओं को फैलाने वाले इनहेलर इस्तेमाल में लाए जाते हैं, जबकि दीर्घकालीन लाभ के लिए सूजन रोधी स्टीरॉयड युक्त इनहेलरों को उपयोग में लाया जाता है।

हाँ, यह बात कुछ हद तक सही भी है कि स्टीरॉयड वाले इनहेलरों के नियमित उपयोग से कुछ तो असर होता ही है। इनके नियमित इस्तेमाल से रोगी को पहले से ज्यादा आराम मिलता है। अतः रोगी की निर्भरता उन पर बढ़ जाती है, परंतु लाभ की तुलना में उन पर रोगी की निर्भरता कोई ज्यादा मायने नहीं रखती।

कुछ रोगियों में स्टीरॉयड वाले इनहेलरों के नियमित इस्तेमाल से मुँह में फफूँद का संक्रमण या सूखी खाँसी भी हो जाती है।

भ्रांति 11 : क्या दमे के दौरान ठंडी चीजें खाना नुकसानदायक साबित होता है?

समाधान : ठंड के मौसम में बहुत से रोगियों को दमा की शिकायत बढ़ते देखी गई है। अतः उन रोगियों को ठंड से अपना बचाव करने के लिए कहा जाता है।

भ्रांति 12 : क्या दमा से पीड़ित रोगियों को पालतू जानवरों से दूर रखना जरूरी रहता है?

समाधान : यह बात काफी हद तक ठीक है कि अनेक पालतू जानवरों की चमड़ी दमा रोग के लिए जिम्मेदार एलर्जिक कारकों की मुख्य स्रोत होती है। इसीलिए ऐसे जानवरों के संपर्क में रहने से दमा रोगियों की परेशानियाँ बढ़ते देखी जाती हैं। कुत्ता, बिल्ली, गाय, भैंस, भेड़, बकरी, घोड़ा, कबूतर, तोता, मुरगा आदि

कुछ ऐसे ही पशु–पक्षी हैं। इनकी चमड़ी से झड़ने वाले फर या पंख कई लोगों के लिए दमा कारक एलर्जन की भूमिका निभाते देखे गए हैं। अतः ऐसे पालतू जानवरों को दमा के रोगियों के कमरों या घरों से दूर ही रखना ठीक है।

भ्रांति 13 : मेरे बेटे को पिछले दो सालों से नाक बहने की शिकायत है, साथ ही उसे छींकें भी ज्यादा ही आती हैं। कई बार तो उसे एक साथ 10–15 तक छींकें आ जाती हैं। क्या इन लक्षणों को दमा की शुरुआत माना जा सकता है?

समाधान : आपके बेटे के लक्षण एलर्जी रोग से काफी मिलते–जुलते हैं। ऐसे लक्षणों वाले बहुत से बच्चों में आगे चलकर दमा रोग या चमड़ी की एलर्जी की शिकायत ज्यादा होते देखी गई है। आप अपने बेटे का फूड एलर्जी चेकअप करवा लें तथा उसका खास खयाल रखें। जिन चीजों से उसे छींकें आएँ या नाक बहने की तकलीफ बढ़ जाए उनसे उसे दूर ही रखने का प्रयास करें। इससे उसकी समस्या को बढ़ने से कुछ हद तक रोका जा सकता है।

भ्रांति 14 : क्या मुँह से लिये जाने वाले स्टीरॉयड सुरक्षित रहते हैं?

समाधान : मुँह से लिये जाने वाले स्टीरॉयड युक्त दवाओं का थोड़े दिन तक सेवन करने से शरीर पर कोई ज्यादा असर नहीं पड़ता, पर अगर दमा रोग को दीर्घकालीन अवधि तक नियंत्रण में रखना होता है, तो सूजन घटाने वाली स्टीरॉयड युक्त दवाओं का उपयोग भी लंबी अवधि तक करना पड़ता है। लंबी अवधि तक इन दवाओं के उपयोग से कई प्रकार के साइड इफेक्ट्स शुरू हो जाते हैं। ऐसे साइड इफेक्ट में शरीर का वजन बढ़ने लगना, रक्तचाप का एकाएक बढ़ते जाना, हड्डियों का कमजोर पड़ने लगना, आँखों में मोतिया उतर आना आदि शामिल रहते हैं।

लेकिन यहाँ एक बात का अवश्य खयाल रख लेना चाहिए कि इंहेलरों के रूप में प्रयुक्त की जाने वाली स्टीरॉयड दवाओं के मुकाबले मुँह से सेवन की जाने वाली दवाओं के साइड इफेक्ट ज्यादा और तेजी से देखने को मिलते हैं।

भ्रांति 15 : मुझे कई सालों से दमा रोग की शिकायत है। थोड़ी–बहुत साँस चढ़ने की शिकायत तो हमेशा ही बनी रहती है; लेकिन बीच–बीच में कई बार साँस लेने में काफी मुश्किल होने लगती है। क्या कोई ऐसे उपचार उपलब्ध हैं, जिससे मैं दमा से स्थायी रूप में छुटकारा पा सकूँ?

समाधान : दमा रोग पर ठीक से प्रभावशाली नियंत्रण रखने के लिए अब कई तरह की दवाएँ उपलब्ध हैं, जिनका लाभ आप किसी योग्य चिकित्सक से मिलकर

उठा सकते हैं। दमा पर प्रभावशाली नियंत्रण स्थापित करने के लिए सबसे पहले आपको इस रोग के बारे में तथा इसके उपचार के बारे में ठीक से जानकारी ले लेनी चाहिए। सही जानकारी और दवा के सही चुनाव से आप इस रोग पर काफी हद तक प्रभावशाली नियंत्रण बनाए रख सकते हैं।

भ्रांति 16 : दमा रोग का मुख्य कारण क्या है?

समाधान : दमा रोग के लिए जिम्मेदार किसी ठोस कारण को अभी तक ठीक से नहीं जाना जा सका है। यद्यपि दमा के लिए आनुवंशिक कारणों को कुछ हद तक जिम्मेदार मान लिया गया है। ऐसा विश्वास किया जाता है कि जन्म से दमा रोग की प्रवृत्ति मानव शरीर में सुषुप्त अवस्था में रहती है। यह प्रवृत्ति बाद में विपरीत वातावरण में तेजी से बढ़ती है और उस व्यक्ति को दमा का रोगी बना देती है।

भ्रांति 17 : क्या दमा लाइलाज बीमारी है?

समाधान : अब से कोई 15-20 साल पहले तक दमा का दौरा कभी-कभी ही रोगी को पड़ते देखा जाता था; क्योंकि तब दमा की साधारण अवस्था ही आमतौर पर देखने को मिलती थी। ऐसे ज्यादातर रोगी दमा के दौरा शांत होने के बाद कई सप्ताह से लेकर कई-कई महीनों तक स्वस्थ बने रहते थे, लेकिन अब परिस्थितियाँ एकदम बदल गई हैं। वायु मंडल प्रदूषण से दमा की बीमारी बढ़ जाती है।

1983 में अमेरिका में संपन्न हुए एक अध्ययन से पता चला है कि दमा रोग से पीड़ित व्यक्ति जब आम जीवन जी रहा होता है, उस समय भी उसके शरीर के अंदर दमा की स्थिति बनी ही रहती है। अगर उस अवस्था में उसके फेफड़ों से संबंधित श्वसन नलिकाओं की 'बायोप्सी' जाँच करवाई जाए तो उनमें इंफलेमेशन यानी सूजन की दशा पाई जाती है। इसका अर्थ यही होता है कि दमा रोग का मूल कारण रोगी में सदैव बना ही रहता है। चाहे उसमें साँस फूलने के लक्षण न भी हों। अत: यह कहा जा सकता है कि दमा एक लाइलाज बीमारी ही है लेकिन सावधानी/उपचार कर रोग पर नियंत्रण किया जा सकता है।

भ्रांति 18 : दमा रोगियों को किन-किन दवाओं से दूर रहना चाहिए?

समाधान : देखने में ऐसा आया है कि दमा के बहुत से रोगी कई प्रकार की दर्द निवारक और एंटीबायोटिक दवाओं के प्रति काफी संवेदनशील बन जाते हैं। दो फीसदी तक बच्चे और 10 से 12 फीसदी तक ऐसे वयस्क एस्प्रिन जैसी दर्द निवारक दवा के प्रति बहुत ही संवेदनशील पाए गए हैं। इनमें एस्प्रिन के सेवन करते ही दमा का दौरा शुरू होते या दौरे की तीव्रता एकाएक बढ़ जाती है।

भ्रांति 19 : क्या कसरत करने से दमा की तीव्रता बढ़ सकती है ?

समाधान : इस बात को लेकर अभी तक गहरा विवाद है कि किस प्रकार की कसरतें दमा के रोगियों के लिए लाभदायक और किस प्रकार की कसरतें नुकसानदायक साबित होती हैं ? क्योंकि अध्ययनों से तो यही पता चला है कि नियमित कसरतों से दमा से पीड़ित रोगियों को भी उतना ही लाभ मिलता है, जितना कि अन्य सामान्य लोगों को नियमित कसरतों से। कसरत से इनके फेफड़ों की कार्यक्षमता बढ़ते देखी गई है, जिससे दमा के उन रोगियों को अतिरिक्त आराम मिलता है। दमा के रोगियों का प्राणायाम से लाभ मिलता है।

भ्रांति 20 : क्या दमा रोग पर स्थायी रूप में काबू पाया जा सकता है?

समाधान : दुनिया भर में दमा के उपचार के लिए अनेक पद्धतियाँ काम में लाई जाती हैं। स्वयं हमारे देश में भी एलोपैथी उपचार के अलावा होम्योपैथी से लेकर प्राकृतिक, आयुर्वेदिक, एक्युपंक्चर, मछली चिकित्सा, पेड़ की पत्ती चिकित्सा, खीर चिकित्सा आदि अनेक विधियाँ खूब प्रचलित हैं और सभी के दावे अलग-अलग हैं; लेकिन अध्ययनों से शत-प्रतिशत परिणाम किसी भी पद्धति से मिलते नहीं देखे गए हैं। इस रोग पर प्रभावी नियंत्रण तो रखा जा सकता है, लेकिन जड़मूल से समाप्त करने की बात अभी तक संभव नहीं हो पाई है। हालाँकि, उचित उपचार योग, प्राणायाम से दमा पर प्रभावशाली नियंत्रण बनाए रखकर सामान्य जिंदगी जी जा सकती है।

भ्रांति 21 : दमा के नियंत्रण में जीवनशैली और खान-पान की क्या भूमिका रहती है ?

समाधान : आधुनिक खान-पान की ज्यादातर वस्तुओं को अधिक दिन तक सुरक्षित रखने (प्रिजरवेटिव) के लिए, उन्हें ज्यादा आकर्षक बनाने के लिए कई प्रकार के कृत्रिम रंग और खुशबू वाले रसायन मिलाए जाते हैं। इस प्रकार के रसायन बहुत से लोगों में कई प्रकार की प्रतिक्रियाओं को जन्म दे डालते हैं। जिससे धीरे-धीरे उनमें एलर्जिक प्रतिक्रियाओं का दौर शुरू हो जाता है। दमा के प्रति संवेदनशील लोगों में तो ऐसे खाद्य पदार्थों से दमा का तीव्र दौरा पड़ सकता है।

सॉस, अचार, चटनी और फलों को पकाने के लिए खाद्य पदार्थों में सोडियम बाई सल्फाइड एवं एम.एस.जी. मोनो सोडियम ग्लूटामेट जैसे रसायन भी मिलाए जाते हैं। ये रसायन भी संवेदनशील लोगों में दमा के दौरे की कर सकते हैं।

□

13

वायु प्रदूषण और स्वास्थ्य दुष्प्रभाव

हम जिस हवा को साँसों में भरते हैं वो अशुद्धताओं के कारण प्रदूषित होकर हमें बीमार कर देती है। जीवाश्म ईंधन को जलाने, औद्योगिक प्रदूषकों और गाड़ियों से निकलने वाले धुएँ के साथ ही, इमारतों के भीतर हवा में फैली अशुद्धता हवा को गंदा कर देती है। वे दमे के शिकार लोगों में, लंबे समय से फेफड़ों की समस्या से पीड़ित लोगों में समस्या को बढ़ा देते हैं, फेफड़े में बार-बार संक्रमण पैदा करते हैं और नाक, गले और आँखों में जलन पैदा करते हैं। जहरीली गैसों और प्रदूषकों के उत्सर्जन को रोके जाने, शहरों की समुचित योजना बनाने और रसोई में धुआँरहित उपकरणों के इस्तेमाल तथा उन्हें हवादार बनाए रखने की जरूरत है।

कैसर ने हवा के मुख्य कार्यों को इस प्रकार बताया है—"हवा साँस लेने लायक गैसों का एक भंडार है। हवा वो खिड़की है जो जीवन को जानलेवा रेडिएशन से बचाती है। हवा गृथ्वी की वह रक्षा कवच है जो उल्का पिंडों की बमबारी से उसे सुरक्षित रखती है। वायु एक कंबल की तरह है जो उसे गरम रखती है। हवा ऊर्जा और पानी की वाहक है जो उन्हें अपने साथ लेकर चलती है। हवा कचरा निष्पादन की एक प्रणाली है। हवा के बिना यह धरती बेजान पथरीला उपग्रह बनकर रह जाएगी।"

हवा की संरचना

स्वच्छ और शुष्क हवा कई गैसों का एक मिश्रण है। नाइट्रोजन (78 प्रतिशत), ऑक्सीजन (21 प्रतिशत) और आर्गन (0.9 प्रतिशत) हवा के मुख्य घटक होते हैं और बाकी बचे हिस्से में दूसरे कई गैस होते हैं। इसमें वाष्प और हवा के साथ उड़ने वाले तत्त्व भी शामिल रहते हैं।

वायु प्रदूषण

हवा कभी स्वच्छ नहीं रहती है। हम जिस हवा को साँसों में भरते हैं, उसमें कई प्राकृतिक (रेत, जैविक धूल, पराग कण और धुआँ) और मानव निर्मित अशुद्धियाँ प्रवेश कर जाती हैं और उसे स्वास्थ्य के लिए हानिकारक बना देती हैं। मानव निर्मित अशुद्धियों को लेकर गहरी चिंता बनी हुई है। ऊर्जा के लिए जीवाश्म ईंधन को जलाने के साथ ही औद्योगिक और वाहनों का प्रदूषण हवा को अस्वास्थ्यकर बना देता है।

सारे बड़े शहर अत्यधिक भीड़-भाड़, सड़क जाम, जनसुविधाओं की कमी, खुली जगहों की कमी, भारी प्रदूषकों, प्रदूषण और साँस से जुड़ी बीमारियों का सामना कर रहे हैं।

पश्चिमी देशों में किए गए अध्ययनों में यह दिखाया है कि लंबे समय तक प्रदूषकों के संपर्क में रहने के कारण संवेदनशील मरीजों में दमे की बीमारी और क्रॉनिक ऑब्सट्रक्टिव पल्मोनरी डिजीज (COPD), यानी फेफड़ों में श्वास में रुकावट की समस्या बढ़ सकती है, जिससे बार-बार फेफड़े में संक्रमण, नाक, गले और आँखों में अकसर जलन की तकलीफ रह सकती है।

कार्बन मोनोऑक्साइड (CO) : *वाहनों का धुआँ, अपूर्ण रूप से जले जीवाश्म ईंधन*—सिरदर्द, थकान, चक्कर आना, मिचली, सीने में दर्द, जलन।

सल्फर डाइऑक्साइड (SO_2) : *वाहन-उद्योगों और घरों में जीवाश्म ईंधन को जलाना*—गले, साँस की नली और आँखों में जलन, श्वसन मार्ग में संकुचन, खाँकी, साँस में घरघराहट।

नाइट्रोजन डाइऑक्साइड (NO_2) : *वाहन-उद्योगों और घरों में जीवाश्म ईंधन को जलाना*—गले, श्वसन मार्ग और आँखों में जलन, ईंधन के प्रसंस्करण, वाष्पीकरण से साँस से संबंधित संक्रमण।

वाष्पशील कार्बनिक यौगिक : *औद्योगिक प्रसंस्करण, ईंधनों का वाष्पीकरण*—गले, श्वसन मार्ग और आँखों में जलन, सिरदर्द, मिचली, लीवर, गुर्दे को नुकसान, कैंसर पैदा होने का खतरा।

पार्टिकुलेट मैटर (कण पदार्थ) : *रेत, उद्योगों या प्रकृति से उत्पन्न धूल*—गले, श्वसन मार्ग और आँखों में जलन, साँस से संबंधित बीमारियों का गंभीर होना।

मिथाइल आइसोसाइनेट (MIC) : *उद्योग*—श्वसन मार्ग में जलन और सूजन।

एयर क्वालिटी इंडेक्स या वायु गुणवत्ता सूचकांक

हवा के साथ आनेवाली अशुद्धता मुसीबतें पैदा करती हैं। स्मॉग (धुएँ और धुंध का मिश्रण) सन् 1952 में लंदनवासियों के लिए 'किलर स्मॉग' साबित हुआ था। जो लोग पहले से ही सी.ओ.पी.डी. या दमे की बीमारी जैसे रोगों से पीड़ित हैं, उनमें वायु प्रदूषकों के कारण रोगों के गंभीर होने के लक्षण देखे जाते हैं। शिशुओं और बच्चों को दूषित हवा के कारण स्वस्थ वयस्कों से कहीं अधिक तकलीफ होती है। अपने शरीर के आकार की तुलना में बच्चे अधिक मात्रा में हवा को साँस में भरते हैं और वे ऐसा जल्दी-जल्दी करते हैं। उनकी श्वसन प्रणाली, जो अभी ठीक से विकसित भी नहीं होती है, उसमें जलन होती है और तुरंत ही उनमें संकुचन आ जाता है।

इमारत के अंदर की हवा

इमारत के भीतर की हवा और उसमें प्रदूषकों की मौजूदगी को अब पूरी दुनिया में लोगों की सेहत के लिए खतरे के एक प्रमुख स्रोत के रूप में देखा जाता है। इमारत के अंदर के प्रदूषण के चार भिन्न-भिन्न वर्ग होते हैं। उन्हें जलनेवाले उत्पादों, केमिकल, रेडन और जैविक में विभाजित किया गया है। उनमें से खाना पकाने और घर को गरम करने के लिए इस्तेमाल में आनेवाले बायोमास ईंधनों और जीवाश्म ईंधनों जैसे ज्वलनशील पदार्थों से निकलनेवाला धुआँ विकासशील देशों में घर के अंदर के प्रदूषण के लिए मुख्य रूप से जिम्मेदार है। विश्व स्वास्थ्य संगठन (WHO) का अनुमान है कि दुनिया भर में करीब 20 अरब लोग खाना पकाने के लिए जलाई गई आग और उससे निकलनेवाले कणों और गैसों के मिश्रण के नुकसान को झेलते हैं, जिनमें ऐसे पदार्थ और गैस सामान्य परिवेश की हवा के मुकाबले 10 से 20 गुना अधिक होते हैं।

घरों में खाना पकाना और उन्हें गरम रखना घर के अंदर की हवा में प्रदूषण का एक प्रमुख कारण है और कई मामलों में यह मौत का कारण भी बन जाती है। जलावन की लकड़ी, मिट्टी के तेल और तरल पेट्रोलियम गैस (LPG) से निकलनेवाला धुआँ घर के अंदर के प्रदूषण के सबसे महत्त्वपूर्ण स्रोतों में से एक है। प्रयोगशालाओं और नैदानिक परिस्थितियों में किए गए अध्ययन इसकी पुष्टि करते हैं। दुनिया में 50 प्रतिशत से ज्यादा घरों में गैर-प्रसंस्कृत ईंधनों के इस्तेमाल से खाना पकाया जाता है जिनसे 50 गुना अधिक जहरीले प्रदूषक निकलते हैं। भारत में खाना पकाने और घरों के लिए आम तौर पर चार प्रकार के ईंधन का

इस्तेमाल होता है। इनमें तरल पेट्रोलियम गैस, मिट्टी का तेल, बायोमास (जलावन की लकड़ी, लकड़ी के टुकड़े, गोबर के उपले, पराली, कृषि कचरा) और उपर्युक्त में से दो या अधिक को मिलाकर इस्तेमाल में लाया जाता है।

बायोमास ईंधन का इस्तेमाल ऊर्जा के प्रमुख स्रोत के रूप में पूरे विश्व में और विशेष रूप से भारत के ग्रामीण इलाकों समेत विकासशील देशों में आम तौर पर घरों में किया जाता है। भारत के ग्रामीण इलाकों में ऊर्जा की 90 प्रतिशत जरूरत इसी से पूरी होती है, जिनमें से से लकड़ी का हिस्सा 56 प्रतिशत, पराली का 6 प्रतिशत और उपलों का 21 प्रतिशत हिस्सा होता है। बायोमास ईंधन जटिल जैविक पदार्थों, वेजिटेबल प्रोटीन और कार्बोहाइड्रेट से मिलकर बना होता है, जिनमें कार्बन, नाइट्रोजन, ऑक्सीजन, हाइड्रोजन, अन्य तत्त्व छोटी-छोटी मात्रा में होते हैं। जिन घरों में खाना पकाने के लिए रोजाना बायोमास ईंधन का इस्तेमाल होता है, उनमें वायु प्रदूषण के खतरे का सामना सबसे अधिक करना पड़ता है। बायोमास ईंधन सेहत की दृष्टि से शरीर की विभिन्न प्रणालियों को नुकसान पहुँचाता है, जहाँ उनमें कार्बन मोनोऑक्साइड से जहर फैलने, आँखों में जलन और साँस का बीमारी, कॉर पल्मोनाले और श्वसन मार्ग में हानि की समस्या होती है। बायोमास को जलाने से पैदा होनेवाले गौण उत्पाद तंबाकू के धुएँ के समान ही होते हैं। इनके संपर्क में आने से साँस की नली में उसी प्रकार की तकलीफें पैदा हो सकती हैं।

घर के अंदर वायु प्रदूषण उत्पन्न करने में रसोई में खाना पकाने के लिए इस्तेमाल में लाए जानेवाले उपकरणों का प्रकार भी अहम भूमिका निभाता है। पूरे भारत में खाना पकाने के चार प्रकार के उपकरण मिलते हैं। उनमें शामिल हैं—(1) केरोसिन स्टोव (बत्तीवाले या प्रेसरवाले), (2) कोयले से जलनेवाली अँगीठी, (3) एल.पी.जी. से जलनेवाला गैस स्टोव और (4) मिट्टी से बना चूल्हा जिसमें बायोमास ईंधन (सूखा गोबर, पराली और कृषि कचरा) का इस्तेमाल होता है।

इनसे निकलनेवाले धुएँ में ऐसे प्रदूषक होते हैं जो सेहत के लिए हानिकारक होते हैं। मुख्य रूप से उत्पन्न गैस जो साँस लेने के लिए विषैले प्रदूषक पैदा करती हैं, उनमें नाइट्रोजन और सल्फर के ऑक्साइड, कार्बन मोनोऑक्साइड, हवा में मौजूद कण (अधजले हाइड्रोकार्बन जैसे कि बेंजीन और फॉर्मल्डिहाइड, कालिख के कण) और बेंजो अल्फा पायरीन जैसे पॉलीसाइक्लिक एरोमैटिक कंपाउंड शामिल रहते हैं।

खाना पकाने के सभी प्रकार के ईंधन से नाइट्रोजन के ऑक्साइड, सल्फर डाइऑक्साइड और अधजले हाइड्रोकार्बन (कालिख के कण) जैसे साँस में जलन

पैदा करने वाले तत्त्व निकलते हैं। यह देखा गया है कि जलावन की लकड़ीवाले चूल्हे से कालिख के कण ज्यादा निकलते हैं और उनसे साँस की असाध्य बीमारी और साँस की नली के अवरुद्ध होने का खतरा कहीं अधिक होता है।

पर्यावरणीय तंबाकू का धुआँ

पर्यावरणीय तंबाकू का धुआँ (ETS), यानी दूसरों की ओर से छोड़े गए तंबाकू के धुएँ के कारण फेफड़े के रोग, साँस से जुड़ी बीमारी और श्वसन मार्ग की असाध्य बीमारी का खतरा बढ़ जाता है। घर और काम की जगहों पर जो लोग ई.टी.एस. के संपर्क में आते हैं उनमें कई तरह की बीमारियों का खतरा बढ़ जाता है जैसी बीमारियाँ अन्य धूम्रपान करनेवालों में देखी जाती है। घर और काम की जगहों में भीड़-भाड़ और दमघोंटू माहौल सेहत पर ई.टी.एस. के दुष्प्रभावों को और गंभीर बना देता है।

दमा

बेहरा और अन्य ने बायोमास ईंधन और एल.पी.जी. से घर में खाना पकाने का घर के भीतर के प्रदूषण पर प्रभाव की जाँच 10 ऐसी महिलाओं में की जो धूम्रपान नहीं करती थीं, लेकिन उन्हें दमे की शिकायत थी। 22 से 33 प्रतिशत मरीजों ने खाना पकाने के दौरान बीमारी के बढ़ने की शिकायत की। पी.ई.एफ-आर. के वैल्यू अनुमानित वैल्यू से कम थे।

तीव्र श्वसन संक्रमण

मिश्रा और रदरफोर्ड ने पाया कि जिन घरों में खाना पकाने के ईंधन के रूप में प्रमुख रूप से लकड़ी या गोबर का उपयोग किया जाता है, उनमें 3 साल से कम उम्र के बच्चों को तीव्र श्वसन संक्रमण (ARI) का खतरा उन बच्चों की तुलना में लगभग एक-तिहाई अधिक होता है जिनके घरों में ईंधन के स्वच्छ साधनों का इस्तेमाल किया जाता है। खाना पकाने से निकले धुएँ का असर ए.आर.आई. की दरों पर कहीं ज्यादा पाया गया।

फेफड़े का कैंसर

लंबे समय तक धूम्रपान के धुएँ के माहौल में रहनेवाले उन लोगों में फेफड़े के कैंसर का खतरा अधिक देखा गया है, जो धूम्रपान नहीं करते हैं।

फेफड़े के काम करने पर असर

उन घरों में जहाँ खाना पकाने के लिए खास तौर पर बायोमास का इस्तेमाल किया जाता है, उनमें धूम्रपान न करनेवाली स्वस्थ महिलाओं में फेफड़े के काम करने पर प्रतिकूल प्रभाव को देखा गया है। फेफड़े तक हवा को लाने और बाहर ले जाने की क्रिया में बाधा उत्पन्न होती है।

साँस की बीमारी से संबंधित लक्षण

उत्तर भारत के ग्रामीण इलाकों की महिलाओं में क्रोनिक ब्रोंकाइटिस और कॉर पल्मोनाले की भारी शिकायत को देखते हुए, पद्मावती और जोशी ने कहा कि खाना पकाने और घर को गरम रखने के लिए लकड़ी और उपले के इस्तेमाल से इस प्रकार के रोग हो सकते हैं।

कश्मीर में 'गुर्जर लंग' नाम की फेफड़े को संकुचित करनेवाली एक बीमारी का पता चला है जो बायोमास ईंधन जलाने के कारण होती है। यह रोग महिलाओं में देखा गया है जो उम्र के साथ गंभीर हो जाता है। चीड़ की लकड़ी को इसकी वजह बताया गया है जिसका इस्तेमाल गुर्जर समुदाय ईंधन के रूप में आम तौर पर करता है। इस लकड़ी में ओलेओरेसिन काफी मात्रा में होता है जो जलाने पर कई तरह की गैस और रेसिन एडिस के एल्डिहाइड उत्पन्न करता है, जो अकेले ही या कार्बन के साथ मिलकर नुकसान करता है और फाइब्रोजेनिक रिएक्शन का कारण बनता है।

रोकथाम

वर्ष 1981 से पहले तक, पर्यावरणीय प्रदूषण को लेकर जैसे-तैसे थोड़े-बहुत कानून बनाए जाते थे। ऐसे कानून मुख्य रूप से दंडात्मक होते थे और रोकथाम में उनकी कोई भूमिका नहीं थी। पर्यावरणीय प्रदूषण को लेकर पर्यावरण संरक्षण अधिनियम, 1986 पहला व्यापक कानून था। प्रदूषण से निपटने वाला यह पहला कानून था। यह प्रस्तावित करता है कि अधिनियम में निर्धारित पैमानों से अधिक किसी भी प्रकार के पर्यावरणीय प्रदूषक को बहाया या हवा में छोड़ा न जाए। मुख्य रूप से यह औद्योगिक प्रदूषकों और खतरनाक पदार्थों को लेकर बनाया गया है।

शहरी इलाकों में जर्जर हो चुके ट्रक और ठसाठस भरी बसें प्रदूषण फैलाती हैं जो मोटा काला धुआँ उगलती हैं। वाहनों से निकलनेवाले जहरीले धुएँ को कम करना होगा। वाहनों में ऊर्जा के दहन की नई तकनीक को अपनाना जरूरी है। धुएँ

को कम करने के लिए वाहनों में प्राकृतिक गैस के इस्तेमाल की सिफारिश की जाती है। समय-समय पर वाहनों की प्रदूषण नियंत्रण जाँच होनी चाहिए। शहरों में तंग जगहों के कारण प्रदूषकों की भारी मात्रा छँट नहीं पाती है। नए नगरों में सही योजना और उद्यानों के साथ चौड़ी सड़कों का सुझाव दिया जाता है।

फेफड़े पर पड़नेवाले दुष्प्रभावों को धुआँ सहित उपकरणों और पर्याप्त वेंटिलेशन से कम किया जा सकता है। पर्याप्त वेंटिलेशनवाले सही बनावट वाले मकान जरूरी हैं। प्रदूषकों की मात्रा को कम करने के लिए स्टोव के वेंट को नियमित रूप से साफ किया जाना चाहिए। रसोई में बायोमास, कोयला या लकड़ी को सीधे-सीधे जलाने की बजाए बदबूदार कीचड़, बायो-फरमेंटेशन, कोयले या लकड़ी से निकाली जानेवाली गैस के इस्तेमाल की जरूरत है। गरमी पैदा करने या खाना पकाने के किसी भी उपकरण के धुएँ को बाहर निकालने की व्यवस्था होनी चाहिए, ताकि अंदर के प्रदूषण को कम किया जा सके। घर के अंदर SPM, NO_2 और हाइड्रोकार्बन से बचने के लिए जरूरी है कि कुकिंग ऐसे कमरे में हो जहाँ बच्चे ना आएँ और उच्च कोटि के गैस बर्नर या धुआँ-रहित चूल्हे का इस्तेमाल किया जाए। रसोई घर के भीतर अलग हिस्से में हो या घर के बाहर।

घरों और काम की जगहों के अंदर धूम्रपान की इजाजत न दी जाए तो इससे पैसिव स्मोकिंग को कम किया जा सकेगा।

निष्कर्ष

हम जिस हवा में साँस लेते हैं, उसे कई प्राकृतिक और मानव-निर्मित अशुद्धियाँ दूषित कर देती हैं। वायु प्रदूषण बढ़ने के कारण साँस की बीमारियाँ बढ़ जाती हैं। हवा में मिली अशुद्धता नुकसान पहुँचाती है। पर्यावरणीय प्रदूषण से निपटने के लिए तत्काल कानून बनाने की जरूरत है। ऊर्जा संरक्षण करनेवाली तकनीक को अपनाने, नई टाउनशिप की समुचित योजना बनाने, समय-समय पर वाहनों की जाँच करने और उड़नेवाली राख पर नियंत्रण के साथ ही धुआँ-रहित ऊर्जा, घरों में सही वेंटिलेशन और धूम्रपान को बंद करने की जरूरत है।

□

14

वायु प्रदूषण और रोग

घर के भीतर और बाहर के वायु प्रदूषण के स्रोत दुनिया भर में सेहत के लिए सबसे बड़ा पर्यावरणीय खतरा हैं। अपने आसपास की हवा में मौजूद प्रदूषण के कारण हर साल लगभग 4.2 करोड़ लोगों की मौत स्ट्रोक, हृदय रोग, फेफड़े के कैंसर और साँस की गंभीर बीमारियों के कारण हो जाती है। संसार की आबादी के लगभग 91 प्रतिशत लोग उन जगहों पर रहते हैं जहाँ हवा की क्वालिटी विश्व स्वास्थ्य संगठन (WHO) की ओर से तय सीमा से अधिक प्रदूषित है। वायु प्रदूषण को नियंत्रित किया जा सकता है और इस कारण सेहत पर पड़नेवाले अनेक प्रतिकूल प्रभावों को भी रोका जा सकता है।

वायु प्रदूषण घर के भीतर या बाहर के पर्यावरण में किसी केमिकल, भौतिक या जैविक एजेंट के द्वारा की गई मिलावट है जो वातावरण के प्राकृतिक गुण को बदल देता है। विश्व स्वास्थ्य संगठन (WHO) के आकलन के अनुसार, परिवेशी वायु प्रदूषण के कारण प्रति वर्ष लगभग 4.2 मिलियन लोगों की मौत हो जाती है। ग्लोबल बर्डेन ऑफ डिजीज स्टडी 2019 के अनुसार, भारत में सन् 2019 में 1.67 लाख लोगों की मौत का कारण वायु प्रदूषण को बताया गया था, जो देश में होनेवाली कुल मौतों का 17.8 प्रतिशत था। प्रदूषक इन स्रोतों से आ सकते हैं—

- बिंदु स्रोत : दहन भट्ठी,
- क्षेत्र स्रोत : आवासीय कॉलोनियों/दफ्तरों से,
- लाइन स्रोत : मोटरवाहन, विमान।

वायु प्रदूषक प्राथमिक या गौण हो सकते हैं। प्राथमिक प्रदूषक किसी चिमनी या निकास पाइप जैसे स्रोत से सीधे वातावरण में छोड़े जाते हैं। उदाहरण के लिए,

सल्फर डाइऑक्साइड (SO_2), नाइट्रोजन के ऑक्साइड, कार्बन मोनोऑक्साइड (CO), वोलाटाइल ऑर्गेनिक कंपाउंड (VOC) इत्यादि। प्राथमिक प्रदूषकों पर केमिकल रिएक्शन से वातावरण में गौण प्रदूषक उत्पन्न होते हैं। उदाहरण के लिए, ओजोन (O_3), सल्फ्यूरिक एसिड और अमोनियम नाइट्रेट। प्रदूषक गैस या पार्टिकुलेट मैटर या कण (PM) के रूप में हो सकते हैं। PM की पहचान आम तौर पर एयरोडानामिक डायमीटर साइज फ्रैक्शन या वायुगतिकीय व्यास आकार अंश के अनुसार की जाती है—

- PM10 (PM<10 μm) में साँस के साथ अंदर जानेवाले बड़े कण होते हैं। जो कण <10 μm होते हैं, वे साँस के साथ श्वासनली से अंदर नहीं जा पाते हैं।
- PM2.5-10 को मोटे अंशवाले कण के रूप में भी जाना जाता है (PM>2.5 μm लेकिन <10 μm)।
- PM2.5 को सूक्ष्म अंशवाले कण (PM<2.5 μm) के रूप में भी जाना जाता है और उन्हें एल्वियोली तक साँस के साथ लिया जाता है, जहाँ फेफड़े और खून के बीच ऑक्सीजन और कार्बन डाइऑक्साइड का आदान-प्रदान साँस लेने और छोड़ने के बीच होता है।
- PM2.5 के सबसे छोटे अंश में नैनोपार्टिकल होते हैं, जिन्हें अल्ट्राफाइन पार्टिकल्स (UFPs) भी कहा जाता है, जो आम तौर पर <0.1 μm) के रूप में परिभाषित किया जाता है।

वायु प्रदूषण को प्रभावित करनेवाले निर्धारक

सेहत पर वायु प्रदूषण के दुष्प्रभाव एक व्यक्ति से दूसरे व्यक्ति में अलग-अलग होते हैं। वायु प्रदूषण के बढ़ते दुष्प्रभाव को इनसे जोड़ा गया है—

- आनुवंशिक बहुरूपता
- जीवनशैली, जैसे कि धूम्रपान करना
- निम्न सामाजिक-आर्थिक स्थिति
- बढ़ती आयु
- असाध्य हृदय या फेफड़े की बीमारी जैसी सहरुग्णता

तालिका नंबर-1

प्रमुख वायु प्रदूषकों का पर्यावरणीय प्रभाव

प्रदूषक	सेहत पर असर
सल्फर डाइऑक्साइड	ब्रोंकाइटिस, नाक और गले में जलन
ओजोन	फेफड़े के मार्ग में जलन और सूजन
नाइट्रोजन के ऑक्साइड	ब्रोंकियल प्रतिक्रियाशीलता, फेफड़े के संक्रमण का खतरा। एसिड रेन, ग्लोबल वॉर्मिंग
कार्बन मोनोऑक्साइड	कार्बन हीमोग्लोबिन बनने के कारण ऊतकों में ऑक्सीजन की कम डिलीवरी
कार्बन डाइऑक्साइड	सिरदर्द, ग्रीनहाउस इफेक्ट, ग्लोबन वॉर्मिंग
VOC	कारसिनोजेन, लीवर डैमेज, दमा
पार्टिकुलेट मैटर	ब्रोंकियल इरिटेशन, श्लेष्मा निकासी में कमी, मैक्रोफेज प्रतिक्रिया में कमी

वायु प्रदूषण और बीमारियाँ

अत्यधिक वायु प्रदूषण के कारण सेहत पर प्रतिकूल प्रभाव पड़ सकता है, जैसा कि तालिका 1 में दिखाया गया है।

श्वसन प्रणाली

सारे प्रदूषक फेफड़े के ऊतकों में इकट्ठा हो जाते हैं या उनसे गुजर जाते हैं, यह प्रदूषण के आकार और रासायनिक प्रकृति पर निर्भर करता है। आम तौर पर गैस के रूप में प्रदूषक मानवीय ऊतकों के द्वारा अवशोषित कर लिये जाते हैं या शरीर के तरल पदार्थ में घुल जाते हैं। PM2.5 फेफड़ों में ज्यादा अंदर तक आक्रमण कर सकता है। UFP रक्त के प्रवाह के साथ दूर के अंगों तक पहुँच जाते हैं। सघनता और ज्यादा देर तक संपर्क के कारण घर में उत्पन्न प्रदूषक अधिक खतरनाक होते हैं।

जीवन के विभिन्न चरणों में जोखिम का प्रभाव

- प्रसव से पहले प्रदूषण के संपर्क में आने पर भ्रूण के फेफड़ों के काम करने और संरचना संबंधी विकास पर प्रतिकूल प्रभाव पड़ता है, जिससे आगे चलकर श्वसन संबंधी बीमारियाँ होती हैं।

बचपन में जोखिम का सामना तीव्र वायरल श्वसन संक्रमण को गंभीर बना देता है।

वयस्कों में खतरा

- तीव्र वायरल संक्रमणों की समस्याओं और गंभीरता में वृद्धि, विशेष रूप से इन्फ्लूएंजा के कारण वायरल लैरींगोट्राचेओब्रोंकाइटिस जैसा वायरल संक्रमण।
- दमा और क्रॉनिक ऑब्सट्रक्टिव एयर-वे डिजीज (COAD)। कम समय तक संपर्क में रहने से रोग का हमला बार-बार होता है। लंबे समय तक संपर्क पुरानी सूजन को बढ़ा देता है जो जो.सी.ओ.ए.डी. को न्योता देता है।
- फेफड़े का कैंसर।
- वायु प्रदूषकों के लंबे समय तक संपर्क में रहने से उम्र बढ़ने के साथ फेफड़ों के काम करने की क्षमता में कमी का खतरा बढ़ जाता है।
- वायु प्रदूषक वायु प्रदूषकों के विरुद्ध एलर्जी की प्रतिक्रिया को कमजोर करते हैं।

गैस्ट्रोइंटेस्टाइनल ट्रैक्ट या जठरांत्र मार्ग

वायु प्रदूषक जी.आई. मार्ग में साँस के प्रदूषकों की श्लेष्मा निकासी या दूषित भोजन और पानी के सेवन के जरिए दाखिल होते हैं। एक बार जी.आई. मार्ग में आने के बाद, वायु प्रदूषक आँतों के उपकला पर सीधा प्रभाव डाल सकते हैं, जहाँ आँतों के लिपिड का ऑक्सीकरण विकसित होता है। वायु प्रदूषक आँतों के माइक्रोबायोटा को भी प्रभावित कर सकते हैं, जिससे बीमारियों से आँतों को बचानेवाली रुकावट कमजोर पड़ सकती है या विभिन्न माइक्रोबियल मेटाबोलाइट्स का उत्पादन होता है जो प्रणालीगत लिपिड चयापचय को संशोधित करने के लिए सर्कुलेशन में भेजे जाते हैं। वायु प्रदूषण एपेंडिसाइटिस, कोलोरेक्टल कैंसर, आँत में सूजन की बीमारी (आई.बी.डी.) और आँत में जलन की बढ़ती घटनाओं से जुड़ा है।

यकृत

यकृत शरीर में एकत्रित जहरीले पदार्थों से मुक्ति दिलानेवाला प्रमुख अंग है और शरीर में प्रवेश करनेवाले विभिन्न प्रकार के पदार्थ, जिसमें पी.एम.

जैसे—जहरीले घटक शामिल हैं, उनका सामना करता है। वायु प्रदूषक यकृत की कोशिकाओं को जलन पैदा करनेवाले माध्यमों, जीनोटॉक्सिसिटी, माइटोकॉन्ड्रियल क्षति से प्रभावित करते हैं और अन्य अंगों को नुकसान पहुँचाते हैं जो आखिरकार यकृत पर बुरा असर डालते हैं। पी.एम. ऑक्सीडेटिव समस्या को बढ़ाता है, जो यकृत कैंसर और गैर-अल्कोहल स्टीटोहेपेटाइटिस के बढ़ते जोखिम से जुड़ा है।

हृदय प्रणाली

पार्टिकुलेट मैटर के संपर्क में आने से निम्नलिखित तीन तरीकों से हृदय पर प्रतिकूल प्रभाव पड़ता है—

- फेफड़े में पैदा हुए सूजन को बढ़ानेवाले मध्यस्थों का प्रणाली के सर्कुलेशन में 'स्पिलओवर'।
- स्वायत्त प्रणाली असंतुलन, जिसमें सहानुभूति की प्रधानता दिखती है, जिसके कारण अतालता और परिवर्तित हृदय गति परिवर्तनशीलता (एच.आर.वी.) की समस्या पैदा हो जाती है।
- कुछ कणों का सीधे हृदय संवहनी ऊतक में प्रवेश।

PM2.5 और PM10 सी.वी.डी. के कारण अस्पताल में भरती होने और मृत्यु दर में वृद्धि से जुड़े हैं। उच्च रक्तचाप, डी.एम., इंसुलिन प्रतिरोध और चयापचय संबंधी विकारों की घटनाओं में वृद्धि। कैरोटिड इंटिमा मीडिया थिकनेस और हृदय धमनी कैल्सीफिकेशन में वृद्धि से एथेरोसिस में वृद्धि को देखा जाता है। बढ़ी हुई निलय अतिवृद्धि, एंडोथेलियल डिसफंक्शन, बढ़ा हुआ जमावट और घनास्त्रता, प्लेटलेट्स की सक्रियता। धूम्रपान करनेवालों के साथ रहनेवाले कभी धूम्रपान न करनेवालों में कोरोनरी धमनी रोग (सी.ए.डी.) की घटनाओं में 30 प्रतिशत की वृद्धि होती है। सी.वी.एस. पर सेकेंड हैंड धूम्रपान करनेवालों के तीव्र प्रभाव से एंडोथेलियल एक्शन, त्वरित एथेरोस्क्लेरोसिस, ऑटोनोमिक टोन में वृद्धि, घातक वेंट्रिकुलर अतालता की घटनाओं में वृद्धि और स्टेनोटिक कोरोनरी धमनियों की समस्या हो सकती है।

त्वचा

कई तरह के वायु प्रदूषक त्वचा को नुकसान पहुँचाते हैं, क्योंकि यह सबसे बाहरी अवरोध है। वायु प्रदूषक ऑक्सीडेटिव तनाव को बढ़ाकर त्वचा को जकड़ लेते हैं। पराबैंगनी विकिरण के संपर्क से बाहरी त्वचा बूढ़ी होती है और त्वचा

के कैंसर का खतरा रहता है। सिगरेट के धुएँ से समय से पहले बुढ़ापा आता है और सोरायसिस, मुँहासे और त्वचा के कैंसर की घटनाओं में वृद्धि होती है। यह एलर्जी त्वचा की एटोपिक जिल्द की सूजन और एक्जिमा जैसी शिकायतों के लिए जिम्मेदार है। पॉलीरोमैटिक हाइड्रोकार्बन बाहरी त्वचा की उम्र बढ़ने, रंजकता, कैंसर और मुँहासे जैसे विस्फोट से जुड़े होते हैं। वी.ओ.सी. के कारण ही एटोपिक डर्मेटाइटिस की समस्या आती है।

एंडोक्राइन और मेटाबोलिक सिंड्रोम

एंडोक्राइन को नुकसान पहुँचानेवाले रसायन (ई.डी.सी.) हर जगह मौजूद रहते हैं और वे हार्मोन का रूप ले लेते हैं, ताकि हार्मोन को अवरुद्ध करने या उनके संश्लेषण, चयापचय, परिवहन और क्रिया को संशोधित करने में सक्षम हो सकें। ई.डी.सी. से संपर्क गर्भाशय में ही शुरू हो जाता है, इसलिए यह एपिजेनेटिक तंत्र को संशोधित करता है और आजीवन उस पर प्रभाव डालता है। यह इंसुलिन प्रतिरोध, मोटापा, डी.एम., थायराइड विकार, प्रजनन असामान्यता, कैंसर और चयापचय सिंड्रोम की ओर जाता है। उच्च स्तरों के PM2.5 से संपर्क उच्च लेप्टिन और एंडोटिलिन स्तर और निचले घ्रेलिन, और ग्लूकॉगन स्तर के साथ संबंधित है।

आँख

प्रदूषित हवा के संपर्क में आने के कारण आँखों में मामूली जलन से लेकर गंभीर असाध्य रोग, देखने की क्षमता में कमी और रोशनी के प्रति संवेदनशीलता में वृद्धि तक के लक्षण सामने आते हैं। आँसू के अम्लीकरण के कारण अश्रु द्रव के पी.एच. में परिवर्तन के लिए हवा में उच्च स्तर के ऑक्सीडेंट (NO, NO_2 और SO_2) जिम्मेदार हो सकते हैं। वायु प्रदूषकों का कारण ही उपनैदानिक नेत्र सतह विकार, नेत्रश्लेष्मलाशोथ, ब्लेफेराइटिस, उम्र से संबंधित धब्बेदार अधः पतन और मोतियाबिंद जैसी समस्याएँ खड़ी हो सकती हैं।

रक्त संबंधी समस्याएँ

लाल रक्त कोशिकाओं के हीमोग्लोबिन को मेथेमोग्लोबिन/सल्फीमोग्लोबिन में परिवर्तित किया जा सकता है या कार्बन मोनोऑक्साइड (CO) के साथ मिलाकर उन्हें ऑक्सीजन परिवहन के लिए अप्रभावी बना दिया जा सकता है। आर्सेनिक एरिथ्रोसाइट्स झिल्ली को नुकसान पहुँचा सकता है जिसके परिणामस्वरूप

एनीमिया हो सकता है। बेंजीन के मेटाबोलाइट्स अन्य वाष्पशील पॉलीसाइक्लिक हाइड्रोकार्बन ल्यूकेमिया के कारणों में शामिल हैं। कीटनाशकों और खर-पतवार नाशकों का उपयोग विकासात्मक लिंफोमा और अप्लास्टिक एनीमिया से जुड़ा हुआ है। वायु प्रदूषण सिकल सेल रोग में हीमोग्लोबिन विकृति को बढ़ाता है। PM2.5 प्लेटलेट और एंडोथेलियल सक्रियण के माध्यम से बीमारी बढ़ानेवाले साइटोकिंस द्वारा खून के जमने में असंतुलित की स्थिति को बढ़ावा देता है। ये रोधगलन, स्ट्रोक, गहरी शिरा घनास्त्रता (DVT) और फुफ्फुसीय अंत:शल्यता सहित थ्रोंबोटिक की समस्याओं के जोखिम को बढ़ाते हैं।

हड्डी

आग से निकले कणों को साँस में भरने से प्रणालीगत ऑक्सीडेटिव तनावपूर्ण सूजन के माध्यम से अस्थियों में खनिज कम होने में तेजी आ सकती है, जहाँ वे अस्थि विखनिजीकरण और ऑस्टियोपोरोसिस के लिए स्थापित तंत्र हैं। पार्टिकुलेट मैटर और हड्डी का निर्माण करनेवालों के बीच और प्रीमेनोपॉजल महिलाओं में ठोस ईंधन के दहन के लंबे समय तक संपर्क में आने का नुकसानदेह संबंध है। परमाणु कारक-कप्पा लिगैंड 1-ऑस्टियोप्रोटीन पैटर्न को सक्रिय करनेवाले रिसेप्टर को प्रभावित करता है जो हड्डी के चयापचय को नियंत्रित करते हैं। आसपास की हवा में प्रदूषण (पी.एम. और ओजोन) सौर बी. विकिरण के लिए एक भौतिक रुकावट पैदा करता है, जो विटामिन डी. के त्वचीय उत्पादन को कम करता है जिससे हड्डी के आकार लेने की प्रक्रिया प्रभावित होती है।

एलर्जी और इम्यूनोलॉजिकल रोग

एलर्जी संवेदीकरण और राइनाइटिस

- वायु प्रदूषण युवाओं में एलर्जी के प्रति संवेदनशीलता को बढ़ा देता है।
- वायु प्रदूषण एलर्जिक राइनाइटिस के विकास और वृद्धि में भूमिका निभाता है।

स्व-प्रतिरक्षित रोग

साँस में प्रदूषकों को भरने के कारण ऑक्सीडेटिव तनाव और सूजन प्रणालीगत सूजन और ऑटोइम्यूनिटी की स्थिति को बढ़ा सकते हैं, जिसके परिणामस्वरूप ऑटोइम्यून विकार हो सकते हैं। उदाहरण के लिए—

- धूम्रपान और काम के सिलसिले में सिलिका के संपर्क में आने को रूमेटोइड गठिया और एस.एल.ई. से जोड़ा जाता है।
- रासायनिक सॉल्वैंट्स, शाकनाशी और सिलिका के कारण स्क्लेरोडर्मा जैसा रोग होता है, और
- सिलिका के संपर्क में आने के कारण प्राथमिक वैस्कुलिटिस की समस्या शुरू हो सकती है।

प्रजनन प्रणाली

प्रसव पूर्व अवधि के दौरान वातावरण में मौजूद वायु प्रदूषकों के संपर्क में आने के कारण जन्म के समय कम वजन, अंतर्गर्भाशयी विकास मंदता, समय से पहले जन्म, नवजात मृत्यु, प्रजनन क्षमता में कमी, गर्भपात, तत्काल गर्भपात का खतरा बढ़ जाता है। झिल्ली का समय से पहले टूटना और प्रीक्लेंपसिया जैसी समस्या भी होती है। गर्भावस्था के दौरान प्रदूषण के संपर्क में आने से बचपन में नियोप्लाज्म (ल्यूकेमिया और एस्ट्रोसाइटोमा) और बचपन में ही दमे का रोग हो सकता है।

संज्ञानात्मक कार्य और तंत्रिका संबंधी रोग

वायु प्रदूषकों के कारण रक्तप्रवाह में सूजन से सेरेब्रल वैस्कुलर डिसफंक्शन की समस्या हो जाती है। साँस के भरे गए बेहद सूक्ष्म कण नाक से घ्राण तंत्रिका के माध्यम से सीधे मस्तिष्क में जा सकते हैं जिससे सूजन और ऑक्सीडेटिव तनाव हो सकता है। वायु प्रदूषण से इस प्रकार की समस्याएँ हो सकती हैं—

- संज्ञानात्मक कार्य में कमी और मनोभ्रंश और स्ट्रोक का खतरा बढ़ जाता है।
- विलंबित साइकोमोटर विकास और बच्चों की बुद्धि के विकास में कमी।
- ऑटिज्म की आशंका।
- पार्किंसंस रोग में अस्पताल में बार-बार भरती होने का संकट और मृत्यु दर में वृद्धि।
- स्लीप एपनिया सिंड्रोम में वृद्धि, सामाजिक तनाव से जुड़े मनोदशा के विकार।

गुर्दे रोग

गुर्दे अत्यधिक संवहनी अंग होने के कारण बड़ी और छोटी दोनों वाहिकाओं में गड़बड़ी की आशंका बना रहती है और इसलिए इसमें वायु प्रदूषण के ऑक्सीडेटिव तनाव और प्रणाली में सूजन के दुष्प्रभावों का खतरा रहता है। गुर्दे पर वायु प्रदूषकों के दुष्प्रभाव हैं—

- प्रोटीनमेह।
- ग्लोमेरुलर निस्पंदन दर में कमी।
- गुर्दे की पुरानी बीमारी और अंतिम चरण के गुर्दे की बीमारी का खतरा बढ़ जाता है

वायु प्रदूषण और सार्स कोविड-2

विभिन्न अध्ययनों ने वायु प्रदूषण के संपर्क में आने और कोरोना से होनेवाली बीमारी और मृत्यु के बीच संबंध को बताया है। इसके पीछे की वजह इस प्रकार है—

- वायु प्रदूषण और कोविड-19 उन्हीं अंगों को प्रभावित करते हैं। इस कारण मरीजों में हृदय और फेफड़े से जुड़ी बीमारियों के साथ ही पाचन में गड़बड़ी की समस्या गंभीर हो जाती है।
- वायु प्रदूषण बीमारी से लड़ने के लिए होने वाली प्रतिक्रिया को कम कर देता है जिससे कोरोना का संक्रमण आसानी से हावी हो जाता है।
- ACE1-2 के जरिए कोशिकाओं में प्रवेश के लिए सार्स-कोविड-2 को प्रोटीज के कारण बने वायरल स्पाइक प्रोटीन की दरार की जरूरत होती है और इस प्रकार की प्रोटीज की गतिविधि को वायु प्रदूषण बढ़ा देता है।
- वायु प्रदूषण और साँस से फैलनेवाले वायरस परिवेशन हवा में जटिल अंत:क्रिया को दिखाते हैं, जो हवा में वायरस की क्षमता को मजबूत बनाकर रखते हैं।

एयर क्वालिटी इंडेक्स या वायु गुणवत्ता सूचकांक

एयर क्वालिटी इंडेक्स (AQI) एक इंडेक्स है जो रोजाना वायु की गुणवत्ता को बताता है। इसे एक संपूर्ण प्रक्रिया के रूप में परिभाषित किया जाता है जो वायु प्रदूषण से संबंधित पैमानों (प्रदूषण की मात्रा) के भारित मूल्य को एकल संख्या या संख्याओं के समुच्य में बदल देती है। आदर्श रूप से, अल्पकालिक

मानकोंवाले आठ पैमानों (PM10, PM2.5, NO_2, SO_2, CO, NH_3 और Pb) के आधार पर AQI की जानकारी लगभग वास्तविक समय की स्थिति के अनुसार दी जा सकती है। नेशनल AQI (NAQI) प्रदूषण के स्तरों को 6 वर्गों में बाँटते हैं जैसा कि तालिका-2 में दिखाया गया है।

तालिका-2 एयर क्वालिटी इंडेक्स (AQI)

AQI	टिप्पणी	सेहत पर संभावित प्रभाव
0–50	अच्छा	कम-से-कम प्रभाव कलर कोड
51–100	संतोषजनक	संवेदनशील लोगों में साँस लेने में थोड़ी परेशानी।
101–200	सामान्य	फेफड़े, दमे और हृदय रोग से पीड़ित लोगों को साँस लेने में परेशानी।
201–300	खराब	लंबे समय तक संपर्क में आनेवाले अधिकांश लोगों में साँस की समस्या।
301–400	बहुत खराब	लंबे समय तक संपर्क में आने पर साँस संबंधी बीमारी।
401–500	बेहद गंभीर	स्वस्थ लोगों को बीमार करता है और पहले से बीमारों पर गंभीर असर डालता है।

वायु प्रदूषण को नियंत्रित करने का उपाय

व्यक्तिगत स्तर पर

व्यवहार/जीवनशैली संबंधी परिवर्तन

धूम्रपान छोड़ना

एयर फिल्टर

फेस मास्क

औद्योगिक स्तर पर

कच्चे माल में बदलाव

प्रदूषण नियंत्रण के उपकरण (फ्लोचार्ट-1)

फ्लोचार्ट-1 : वायु प्रदूषण पर नियंत्रण के तरीके

उद्योगों में वायु प्रदूषण पर नियंत्रण के उपाय

गैसवाले प्रदूषक	कणवाले प्रदूषक
अवशोषण	ग्रेविटेशन सेटलिंग चेंबर
सोखना	साइक्लोन सेपरेटर
वाष्पीकरण	फैब्रिक फिल्टर
दहन	इलेक्ट्रोस्टैटिक प्रेसिपिटेटर वेट कलेक्टर (स्प्रे टावर/साइक्लोन स्क्रबर/वेंचुरी स्क्रबर)

सरकारी स्तर पर

ट्रैफिक का प्रबंधन

इलेक्ट्रिक वाहन

नियम-कानून को मजबूत बनाना। उदाहरण: भारत में वायु प्रदूषण पर नियंत्रण और रोकथाम के लिए प्रदूषण रोकथाम और नियंत्रण अधिनियम, 1981।

निष्कर्ष

वायु प्रदूषण गंभीर क्षति पहुँचाने के साथ ही लंबे समय तक के लिए शरीर के प्रत्येक अंग पर बुरा असर छोड़ सकता है। बेहद सूक्ष्म कण फेफड़े तक चले जाते हैं, जिन्हें कोशिकाएँ तुरंत समाहित कर लेती हैं और खून के साथ वह हमारे शरीर की लगभग हर कोशिका के लिए खतरा बन जाता है। मानव स्वास्थ्य और पर्यावरण के लिए वायु प्रदूषण को कम करना जरूरी है।

□

15

वायु प्रदूषण बचाव व रोकथाम

दिल्ली-एन.सी.आर. में प्रदूषण पर केंद्र सरकार के वायु गुणवत्ता प्रबंधन आयोग (CAQM) ने दिल्ली-एन.सी.आर. में अगले पाँच वर्षों में प्रदूषण को कम करने के उद्देश्य से बुधवार को एक नई नीति को सामने रखा, जिसका जोर प्रदूषण फैलानेवाले विभिन्न क्षेत्रों पर काररवाई करने पर था। इसने आवश्यक बदलावों की समय-सीमा भी तय कर दी।

जिस पराली को जलाए जाने से दिल्ली में सर्दियों के दौरान 35 प्रतिशत से अधिक वायु प्रदूषण होता है, उसका प्रबंधन मूल जगह के साथ ही उससे दूर जाकर करने से लेकर डीजल जेनरेटर सेटों के इस्तेमाल को कम करने के लिए निर्बाध बिजली आपूर्ति की सिफारिश तक, आयु गुणवत्ता प्रबंधन आयोग ने लागू किए जानेवाले अल्पकालिक (1 वर्ष), मध्यकालिक (2 से 3 वर्ष) और दीर्घकालिक (5 वर्ष) लक्ष्यों को सामने रखा है।

संपूर्ण एन.सी.आर. उपक्षेत्रों में बुनियादी ढाँचा और सिस्टम में कमियों के कारण मूल स्थानों पर काररवाई में अंतर के कारण सी.ए.क्यू.एम. की नई नीति क्षेत्रवार सुधार की नीति की सिफारिश करती है, जिन्हें एक निश्चित समयावधि में दिल्ली सरकार और एन.सी.आर. के राज्यों को लागू करना है। 14 क्षेत्रों के लिए स्पष्ट निर्देश सामने रख दिए गए हैं, जिनमें उद्योग, वाहन, परिवहन, स्वच्छ ऊर्जा, निर्माण और डेमोलिशन, पराली जलाना, सड़क की धूल एवं नगर निगम के ठोस कचरे का निपटारा शामिल हैं।

यह नीति न केवल दिल्ली बल्कि पूरे एन.सी.आर. के लिए पी.एन.जी. जैसे स्वच्छ ईंधन के इस्तेमाल की सलाह देती है, साथ ही यह भी कहती है कि पारंपरिक ईंधनों की तुलना में पी.एन.जी. की बहुत अधिक और बढ़नेवाली

कीमतों के साथ ही दर में समानता व किफायती व्यवस्था की जरूरत है, ताकी वायु गुणवत्ता की रक्षा के साथ ही काम-काज को आर्थिक रूप से व्यावहारिक बनाया जा सके। पी.एन.जी. को जीसटी की लोअर स्लैब में रखने पर विचार किया जा सकता है।

यह नीति राज्य सरकारों को जीवनकाल समाप्त कर चुके वाहनों को स्क्रैप करने की नीति को लागू करने का सुझाव देती है और बताती है कि वर्ष 2023 के बाद दिल्ली-एन.सी.आर. के ईंधन स्टेशनों पर उन वाहनों को तेल नहीं देना चाहिए, जिनके पास मान्य प्रदूषण नियंत्रण प्रमाण-पत्र न हो। यह दिल्ली-एन. सी.आर. की सरकारों से यह भी कहती है कि वे शहरों और हाइवे पर सी.एन. जी. और एल.एन.जी. ईंधन नेटवर्क बनाने की योजना तैयार करें, ताकी लंबी दूरी तक चलनेवाले ट्रकों एवं दूसरे कमर्शियल वाहनों को गैस आधारित ईंधन की ओर ले जाया जा सके।

इस नीति ने इस बात पर जोर दिया कि वर्ष 2022 के फसल सीजन में पराली से निपटने के लिए बायो-डी कंपोजर घोल के इस्तेमाल को बढ़ाया जाए।

एन.सी.ए.पी. की स्टीयरिंग कमेटी के सदस्य और आई.आई.टी., कानपुर के प्रोफेसर एस.एन. त्रिपाठी ने कहा, वायु गुणवत्ता प्रबंधन आयोग की ओर क्षेत्रवार विकसित की गई समग्र नीति वायु प्रदूषण को नियंत्रित और कम करने की दिशा में एक स्वागत योग्य कदम है। वायु प्रदूषण डेटा की गुणवत्ता को सदृढ़ करने और सेंसर आधारित निगरानी से ग्रामीण और शहरों से सटे इलाकों को शामिल करने से प्राधिकारियों को रोकथाम के लिए कदम उठाने में मदद मिलेगी। नाइट्रोजन डाइऑक्साइड और ओजोन जैसी गंभीर गैसों को नियंत्रित करने के लिए बहु-प्रदूषक रुख अख्तियार करने से विषैली गैसों और सेकेंडरी पार्टिकुलेट मैटर को बनने से रोकने में मदद मिलेगी।

तालिका-1 वायु प्रदूषण को नियंत्रित करने की कार्य-योजना

वायु गुणवत्ता निगरानी को सुदृढ़ बनाना		
नीति	**समय-सीमा**	**क्षेत्र**
भूमि उपयोग, आबादी घनत्व आदि पर आधारित वायु गुणवत्ता निगरानी नेटवर्क के लिए योजना तैयार करना	1 वर्ष	दिल्ली

नए मॉनिटरिंग स्टेशन	1–3 वर्ष	एन.सी.आर. के अन्य जिले
उत्सर्जन सूची को अपडेट करना, स्रोत विभाजन और क्षेत्रीय प्रदूषण की मूवमेंट का आकलन	1–3 वर्ष	दिल्ली–एन.सी.आर.
औद्योगिक प्रदूषण की रोकथाम		
गैस संरचना और आपूर्ति की शुरुआत	1 वर्ष	एन.सी.आर.
औद्योगिक कार्यों के लिए कोयले पर पूर्ण प्रतिबंध	1 वर्ष	एन.सी.आर.
औद्योगिक समूहों के लिए एक ही बॉयलर की योजना बनाना	3–5 वर्ष	दिल्ली–एन.सी.आर.
औद्योगिक क्षेत्र में जीरो बर्निंग	1 वर्ष	दिल्ली–एन.सी.आर.
जेनरेटर सेट		
डिसकॉम ट्रांसमिशन और वितरण प्रणालियों को सुदृढ़ करें और 100 प्रतिशत भरोसेमंद बिजली उपलब्धता सुनिश्चित करें, विशेषतया सर्दियों में	30 सितंबर, 2022	दिल्ली–एन.सी.आर.
दिल्ली के 300 कि.मी. के दायरे के थर्मल पावर प्लांट		
5–10 प्रतिशत बायोमास को साथ जलाने की अनुपालना के निर्देश	1–3 वर्ष	एन.सी.आर., पंजाब
वाहन और परिवहन क्षेत्र		
मान्य पी.यू.सी. सर्टिफिकेट होने पर ही तेल देना	1 वर्ष	दिल्ली–एन.सी.आर.
दूर संवेदी उपकरणों से ऑन रोड वाहनों से उत्सर्जन की उन्नत निगरानी	3–5 वर्ष	दिल्ली, गुरुग्राम, फरीदाबाद, गाजियाबाद, गौतमबुद्ध नगर

स्वच्छ ईंधन और विद्युत् परिवहन		
इलेक्ट्रिक व्हीकल (ई.वी.) नीति में लक्ष्य, अधिकार, प्रोत्साहन, फंडिंग रणनीति, पब्लिक चार्जिंग के लिए नेटवर्क प्लान और ई.वी. चार्जिंग के लिए इमारतों को तैयार करने के लिए संशोधन/अधिसूचना	1 वर्ष	दिल्ली–एन. सी.आर. के राज्य
स्वैप करने योग्य बैटरी स्टेशन समेत चार्जिंग नेटवर्क और बुनियादी संरचना का विकास	5 वर्ष तक	दिल्ली–एन. सी.आर. के राज्य
प्रभावी सार्वजनिक परिवहन सेवा		
सिटी पब्लिक बस सर्विस को बढ़ाना	1–5 वर्ष	दिल्ली, गुरुग्राम, गौतमबुद्ध नगर, गाजियाबाद
सड़क-परिवहन प्रबंधन		
यात्रियों को सूचना और मार्ग में बदलाव की तैयारी के लिए अर्ली वार्निंग सिस्टम बनाना और लागू करना	योजना के मुताबिक	दिल्ली, गुरुग्राम, फरीदाबाद, गौतमबुद्ध नगर और गाजियाबाद से शुरुआत
शहरी ठोस कचरा जलाने पर नियंत्रण		
खाली जमीन में पड़े पुराने कचरे को समाप्त करना और नए कचरे को डंप किए जाने से रोकना	योजना के मुताबिक	दिल्ली–एन. सी.आर. के राज्य
स्रोत पर ही प्रबंधन और कचरे को अलग करना	योजना के मुताबिक	दिल्ली–एन. सी.आर.

तालिका-2 पराली जलाने के कारण होनेवाले वायु प्रदूषण की रोकथाम

नीति	समय-सीमा	क्षेत्र
पराली प्रबंधन	1 वर्ष : कुल पराली का 60 प्रतिशत, 1-3 साल : कुल पराली का 80 प्रतिशत, 5 वर्ष : कुल उत्पन्न पराली का 100 प्रतिशत	पंजाब, हरियाणा और उत्तर प्रदेश तथा एन.सी.आर. के जिले
औद्योगिक कार्यों, ताप विद्युत् संयंत्रों, बायोमास पाउडर और जैव ईंधन तथा अन्य कार्यों के लिए मूल स्थान से दूर जाकर उपयोग करना		पंजाब और हरियाणा

दिल्ली-एन.सी.आर. के लिए नए जी.आर.ए.पी. के तहत, प्रतिकूल ए.क्यू.आई. के चार अलग-अलग चरण होंगे—स्टेज-I खराब (ए.क्यू.आई. 201-300), स्टेज-II बहुत खराब (ए.क्यू.आई. 301-400), स्टेज-III गंभीर (ए.क्यू.आई. 401-450), और स्टेज-IV सीवियर प्लस (ए.क्यू.आई.-450 से अधिक)। इन चार अलग-अलग चरणों के लिए जी.आर.ए.पी. कई विशिष्ट उपायों की सिफारिश करेगा, जिसमें कोयले और लकड़ी के उपयोग, डीजल जनरेटर सेट, निर्माण, ईंट भट्ठे, हॉट मिक्स प्लांट तथा स्वच्छ ईंधन से न चलनेवाले अन्य उद्योगों पर पाबंदी के अलावा शहर में डीजल से चलनेवाले ट्रकों पर रोक शामिल है।

जी.आर.ए.पी. ने राज्य सरकारों के लिए अतिरिक्त उपाय करने के लिए कुछ गुंजाइश भी छोड़ी है, जैसे कि वर्क-फ्रॉम-होम और ऑड-ईवन की घोषणा करना।

विशेषज्ञों ने इन परिवर्तनों का इस उम्मीद में स्वागत किया है कि पूर्व चेतावनी पर आधारित प्रतिबंध प्रदूषण के कारण हालात को बिगड़ने से रोकने में मदद करेंगे।

विज्ञान और पर्यावरण केंद्र में रिसर्च और एडवोकेसी की एक्जीक्यूटिव डायरेक्टर, अनुमिता रॉय चौधरी कहती हैं, जी.आर.ए.पी. को लागू करने का ढाँचा

इस लिहाज से बेहतर बनाया गया है कि इसे प्रतिक्रियावादी के बजाय रोकथाम वाला बनाया जाए। हाल के दिनों में प्रदूषण भविष्यवाणी में सुधार के कारण हम ए.क्यू.आई. स्तरों के अनुसार निवारक उपायों को लागू करने में मदद करने के लिए प्रारंभिक चेतावनी प्रणाली का इस्तेमाल कर सकते हैं और स्मॉग जैसे हालात बनने से पहले ही अधिक प्रदूषण के पैदा होने से बच सकते हैं।

जी.आर.ए.पी. में बदलाव करनेवाली समिति के एक सदस्य के रूप में रॉय चौधरी ने बताया कि जब जनवरी 2017 में पहली बार जी.आर.ए.पी. को नोटिफाई और उसी साल अक्तूबर में लागू किया, तब उनके पास बिगड़ते हालात का अनुमान लगाने की जरूरी तकनीक नहीं थी।

उनका कहना है, इससे पहले, जी.आर.ए.पी. विफल हो गया था, क्योंकि दिल्ली में 2016–17 में पूर्वानुमान प्रणाली नहीं थी। उस समय एक बहुत ही बुनियादी भविष्यवाणी हुआ करती थी, ऐसे में 48 घंटे इंतजार करना पड़ता था। अब हमारे पास बेहतर विज्ञान है और आई.आई.टी.एम. के पास बेहतर पूर्वानुमान प्रणाली है। बेशक, सी.ए.क्यू.एम. और सी.पी.सी.बी. को मिलकर काम करना होगा, ताकी यह देखा जा सके कि प्रतिबंधों को कैसे लागू किया जा सकता है।

सी.ए.क्यू.एम. ने रेखांकित किया है कि जहाँ इन परिवर्तनों को लागू करना आवश्यक था, वहीं पर्याप्त और उपयुक्त बुनियादी ढाँचे की कमी प्रदूषण से निपटने में बाधक है।

सी.ए.क्यू.एम. ने कहा, ये उपाय प्रदूषण को बढ़ने से रोकने में मदद करते हैं, जब प्राकृतिक वेंटिलेशन इंडेक्स कम होता है और प्रदूषण छँट नहीं सकता। ये कठोर, लेकिन अस्थायी उपाय हैं। इन उपायों को समय–समय पर आवश्यकता के अनुसार बेहतर करने की आवश्यकता है। हालाँकि, प्रदूषण क्षेत्रों में प्रणाली संबंधी और बुनियादी ढाँचे के स्तर पर बदलाव काफी नहीं हैं अतः इन उपायों के लागू होने का दायरा भी सीमित रहता है। उदाहरण के लिए, अगर सार्वजनिक परिवहन का ढाँचा उस क्षेत्र में पर्याप्त नहीं है तो धुंधवाले दिनों में वाहनों के इस्तेमाल पर रोक लगाना मुश्किल हो जाता है।

पूर्व चेतावनी गंभीर घटनाओं को रोक सकेगी : विशेषज्ञ

प्रदूषण से पहले नए जी.आर.ए.पी. की स्ट्राइक

अब क्या होगा

समय से पहले विचार

वायु गुणवत्ता की भविष्यवाणी और तीन दिन पहले से ही

पाबंदियाँ/काररवाइयाँ शुरू

भारतीय उष्णकटिबंधीय मौसम विज्ञान संस्थान (IITM) की ओर से ए.क्यू.आई. की रोजाना भविष्यवाणी

ए.क्यू.आई. आधारित पाबंदियों के चार चरण—

1. खराब 2. बहुत खराब
3. गंभीर 4. खतरनाक

चरण II से IV तक काररवाई (तीन दिन पहले से)

- अगर ए.क्यू.आई. बिगड़ा तो पिछले चरण के तहत लागू पाबंदियाँ अगले चरण में जारी रहेंगी।
- जानकारों के समूह की ओर से जी.आर.ए.पी. के कार्यान्वयन की नियमित समीक्षा।
- सीवियर+श्रेणी के अनुमानों के तहत BS-IV डीजल पर चलनेवाली कारों (LMVs) पर रोक।
- आई.आई.टी.एम. दिल्ली-एन.सी.आर. में वायु गुणवत्ता की भविष्यवाणी के लिए एक एयर क्वालिटी अर्ली वार्निंग सिस्टम विकसित करेगा।

पुराना जी.आर.ए.पी. किस प्रकार काम करता था—जब वायु गुणवत्ता बिगड़ जाती थी।

PM2.5 और PM10 पर 48 घंटे के लिए निगरानी रखी जाती थी।

काररवाई/पाबंदी तभी होती थी, जब PM2.5 कम-से-कम दो दिनों तक गंभीर रहता था।

अगर प्रदूषक 48 घंटे की साइकिल से पहले हवा जैसे कारणों से छँट जाते थे तो पाबंदियाँ नहीं लगती थीं।

संशोधित जी.आर.ए.पी. के तहत प्रमुख पाबंदियाँ—

स्टेज-II

- प्रमुख और अनिवार्य सेवाओं के सिवाय डीजल जेनरेटर सेटों पर पाबंदी।
- होटलों/रेस्त्राँ, ढाबे समेत सभी जगहों पर कोयला/लकड़ी जलाने पर पाबंदी।

स्टेज-III गंभीर ए.क्यू.आई. श्रेणी (401-450)

एन.सी.आर. में निर्माण-डिमॉलिशन, अनिवार्य परियोजनाओं (जैसे—मेट्रो और डिफेंस) और धूल-रहित गतिविधियों, जैसे कि प्लंबिंग, इंटीरियर डेकोरेशन पर पाबंदी।

एन.सी.आर. में पी.एन.जी./स्वच्छ ईंधन पर न चलनेवाले उद्योगों को हर सप्ताह अधिकतम पाँच दिन चलाने की पाबंदी।

ईंट भट्ठे, स्वच्छ ईंधन पर न चलने वाले हॉट मिक्स प्लांट, स्टोन क्रेशर को बंद करना।

एन.सी.आर. में खनन और संबंधित गतिविधियों पर रोक।

दिल्ली-एन.सी.आर. की सरकारें BS-III पेट्रोल और BS-IV डीजल पर चलनेवाले वाहनों पर रोक लगा सकती हैं।

सीवियर+ ए.क्यू.आई. श्रेणी (AQI>450)

BS-IV के सिवाय, दिल्ली और सीमावर्ती जिलों में चार पहिया डीजल, हलके वाहनों के चलने पर रोक।

दिल्ली में ट्रकों (अनिवार्य वस्तुओं के सिवाय) की एंट्री बंद।

सी.एन.जी./इलेक्ट्रिक ट्रक को अनुमति।

दिल्ली में डीजल से चलनेवाले मध्यम और भारी मालवाहक वाहनों पर बैन।

डेयरी और चिकित्सा इकाइयों के सिवाय, स्वच्छ ईंधन पर न चलनेवाले उद्योगों पर एन.सी.आर. में रोक।

हाइवे, रोड, फ्लाइओवर, ओवरब्रिज आदि पर निर्माण और तोड़-फोड़ पर पाबंदी।

दिल्ली-एन.सी.आर. की सरकारें सरकारी और निजी दफ्तरों में 50 प्रतिशत वर्क फ्रॉम होम लागू कर सकती हैं।

शैक्षणिक संस्थान बंद किए जा सकते हैं।

प्रदूषण के खिलाफ 10 नए कदम

1. वैध पी.यू.सी. से ही फ्यूल,
2. डीजल ऑटो बाहर,
3. रूट बदलने के लिए वक्त पर चेतावनी,
4. धूल घटाने के उपायों का पालन जरूरी,
5. 60 प्रतिशत पराली खेतों में ही इस्तेमाल,
6. सेंट्रल वर्ज भी होगा हरा-भरा,
7. साफ ईंधन से कूकिंग,
8. कोयला नहीं चलेगा,
9. 30 सितंबर से न हो बिजली कट,
10. पटाखों पर रोक।

□□□

* 9 7 8 9 3 9 2 5 7 3 4 3 9 *
FCW - #0099 - 061026 - C0 - 234/156/10 - PB - 9789392573439 - Matt Lamination